山東省社科規劃項目研究成果
（項目批準號：22BLYJ06）

蹴鞠譜注譯

馬國慶　王鵬舉　撰

齊魯書社
·濟南·

圖書在版編目（CIP）數據

《蹴鞠譜》注譯 / 馬國慶、王鵬舉撰. -- 濟南 : 齊魯書社,
2024.7
ISBN 978-7-5333-4787-1

Ⅰ. ①蹴… Ⅱ. ①馬… Ⅲ. ①蹴鞠－體育運動史－中
國－古代 Ⅳ. ①G843.92

中國國家版本館CIP數據核字(2023)第181643號

內封題簽　常宗林
策劃編輯　劉玉林
責任編輯　史全超
裝幀設計　亓旭欣

《蹴鞠譜》注譯
CUJU PU ZHUYI
馬國慶　王鵬舉　撰

主管單位	山東出版傳媒股份有限公司
出版發行	齊魯書社
社　　址	濟南市市中區舜耕路517號
郵　　編	250003
網　　址	www.qlss.com.cn
電子郵箱	qilupress@126.com
營銷中心	（0531）82098521　82098519　82098517
印　　刷	山東新華印務有限公司
開　　本	880mm × 1230mm　1/32
印　　張	13.25
插　　頁	18
字　　數	304千
版　　次	2024年7月第1版
印　　次	2024年7月第1次印刷
標準書號	ISBN 978-7-5333-4787-1
定　　價	78.00圓

《庭院百戲》漢畫像石拓片　原石藏於臨淄足球博物館

《樂舞蹴鞠》漢畫像石拓片　原石藏於臨淄足球博物館

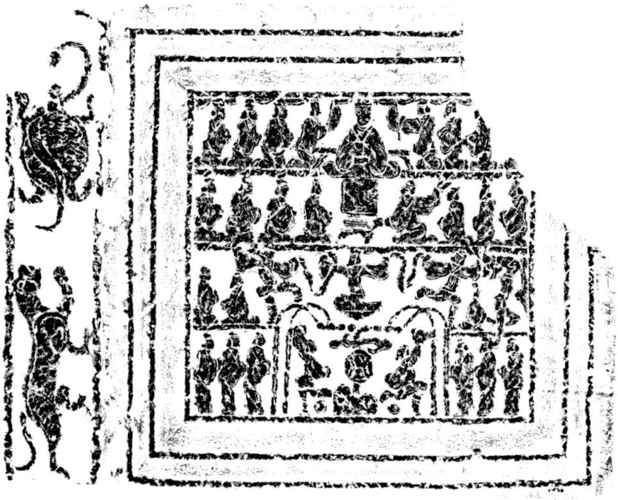

《樂舞蹴鞠》漢畫像石拓片　原石藏於山東博物館

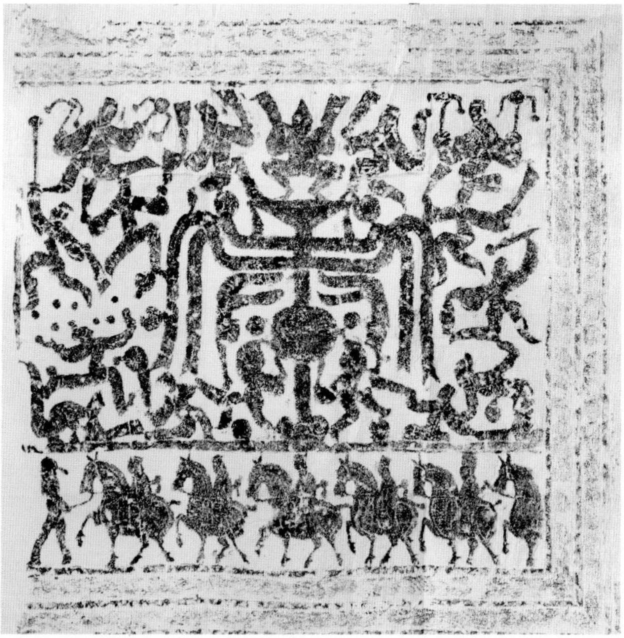

《建鼓蹴鞠圖》漢畫像石拓片　原石藏於山東博物館

《樂舞蹴鞠》漢畫像石拓本

漢蹴鞠紋肖形印及拓本　原印藏於故宮博物院

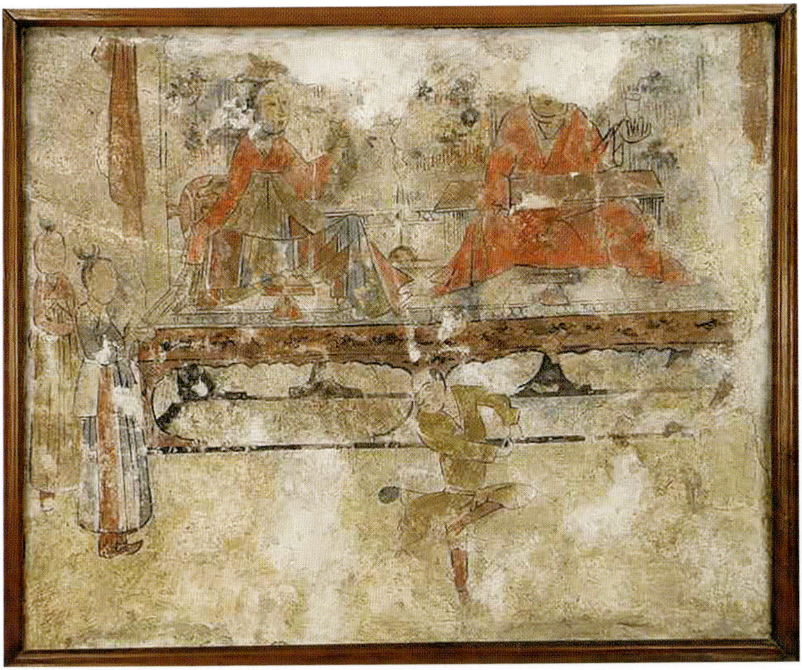

隋徐敏行墓出土宴享伎樂圖(壁畫)　藏於山東博物館

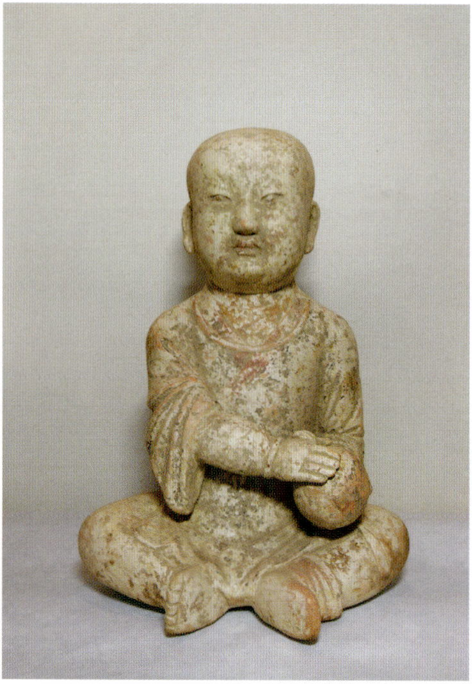

宋彩繪童子抱球俑　藏於成都體育學院博物館

宋孩兒蹴鞠圖磁州窑枕

遼三彩胡人蹴鞠俑　藏於臨淄足球博物館

宋磁州窑婴戲蹴鞠圖梅瓶(一)　藏於臨淄足球博物館

宋磁州窑婴戲蹴鞠圖梅瓶(二)　藏於臨淄足球博物館

宋蘇漢臣《長春百子圖卷》(局部)　藏於臺北故宫博物院

宋蘇漢臣《鞠場叢戲圖》　藏於臺北故宫博物院

彩繪蹴鞠紋銅鏡　藏於臨淄足球博物館

宋紅陶胡人踏鼓蹴鞠像　藏於鎮江博物館

宋胡人蹴鞠陶範　藏於臨淄足球博物館

宋蹴鞠俑　藏於臨淄足球博物館

宋蹴鞠紋銅鏡　藏於湖南博物院

宋馬遠《蹴鞠圖》　藏於美國克利夫蘭藝術博物館

元錢選《宋太祖蹴鞠圖》(局部)　藏於上海博物館

日本藏《宋太祖蹴鞠圖》

元椿莊書院刻《事林廣記》插圖

明蹴鞠紋高足碗　藏於中國國家體育博物館

明象牙雕蹴鞠圖筆筒　藏於安徽博物院

明女子夾衣百子戲圖案(局部)

明《朱瞻基行樂圖》(局部)　藏於故宫博物院

明杜堇《仕女圖卷》(局部)　藏於上海博物館

明佚名（舊傳宋蘇漢臣）《貨郎圖》　藏於臺北故宮博物院

傳明文徵明《蹴鞠圖》(局部)　藏於臺北念聖樓

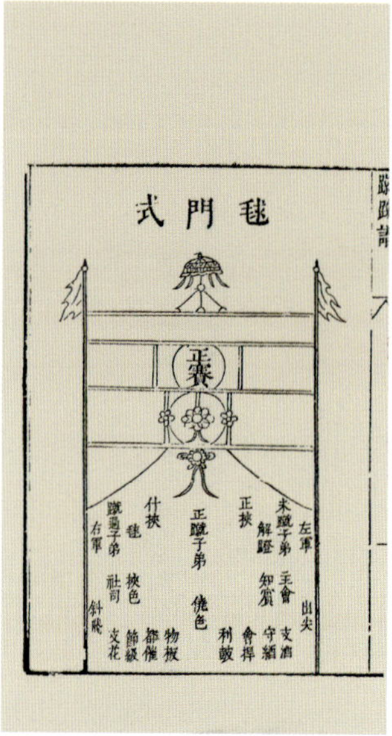

汪雲程《蹴踘圖譜》毬門式

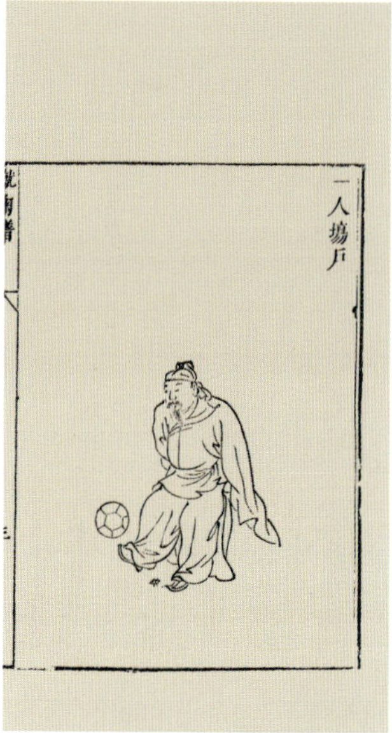

汪雲程《蹴踘圖譜》一人場户圖

汪雲程《蹴踘圖譜》二人場户圖

汪雲程《蹴踘圖譜》三人場户圖

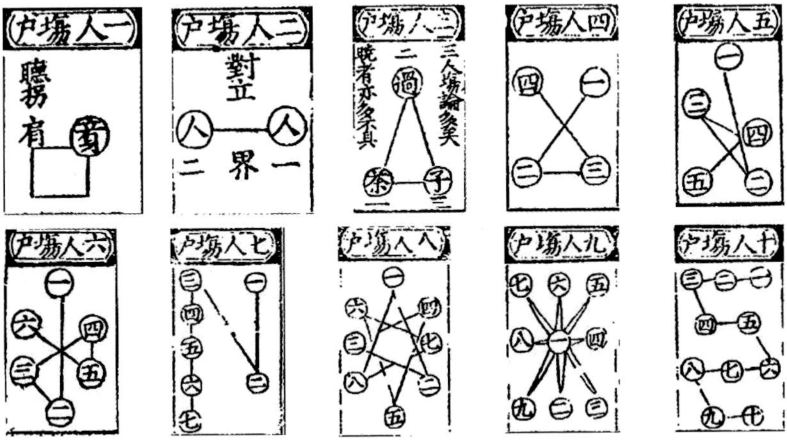

明刻《新板增補天下便用文林妙錦萬寶全書》一人塲户至十人塲户圖

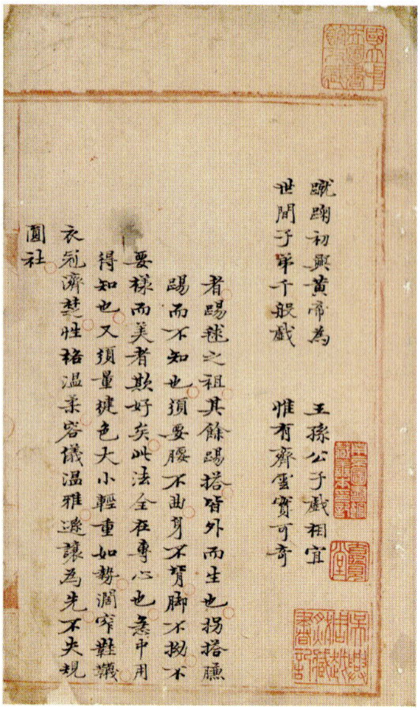

《蹴鞠譜》首頁

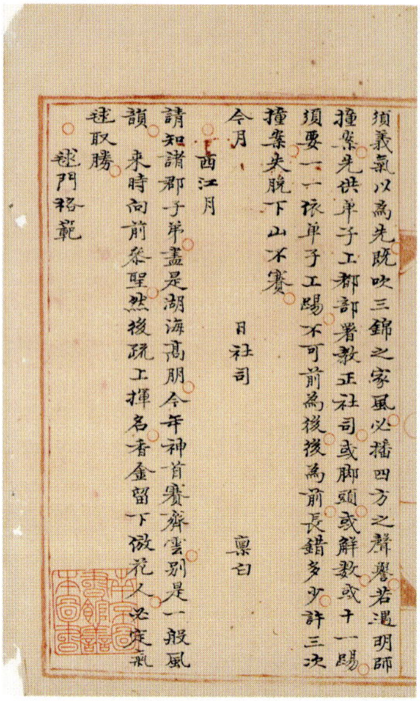

《蹴鞠譜》山岳正賽通知《西江月》頁面

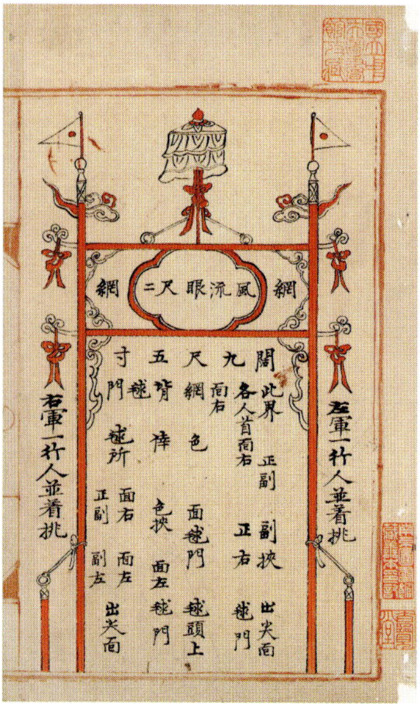

《蹴鞠譜》"毬門格範"插圖

《蹴鞠譜》末頁

明刊本《忠義水滸傳》插圖

明刊本《金瓶梅》插圖

明刊本《三才圖會》插圖

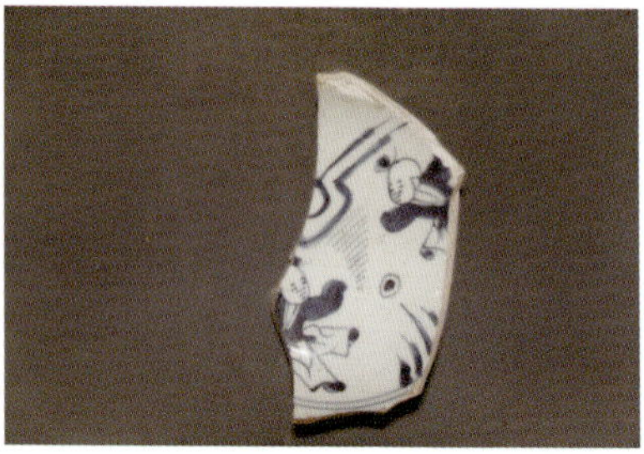

明清蹴鞠紋瓷器殘片標本　藏於臨淄足球博物館

明蹴鞠紋粉彩青花瓷罐(蓋)　藏於中國國家體育博物館

清粉彩童子蹴鞠紋蓋碗　藏於中國國家體育博物館

清蹴鞠紋青花瓷蓋　藏於中國國家體育博物館

清童子蹴鞠紋青花瓷盤　藏於巴黎吉美國立亞洲藝術博物館

清蹴鞠紋象牙雕飾　藏於中國國家體育博物館

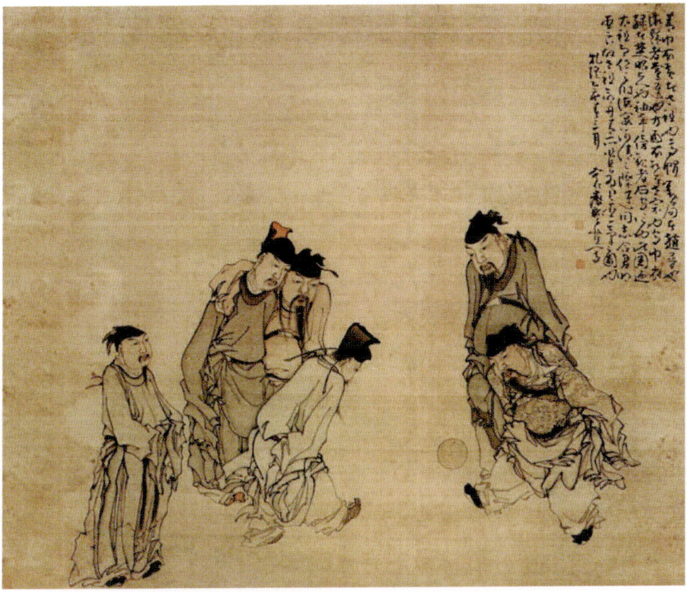

清黃慎《蹴鞠圖》　藏於天津博物館

蘇州桃花塢木版年畫《十美踢球圖》

天津楊柳青木版年畫《歡天喜地》

四片仿古鞠

六片仿古鞠

八片仿古鞠

十二片仿古鞠

序一　從足球起源談蹴鞠文獻整理

王志民

二〇二三年春天，當肆虐全球三年有餘的新冠疫情勢頭減弱之時，地處齊國故都的『淄博燒烤』火了，人們不僅到淄博『趕烤』，更對以淄博爲腹心地區的齊文化産生了濃厚的探索追尋興趣。其中，最爲人稱道的是發生在兩千多年前齊國故都臨淄的兩個重大事件：一是與古希臘柏拉圖學園比肩的世界歷史上最早兩所大學之一的稷下學宫；二是被國際足聯早在二〇〇四年就宣布爲世界足球起源的蹴鞠。這兩項世界文化史上載入史册的偉大創造，凸顯了齊文化在中國文化史和世界文明史上的突出貢獻。在這種情况下，齊文化博物院院長馬國慶傾力完成的《〈蹴鞠譜〉注譯》，又爲齊文化走向世界增添了重彩之筆。前几天，他送來書稿，并邀我作序，我願就此談一點感想和看法。

足球，有『世界第一運動』的美譽，是最具神奇魔力的體育運動。足球賽事一開，即吸引着全世界人們的注意力，相當多的人，不分種族、國度，也不分高低貴賤、男女老幼，都是足球運動的狂熱愛

好者。足球，已經成爲人類不同文明、不同國家進行文化交流的舞臺與媒介；足球發生、發展的歷史，也是人類文明發展史的重要組成部分。而從世界足球運動史看，足球發展實際上應該分爲『古代足球』和『現代足球』兩種不同的類型。『現代足球』亦即按照現代足球運動規則舉行的足球運動，十九世紀產生於英國；而『古代足球』亦即『用脚踢球』的體育運動，則起源於中國戰國時期齊國故都臨淄的蹴鞠（蹋鞠），比『現代足球』的出現早了兩千多年。二〇〇四年二月四日，時任國際足聯副秘書長熱羅姆・項帕涅就曾在英國倫敦舉行的新聞發布會上正式宣布：『雖然有不少國家都認爲自己是足球運動的誕生地，但研究國際足球的歷史學家有確切證據表明，足球最早起源於中國——中國古代的蹴鞠就是足球的起源。』同年六月九日至十一日，臨淄舉辦足球起源專家論證會，我有幸應邀參加，并與來自全國十八所高校、科研單位的三十餘名學者一起，經過認真研討、論證，發表了《『足球起源於臨淄』專家論證會會議紀要》并宣布『根據現有的文獻史料和考古發現，與會者認爲：中國古代蹴鞠（足球）起源於春秋戰國時期的齊國臨淄』。一個月後的七月十五日，國際足聯、亞足聯共同確認：中國古代的蹴鞠就是足球的起源，齊國故都臨淄是世界足球起源地。二〇〇五年五月二十日，應時任國際足聯主席布拉特的邀請，淄博足球起源地代表團赴瑞士參加了國際足聯百年慶典閉幕式，布拉特主席向淄博臨淄頒發了『足球起源地認定書』，淄博臨淄正式成爲世界公認的足球起源地。二〇〇六年，臨淄『蹴鞠』被列爲第一批國家級非物質文化遺産名録，淄博市和臨淄區開展了一系列卓有成效的蹴鞠保護與傳承工作，建成國內首家臨淄足球博物館，

開通蹴鞠網站，成立專門的蹴鞠表演隊伍，批准成立『蹴鞠文化研究基地』，并與國際足聯、亞足聯、英國、德國、巴西、日本等展開了一系列足球文化交流活動等。

值得關注的是，從確立臨淄是足球起源地的最可靠文獻《戰國策・齊策一》記載『臨淄之中七萬户……臨淄甚富而實，其民無不吹竽、鼓瑟、擊筑、彈琴、鬥鷄、走犬、六博、蹹鞠者』來看，蹴鞠（蹹踘）其實祇是齊人若干文化創造之一，其他如鬥鷄、走犬（賽狗）、六博（棋賽）等，雖然大致都經過較長的孕育、形成過程，但都是在臨淄形成群衆性創造運動的，結合稷下學宫的創設，臨淄這座古老的都城被稱爲中國乃至世界的創新之都，也實不爲過。至於爲什麼是臨淄而非其他地方成爲蹴鞠和其他文化創新的起源地？這應與齊文化改革創新的特質和臨淄作爲工商業大都會的城市活力是分不開的。我在《臨淄故都文化與世界足球起源》一文中有過較詳細的論述（見拙著《齊魯文化與中華文明——王志民學術講演録》，人民出版社二〇一五年版），此不贅言。正是由於蹴鞠在世界足球史上的地位，蹴鞠著作的傳承和傳播成爲當代學術界、體育界和文化界乃至社會各界關注的熱點。從這層意義上説，《〈蹴鞠譜〉注譯》就具有了特殊的現實意義和歷史價值。

《蹴鞠譜》是已故著名文學家、古籍收藏家鄭振鐸先生在抗日戰爭期間，受國民政府中央圖書館的委托，專程赴淪陷區搶救散失於民間的古籍，獲得的一部珍貴手抄本文獻。原手抄本的封面、封底均有破損，没有書名和作者署名，也没有交代手抄的時代，鄭先生根據首頁詩『蹴踘初興黄帝為』的前兩個字，及其部分内容與《蹴踘圖譜》的相似性，將之定名爲《蹴鞠譜》。該書之所以珍貴，是因

爲在歷史的長河中，蹴鞠曾興盛於漢、唐，登峰於宋、元，閃亮於中華文化千有餘年；但傳世文獻却很少，對其研究也就不會太深入。已知最早的蹴鞠專著是《漢書·藝文志》中著録的《蹴鞠二十五篇》，惜原著已經亡佚，後世無存。傳世的蹴鞠記載，大多是散見於歷代典籍中的零星文獻；現存的幾種蹴鞠文獻，例如：南宋陳元靚的《事林廣記·戊集》、明代陳繼儒的《萬寶全書·戲毬場科範》，所記簡略，并非專著。明代汪雲程的《蹴踘圖譜》，雖爲專著，所記也較全面，但僅有五千字左右，失之過簡，難窺蹴鞠運動的歷史全貌。《蹴鞠譜》是迄今發現的記載蹴鞠最全面、最完整的一部專著。從某種程度上講，是目前已知的世界上最具權威性的一本『古代足球』專著。記得二〇一八年中英世界足球文化論壇期間，我與時任英國國家足球博物館館長、英國體育博物館聯盟總裁凱文·莫爾博士交談時，他説：英格蘭國家足球博物館已收到了臨淄足球博物館捐贈的《蹴鞠譜》影印件，這將成爲我們的珍貴館藏，并表示在條件合適的時候將該書翻譯爲英文版，以集合國際學者共同研究。《蹴鞠譜》在世界足球史上的重大意義可見一斑。

《蹴鞠譜》一書，根據上海圖書館編的《中國叢書綜録》定其爲明代人的手抄本，但抄成於明并非産生於明；有學者根據宋代蹴鞠極盛的情狀和文中有關圓社等組織形式記載，認爲很可能是宋代人的著作。全書兩萬餘字，記載了蹴鞠的各種踢法、比賽方法，介紹了蹴鞠踢法動作的各種要領、基本動作、『十不賽』、『十不踢』等各種規則；記載文字多用『詩曰』以通俗的詩句、韵文和記述式文字寫成。從較低俗口語化詩句，例如『來如毬打脚，去時脚持毬。搜尋兩個字，機關在裏頭』，大

致可以認定是民間一個蹴鞠愛好者對當時蹴鞠活動的較全面、真實記録；其中初學者的入門練習法，各種踢法和比賽方式、規則等，對瞭解歷史上的蹴鞠活動有極珍貴的史料價值。該書面世後，雖然引起了蹴鞠愛好者和文化研究學者的關注，但迄今未進行全面、系統的整理，這就凸顯了《〈蹴鞠譜〉注譯》填補空白的重大意義和對文本解讀的開拓之功。

馬國慶是一位學者型幹部，長期擔任規模宏大的齊文化博物院院長。從二〇〇四年足球起源地論證開始，就專門從事蹴鞠相關研究和整理工作，對足球起源地論證、確認工作曾做出突出貢獻。近二十年來，他孜孜不倦，致力於蹴鞠的研究、開發、建設和對外的傳播交流工作。二〇一七年十月，我與他一起赴英國曼徹斯特英格蘭國家足球博物館出席第二届世界足球文化高峰論壇時，聽了他的發言，我即感到他的蹴鞠研究已經很有深度。心有所繫，其行必敏。在主持臨淄足球博物館的建設、展陳工作期間，他得到《蹴踘圖譜》原件和《蹴鞠譜》的高清原版影印件，即敏鋭地意識到這些文獻的價值和意義，并着手籌劃、組織該課題的研究工作。成立了由淄博市齊文化研究院和齊文化博物院及其他相關學者組成的『蹴鞠文獻整理研究』課題組，主持開展對《蹴鞠譜》《蹴踘圖譜》兩部文獻的整理研究工作。該課題受到了體育界、文化界和學術界的廣泛關注，被列爲二〇二二年山東省社會科學規劃文旅融合研究專項重點項目。在整理過程中，他們以鄭振鐸《玄覽堂叢書》所收録的《蹴鞠譜》爲底本，參考《事林廣記・戊集》《萬寶全書・戲毬塲科範》《蹴踘圖譜》等歷史文獻，廣泛吸收學界已有研究成果，對原文進行了校點、考釋和白話翻譯工作；在對重點字句和術語的

考釋中，又注意采用集注方式，匯聚不同觀點，力求豐富對文義和内涵的理解。原文謄録，既保留影印版《蹴鞠譜》的字形原貌，又做了勘誤、訂正，補充了較多的文物圖片和歷代詩詞。經過數年認真努力，作爲重要成果的《〈蹴鞠譜〉注譯》書稿即將付梓。相信本書出版後，必將有力推動學術界的蹴鞠研究和社會各界對蹴鞠文化的保護、傳承與開發利用工作。當然，作爲第一部較爲全面整理《蹴鞠譜》的著作，由於相關歷史文獻的局限，可資借鑒的研究成果較少，值得斟酌乃至錯謬之處在所難免，我期望本書的出版，能帶動中國蹴鞠——中國古代足球的研究日益扎實深入，産出更多高質量的成果。

是爲序。

王志民

（山東省政協原副主席，山東師範大學特聘資深教授，山東理工大學齊文化研究院名譽院長，博士生導師）

序二　用青春注解歷史

張吉龍

花開半夏，山東淄博齊文化博物院馬國慶院長來訪，將一疊厚厚的書稿置於案頭，囑我爲序。我翻閲着厚厚的書稿，看着曾經精幹如風、如今已過知天命之年的他，思緒萬千，二十年了，他用青春注解了歷史。

《〈蹴鞠譜〉注譯》書稿即將付梓，我不是文字、特别是古文字工作的行家，幾十年來一直在爲足球奔波於全國和世界各地，足球已經是我生命的組成部分了。蹴鞠是中國的古代足球，是世界足球的起源。也正因爲蹴鞠，將我和國慶院長聯繫在了一起，成爲至交和摯友。

二〇〇四年五月十七日，也是一個夏初，我在北京見了淄博臨淄區政府張士友團隊一行，其中就有國慶。我聽取了他們關於蹴鞠的闡述、關於足球起源論證和足球起源地建設的一系列規劃，非常高興，因爲他們正在做一件非常有意義的工作，這項工作是對中國足球的歷史性貢獻，對淄博臨淄乃

至山東和中國都是一件好事、幸事和喜事，是一項填補中國和世界足球發展史空白的重要工作，對增强我國足球界的自信心和足球意識及提高足球思想有重要意義。記得當時我强調説：如果建設足球博物館，我將積極邀請國際足聯和亞足聯官員參加奠基或剪彩活動。

是年六月九日至十一日，在山東召開了專家論證會，形成一致結論。七月十五日，在北京舉行的國際足球博覽會開幕式上，國際足聯確認：中國古代的蹴鞠就是足球的起源，足球起源於中國淄博臨淄。時任亞足聯秘書長維拉潘受國際足聯主席布拉特的委托，代表國際足聯和亞足聯正式宣布：足球起源於二千三百多年前的臨淄城，足球從當時一項民間游戲逐漸發展成爲世界第一運動。隨後維拉潘代表國際足聯和亞足聯向淄博臨淄頒發足球起源地證書和紀念杯；我代表中國足協向淄博臨淄頒發足球起源地證書和紀念杯。國際足聯主席布拉特、亞足聯主席哈曼姆等參觀了臨淄區展覽并爲臨淄仿古蹴鞠簽字留念。新聞發布會當天和第二天，中央電視臺、《人民日報》、《北京晚報》、山東衛視等一百多家權威新聞機構相繼報道了這一重要消息，作爲足球起源地的臨淄迅速成爲全國和世界的新聞熱點。

二〇〇五年五月二十日，在我的積極協調下，應國際足聯主席布拉特的邀請，淄博臨淄足球起源地代表團赴瑞士參加國際足聯百年慶典閉幕式，受到了國際足聯及五大洲足聯負責人的熱烈歡迎，淄博臨淄作爲足球起源地得到了足球界的廣泛認同和稱贊。

以此爲緣起，我和國慶院長結下了長達二十年的足球緣分。我幾乎每年都到臨淄去參加他們的

齊文化節和相關足球活動，見證了他們訪問國際足聯、建設中國唯一的足球博物館，見證了國慶院長在國内外電視和報紙雜志上介紹蹴鞠文化和齊文化，而且在各級領導的關懷支持下，在他的帶領下建成一個國内一流的博物館群并創建爲國家一級博物館，見證了他們一步步將這一傳統的中國文化做大、做强，做成淄博的城市品牌，見證了他們與英國、德國、巴西、日本建立以足球爲紐帶的聯繫并進行國際間的文化交流，見證了他們以蹴鞠爲媒走向全世界，傳播中國文化的壯舉。

二十年一路走來，當初國慶院長還是一個博學多才的中青年幹部，如今已經是成就滿滿、具有重要國際影響力的專家學者了。他做了很多開創性工作，策劃了第二十二届國際歷史科學大會淄博衛星會議的活動，策劃實施了一系列蹴鞠文化的傳播和對外交流工作，完成多部蹴鞠和齊文化專著，主持完成了多項省部級研究課題，是我國唯一受邀參加二〇二二年第三届國際足聯足球文化遺産大會的學者，我爲他高興而欣慰。足球是世界第一大運動，參加國際足聯的國家和地區有二百五十多個，比聯合國的會員還要多，能在這一領域做到如此成就，的確讓人欣羡。

二十年一路走來，蹴鞠文化和世界足球起源地已經成爲淄博這座城市的文化品牌和名片，已經滲透到了市民的生活中，僅中央電視臺就幾十次以專題片的方式呈現給世人，相關的文化、文藝作品亦層出不窮，特别其國際性影響力日益擴大，成爲中華優秀傳統文化走出去的重要紐帶和橋梁，彰顯了中華優秀傳統文化的强大生命力，爲文化自信平添了一抹亮色。而每一步、每一次都離不開國慶院長的辛勤付出與精心策劃，這是當初我不曾想象的，或者説，他的努力伴隨着自己的夢想，實現了

我們很多人的夢想。

多年來在與國慶院長交流的同時，我發現他是一個有着獨立思考精神的人，是一個有着深深的歷史文化情懷的人，對傳統文化特别鍾愛且博聞强記，富有創造力。他所做的都具有極强的挑戰性、開拓性和創造性，我特别欣賞他説過的一段話：『就像真正的孝子絶不會簡單繼承遺産一樣，歷史的孝子總是善於創造歷史。』

中國的蹴鞠文獻留存下來的不多，大多湮没於歷史的長河中，散佚於戰火烽烟深處。《蹴鞠譜》是鄭振鐸先生在抗日戰争時期從敵占區搶救出來的一部蹴鞠文獻，也是目前全世界範圍内最早的足球類文獻，對研究中國古代蹴鞠，特别是宋元以來的蹴鞠形制、球體演變、比賽規制和禮儀等具有很高的參考價值和文獻價值。但在流轉的過程中誤讀、誤刊、誤解頗多，加之年代久遠，目前還没有正式、權威的校注和釋譯，國慶院長多年前就跟我談起這件事情，决心填補這一空白。他不僅花重金購得《蹴踘圖譜》，還專門購得《蹴鞠譜》的影印件，組建課題組，主持了相關研究和注譯工作，歷時數年，終於完成。這是中國足球歷史文化研究的一件大事，有着重要的歷史價值和當代意義，對世界足球文化遺産具有重要貢獻。

足球是世界性語言，世界上不同民族和種族，不同國家和信仰的人都可以通過足球建立互信和聯繫，這正是齊文化中『和而不同』的思想理念。卡塔爾世界杯期間，臨淄蹴鞠隊和中國元素正是以文化使者的姿態亮相於世界杯，世界球王貝利、馬拉多納，世界足球先生梅西和卡卡等，正是因爲

足球和蹴鞠纔建立了與臨淄蹴鞠隊和足球博物館的聯繫，因此說，足球和文化是我們走向世界的窗口。從這個意義上說，《〈蹴鞠譜〉注譯》出版發行的意義無疑也是國際性的。

是爲序。

（曾任中國足協專職副主席，亞足聯副主席、執行主席，國際足聯執委）

序三　一扇瞭解中國傳統蹴鞠文化的嶄新窗口

崔樂泉

蹴鞠，在古代各類文獻中也被稱爲蹋鞠、蹹鞠、蹵鞠等，均表示以脚踢圓球之意。這種中國式足球活動，無論是活動方式還是競技規則，無論是參與人群還是普及程度，都是中國古代球類運動中流行最爲廣泛、流行時間最長且影響最大的一種運動形式。在漫長的歷史進程中，蹴鞠活動的發展雖然時斷時續、起起落落，但其源遠流長、獨具特色的運行機制，爲中華民族的生存與健康發展奠定了堅實的文化基礎。清季以後，隨着西方現代足球的漸次傳入，中國傳統的蹴鞠活動在民間已經很少見到了。但發展至當代，在中華優秀傳統文化的復興大潮中，古老的中國蹴鞠又煥發了青春。它不但成爲中華民族重要的體育非物質文化遺產，更作爲體現中國風格和中國特色體育文化的著名品牌，正在走向世界，成爲與現代體育文化并放異彩的東方傳統體育文化的典型代表。

長期以來，學界致力於向世界推廣中國傳統蹴鞠歷史及文化，尤其是海内外學人及其實踐者關

於蹴鞠起源、發展、演變及其不同時期規則與運行機制的研究，使得蹴鞠日益受到人們的廣泛關注。而由馬國慶先生所撰的《〈蹴鞠譜〉注譯》一書，正向學界推開了一扇瞭解中國傳統蹴鞠文化的嶄新窗口。

馬國慶先生是我國文博界與蹴鞠文化界熟悉的一位中青年蹴鞠研究學者，曾任淄博市齊文化研究院副院長、齊文化博物院院長。自二〇〇四年參加世界足球起源地論證工作以來，馬國慶先生致力於推動國家體育總局體育文化發展中心在臨淄設立蹴鞠文化研究基地、蹴鞠入選第一批國家級非物質文化遺産代表性項目名録（二〇〇六年）等工作的實施。他先後主持了齊文化博物院建設和展陳工作，并作爲主要成員編輯出版了《足球起源地探索》《齊都盛典》《齊都蹴鞠》《中國蹴鞠》等多部著作；同時撰寫的長篇歷史小説《神鞠》，先後獲得山東省優秀長篇小説獎、淄博市文藝精品工程獎等榮譽。曾多次作爲嘉賓參加國際具有影響力的專題紀録片頻道Discovery的拍攝製作，多次接受英國BBC、日本《朝日新聞》、巴西、俄羅斯、德國等多個國家主流媒體的采訪，先後二十多次擔任央視《探索發現》《走遍中國》《傳家寶》《文化訪談録》《傳承者》《非常傳奇》欄目訪談嘉賓。他還多次赴德國、英國、馬來西亞、埃及、瑞士進行文化交流與合作，二〇一六年與英國國家足球博物館建立友好合作關係後，積極推動了首届及後續中英世界足球文化高峰論壇的成功舉辦。

馬國慶先生豐富的知識積累與科研閲歷，爲其《〈蹴鞠譜〉注譯》一書的全面整理與探討奠定了堅實的基礎。

衆所周知，目前可見的中國古代蹴鞠傳世文獻主要有四部，即南宋陳元靚《事林廣記・戊集》、元末明初陶宗儀《説郛》（一百二十卷本）刊載的汪雲程《蹴踘圖譜》、明陳繼儒《萬寶全書》刊載的無名氏《戲毬場科範》以及鄭振鐸《玄覽堂叢書》所收録無名氏《蹴鞠譜》。其中，前三部都是收録於類書之中的摘録本，并不是原書的全貌，衹有《蹴鞠譜》是原書、全書，并被學術界多數學者認定爲另外三部蹴鞠原始文獻的『祖本』，其著作年代較早，字數最多，内容也最爲全面，因而其文獻學價值也最大。

在中國古籍學術界，『書非校而不能讀』已成爲學者們的共識，就《蹴鞠譜》《蹴踘圖譜》而言，兩書影印本的文獻學價值雖然大，但必須有專業人士進行精心的校勘、句讀、分段、注解、釋讀和翻譯，也衹有如此，纔能充分發揮其傳承與保護的特殊社會經濟價值。

進行蹴鞠古籍文獻整理工作，必須具有深厚的文史功底和蹴鞠文化的專業素養。我本人曾對古代蹴鞠擁有濃厚的興趣，并進行了長期的研究，正因爲如此，更體會到馬國慶先生完成這一整理工作的艱辛與不易。因爲它不僅僅是一種古代蹴鞠文獻的簡單整理，更主要的是通過相關古籍版本的學術史梳理，進而完成其中的文字謄録、校對、標點斷句、注釋以及白話翻譯等工作，同時還有大量的相關文化解讀的研究。馬國慶先生作爲第一批國家級非物質文化遺産名録蹴鞠傳承性代表人，多年來積累了大量古代蹴鞠研究的史料，并進行了多年的復原、傳承等工作，令人可敬可佩。

蹴鞠是中國古代最早也是影響力最大的一項體育競技表演活動，在漫長的歷史時期内，蹴鞠活

動曾在不同歷史階段時興時落。正因爲如此，我們可以透過對相關古籍文獻的整理、解讀，來理解古代蹴鞠文化的特色，來瞭解蹴鞠本身的表演競賽在中國古代的歷史演變，進而達到觀察當時社會生活情景的目的。我想，這也應該是馬國慶先生對蹴鞠古籍進行整理、研究的目的所在。而通過對相關蹴鞠文獻的整理研究，將進一步推動學術界的蹴鞠研究和社會各界對蹴鞠的保護、傳承與開發利用。承蒙信任，有幸爲馬國慶先生大作寫一段話，也希望更多的蹴鞠愛好者和學者能够在閱讀本書時得到樂趣。

是爲序。

崔樂泉

［國家體育總局體育文化發展中心（中國國家體育博物館）研究員、博士生導師］

前言

仿佛有一種前世割捨不了的緣分，我與齊文化和『蹴鞠』無論如何是繞不開的。

小時候，我玩過很多游戲，大都與蹴鞠有關，都是蹴鞠的衍生態，如『毽子』『打尜』等，也見過很多蹴鞠的古籍和文獻，但兒時貪玩，大都被自己和玩伴們製作成『紙飛機』，或放野火燒掉了。祖上曾是著名的金石專家和書法家，是一代具有影響力文人的事，我是後來纔知道的，記憶中也依稀記得有球類書籍，再去追尋，却幾乎什麽也没有保存下來。民國九年《臨淄縣志》卷二十七《學行下》載：『馬廷熙，字亮工，葛家莊人，廪生。性誠篤，寡言笑，慷慨好義。倡文社於邑西三元閣，備糇糧以待至者。請邑令持鑒衡，而身任其收發之事。十餘年風雨寒暑無少間，一時學者翕然從之，思所以自勵焉。鄉謚「介愨先生」。』該志卷三十四《藝文》載：『《鑫古萃影》六卷，馬慶灝撰。』該書今殘存。宣統年間先祖馬慶煜所書『孔子聞韶處』石碑尚存壁間，至今仍爲一方名勝。但那些古籍和刀幣、硯臺等都已經烟消雲散了。要知道，幼年時一些古董商人常常拿糖果專程來村裏换我手

中的古籍，我也曾樂此不疲，直到手中再無人家想要的東西。爲此，如今的我常常爲自己當初的年幼無知而愧悔不已，恨自己没有年長幾歲，知道這些東西的價值。

繞不開的緣分早晚還會遇到，歲月跟我開了個玩笑，也教育了我。從二〇〇四年開始，我參加世界足球起源地的論證和確認工作，主要負責論據搜集、文獻整理和相關文本的撰寫。我探訪國内專家後纔知道，目前對蹴鞠的研究尚不够深入，一來缺乏考古資料，二來各種文獻不足，没有系統的專門研究和整理。這些困境在齊文化博物院、臨淄足球博物館的籌建過程中讓我感觸頗深。二〇〇八年，南京圖書館邀我去協助開辦『奥運收藏展』并出席開幕式。我知道該館藏有一套《蹴鞠譜》手抄影印件，於是抓住機會提出可否一覽。館方破例讓我在炎炎夏日穿上軍大衣到冰庫中見到了該書，我當時的心情難以言表，衹知道自己在冰庫中但腦門已經冒汗了。

我花重金獲得了該書影印件的電子稿，如獲至寶。這對我撰寫足球博物館的展覽大綱，對今後蹴鞠文化的研究和推廣起到了巨大的支撑和參考作用。更讓人想不到的是，朋友告訴我，鄰近地市一藏友要出讓自己手頭的一套《蹴踘圖譜》（原件）。我當晚就和朋友開車趕過去，以藏友的身份表達了購買的意願。人家没有過多難爲我們，很快成交，最後還將一套民國版的《金瓶梅》作爲添頭相送，喜出望外之餘，出讓者一句話又讓我回到了自己的幼時：這書輾轉多次來到自己手中，據説當初來自淄博臨淄民間！是否當初從我手中流走已經無從考證，但它又回到了最懂它、最需要它的人手中，就不能不説是一種繞不開的緣分了。

實際上，《蹴鞠譜》和《蹴踘圖譜》在世界足球起源地的論證、確認，在蹴鞠非遺項目申報，在一系列相關圖書如《齊都蹴鞠》《足球起源地探索》《中國蹴鞠》等的編輯和長篇歷史小説《神鞠》的創作，在蹴鞠表演隊伍建立和運行，在一系列蹴鞠文化研究和足球起源地建設、交流和傳播中，已經發揮了重要的參考價值，極大地提升了中華優秀傳統文化的影響力。經過近二十年的研究、挖掘和建設，蹴鞠文化已經開始被很多人認知，世界足球起源地的建設已經産生了深遠的影響。蹴鞠文化開始在國際舞臺和外交場合展示中華優秀傳統文化的魅力，我個人也多次以蹴鞠文化爲媒介參加和參與了許多國際和國内重大文化交流活動，幾十次在中央電視臺和英國、德國、馬來西亞、法國等電視臺講述中國這一獨特的傳統民俗活動，是唯一一個應邀參加了國際足聯足球文化遺産大會的中國學者。近年來對這些文獻進行系統校勘和注譯的任務也提上了議事日程，二〇二二年，我主持的『《蹴鞠譜》校注譯』課題被列爲山東省社科規劃重點課題，標志着這項工作正式開始。

中國目前可見的蹴鞠傳世文獻大致散見於諸多典籍中，如南宋陳元靚的《事林廣記·戊集》、元末明初陶宗儀的《説郛》（一百二十卷本）刊載的元末明初汪雲程的《蹴踘圖譜》、明代陳繼儒《萬寶全書》刊載的無名氏《戲毬場科範》以及鄭振鐸《玄覽堂叢書》（第三集）所收録的《蹴鞠譜》。前三部都是收録於類書之中的摘録本，并不是原書的全貌，衹有《蹴鞠譜》雖殘損，但是原書、原貌、全書。中國體育史專家劉秉果先生認爲《蹴鞠譜》是另外三部蹴鞠原始文獻的『祖本』，其著作年代最早，字數最多，内容也最爲全面，記述也最爲系統和全面，基本涵蓋了蹴鞠自宋代及以

後相當一段時間内蹴鞠發展和演進的大致風貌，因而其文獻學價值也最大。

《蹴鞠譜》得以流傳於當世，歸功於我國已故著名文學家、歷史學家鄭振鐸先生的一次典籍搶救性冒險壯舉。一九三七年『八一三』事變後，上海淪陷，鄭先生受北平圖書館的委托深入淪陷區搶救散失於民間的古籍，獲得了一批珍貴的明代手抄本，爲了使這一批書籍能『化身百千，以便保存』，他自籌資金將其影印出版，每種影印一百册，命名爲《玄覽堂叢書》，而《蹴鞠譜》便是其中的一種，被收録在該叢書的第三集中。二〇〇八年筆者在南京圖書館冰庫見到的就是該套叢書的影印本。

《蹴鞠譜》原手抄本封面爲素面，無書名和作者署名，也没有交代抄録的時代。所獲電子高清件封面爲淡黄色，帶着歲月的痕迹，顯然是後人對原書的一種保護性措施。原書的封面、封底均有破損，且首頁就有殘損，許多字迹不清，這也是後人無法辨識和解讀、補充部分文字的原因。當時鄭先生根據首頁詩『蹴踘初興黄帝為』的前兩個字及其部分内容與可以找到的《蹴踘圖譜》内容的相似性，命名爲『蹴鞠譜』。經過課題組文字謄録統計，《蹴鞠譜》全書凡二万一千九百五十二字，是其他三部蹴鞠文獻字數總和的三倍，内容豐富，基本涵蓋了其他三書的所有内容。這也是它被認爲是其他三書『祖本』的原因之一。全書大致包括蹴鞠的地位和意義、球場及蹴鞠活動前後禮儀、蹴鞠的基本動作要領、鞠的形態規制及製作的規格和品牌、一至九人場户的踢法、各種雜踢、球門格範和官場踢法、圓社錦語、花式動作和成套解數的名稱與要領、白打社規、行業崇拜、拜師禮儀等。

雖然《蹴鞠譜》的文獻學價值極大，但其中古字、異體字、漏字乃至錯字別字很多，書中還用了大量的民間俗語，在未經任何校勘、句讀、分段、注解、釋讀和翻譯等基礎性文獻學研究的情況下，不僅無法爲學界所用，對歷史文化愛好者的閱讀，對蹴鞠傳承與保護的特殊社會經濟價值也難以發揮。因此，無論是從學術角度和社會經濟角度，還是從蹴鞠文化的傳承利用與傳播角度來講，對《蹴鞠譜》進行整理和研究都是必要的，況且目前尚無人對原本、原貌進行系統整理、校注和白話翻譯。

爲此，我們成立專門的課題組，對《蹴鞠譜》和《蹴踘圖譜》兩部文獻資料進行系統的文獻學整理與研究。由我擔綱任組長，集合業内專業人士爲成員，他們是齊文化研究院研究員武振偉、助理研究員劉東祥，齊文化博物院王鵬舉，山東省特級教師畢義星，臨淄區教體局文體中心傅東等。

中國蹴鞠起源於春秋戰國時期的臨淄，在漢代獲得了極大的發展，在唐宋時曾經非常輝煌，深刻地影響了人們的生活，但自元明以來逐步衰落，直到清末在内憂外患中暗弱沉寂。清代淄博籍小説家蒲松齡在《聊齋志異》中曾有一段描寫蹴鞠軌迹的文字，極其恰當地總結了蹴鞠的歷史發展和演進軌迹：『中有漏光下射如虹，蚩然疾落。又如經天之彗直投水中，滚滚作沸泡聲而滅。』但是，當中國蹴鞠衰弱後，英國現代足球却在興起。一八四二年，英國通過鴉片戰争簽訂的《南京條約》侵占了我國香港。當時來到香港的許多英國人閑暇時候的一項重要娱樂活動就是足球。中國人見到英國人踢足球慨嘆説：此吾古之蹴鞠戲也。我不知道該自豪還是悲傷，蹴鞠運動的軌迹與我國封建制度的發展一脉相承，是我國封建社會的縮影，而足球伴隨着資本主義制度的興起而蓬勃發展，是資本

主義社會的代表，它們相會於被侵占後的香港這一特定的時空，不能不説是歷史文化的必然。

蹴鞠在晚清冰冷的水中暗弱、沉寂於歷史的長河中，而蹴鞠歷史文化的研究也是相對落後的，國内祇有少數研究體育史的學者有所涉及。學界對蹴鞠的研究大致始於一九五七年祖白的《蹴鞠圖和蹴鞠之戲》一文，同年，唐豪先生開始主編《中國體育史參考資料》，該書中唐豪、范生等學者對蹴鞠的整體發展歷程進行了研究，對《戲毬塲科範》《蹴踘圖譜》等現存蹴鞠文獻進行了初步的整理，并嘗試對漢代、唐代、宋代蹴鞠的比賽場地、比賽方法等進行復原，繪製了這三個時代的蹴鞠比賽場地、方法的圖案，開啓了研究蹴鞠的大門，但由於資料、文物的缺乏，出現很多紕漏，如唐豪先生繪製的漢代蹴鞠場地中，竟將雙方對峙的球門描繪爲十二個，無論如何很難在實踐中説清楚當時的規則。隨後蹴鞠研究被擱置達二十年之久，直到一九八〇年張元先生發表《談投壺和蹴鞠產生之原因》（載《成都體育學院學報》一九八〇年第一期）一文。

自二十世紀八十年代以來，隨着足球逐步成爲世界第一運動，人們對蹴鞠的研究逐步興起。以《中國體育史參考資料》爲基礎，學界對蹴鞠的研究全面展開，較具代表性的研究著作有劉秉果《蹴鞠——世界最古老的足球》（中華書局二〇〇四年版），劉秉果、趙明奇《中國古代足球》（齊魯書社二〇〇八年版），常法寬《圖説中國古代足球》（商務印書館二〇〇八年版），劉祝環、李永洪《蹴鞠天地人》（中國社會出版社二〇〇九年版），筆者主筆和解維俊先生主編的《齊都蹴鞠》（百花文藝出版社二〇〇六年版），筆者和岳長志先生合著的《中國蹴鞠》（山東友誼出版社二〇一三

年版），宋兆麟《蹴鞠——中國古代的足球》（商務印書館二〇一七年版）等。另外，李季芳、邵文良、谷世權、楊向東、崔樂泉等先後出版論著，雖非專論但其中部分章節對蹴鞠研究亦多有涉及。在會議文集方面，筆者主編的《蹴鞠與齊文化——第二十二届國際歷史科學大會淄博衛星會議文集》收録國際學界對蹴鞠的最新研究成果，具有重要學術價值。在論文方面，學界主要圍繞蹴鞠的起源、發展歷程、消亡原因、行會組織、相關文物和文藝作品、與其他運動的對比、與現代足球的關係、當代價值以及文獻考證等問題展開研究。

二十世紀八十年代以來的蹴鞠研究成果是豐富的，但浙江大學翁士勛在《漫談我國古代體育文獻資料研究——從〈中國古代體育文物圖録〉談起》（載《體育文化導刊》二〇〇三年第二期）中説：『至今我國還没有一部全面反映中國古代體育的真正能代表我國水平的可以使人放心引用的古代體育文獻資料集。在我國古代史學研究中，一些同志不加核對、不加鑒别地把《中國體育史參考資料》作爲經典來引用，出現了較多的引録、解讀文獻資料的錯誤，以致産生以誤傳誤的現象。相反，對唐豪先生多年來苦心經營的體育文獻學却不大有人認真對待，把它繼承下來，并不斷加以充實、發揚光大。』可見，翁先生對蹴鞠原始文獻整理力度不够的現象是頗有微詞的。

一九八六年，劉秉果在《體育文史》第六期發表《〈蹴鞠譜〉著作年代考》一文，介紹了《蹴鞠譜》的來歷、流傳過程、書名、字數、版式特點、内容分類等基本信息，并對《蹴鞠譜》的成書年代進行了推論，他認爲『《蹴鞠譜》絶非明代人的著作』，并進一步認爲『《蹴鞠譜》的上限是宋朝，下

限是明代，具體點説，是南宋人的著作，現在影印的手抄本是元代人的手抄本，可能個别字句有删減』。他還認爲『《蹴鞠譜》是《事林廣記·戊集》《蹴踘圖譜》《戲毬塲科範》的祖本』。

二〇〇四年三月，中華書局出版了劉秉果等人所著《蹴鞠——世界最古老的足球》一書。該書以大量的文獻記載和文物資料，論述了中國古代足球的起源、變化及在各個時代開展的情況和呈現的特點，并簡要分析了蹴鞠没有演變成現代足球并最終消亡的原因，是蹴鞠研究的一部重要參考資料。

翁士勛曾指出《蹴鞠譜》的成書時間是在明朝中後期，其性質是『一部彙編性的著作』，是由明朝人彙集《事林廣記·戊集》《蹴踘圖譜》《戲毬塲科範》等文獻編輯而成的。二〇〇八年九月，劉秉果、趙明奇《中國古代足球》一書由齊魯書社出版。該書的精華是第二部分『中國古代足球專著』。在第二部分『中國古代足球專著』中，作者對《蹴鞠譜》《蹴踘圖譜》《戲毬塲科範》《事林廣記·戊集》的版本情況進行了介紹，并分别對這四種蹴鞠原始文獻進行了校譯或點校。其中『《蹴鞠譜》校譯』占據近九十頁的篇幅，用力尤深，爲學界貢獻了迄今爲止唯一一部《蹴鞠譜》整理本。大概劉秉果先生没有見到《蹴鞠譜》的高清影印件，也不曾見到《蹴踘圖譜》的原件（可能是一種鉛字印刷的殘件。筆者也曾見到過），其『《蹴鞠譜》校譯』失去了原件參照，在個别字詞的謄録上難免出現偏差而不易察覺，這也是『《蹴鞠譜》校譯』的缺憾，但無論如何，該書對我們的注譯工作有着極大的幫助。

本課題最主要的優勢在於有鄭振鐸《玄覽堂叢書》所收録的《蹴鞠譜》手抄本的高清影印件底本和《蹴踘圖譜》的原件，較爲準确地對原文進行謄録，對重點字詞句進行有甄别和選擇的校對與注釋，進行白話文通篇翻譯，爲學界提供一個校對、注釋、翻譯較爲準确且便於查閲利用的《蹴鞠譜》整理本，無疑可以推動蹴鞠研究的深入發展。

由於《蹴鞠譜》現存版本衹有鄭振鐸《玄覽堂叢書》所收録的《蹴鞠譜》影印本，故并不具備對校的條件，不過《蹴鞠譜》一書中前後内容多有重複者，故可用《蹴鞠譜》前後文字互相印證，另外，《蹴鞠譜》的部分内容與《戲毬塲科範》《事林廣記·戊集》和《蹴踘圖譜》基本一致，無論誰是源誰是流，均不妨礙其相關内容的參校。因此《〈蹴鞠譜〉注譯》主要采用本校法和參校法。經過努力，已經完成《蹴鞠譜》的原文謄録、校對和注釋以及白話翻譯。其間對《蹴鞠譜》内容解釋中存在争議的問題，如成書時間、與其他蹴鞠文獻的關係、『圓社』『三錦』等許多字詞的含義等進行了探討。

相較《中國古代足球》中對《蹴鞠譜》的校譯而言，本課題的主要創新點有二：一是在對重點字詞句進行注釋時采用集注形式，將學界不同觀點并存，并以按語形式給出自己的觀點；二是在原文謄録時儘量保留影印版《蹴鞠譜》的原有字形。有助於社會各界對蹴鞠的保護、傳承與開發利用，填補這一空白。

静心想來沉潛於蹴鞠文化已近二十載，有時候夢中也似乎回到了古代蹴鞠場。我們總想去探究

歷史的真相，但歷史没有真相，祇留給我們殘卷、廢墟和銹迹斑斑，我們所有的工作都是在無限接近歷史的真相，這也是近二十年來爲蹴鞠『焚膏繼晷，兀兀窮年』的原因和動力源泉所在。

二〇二三年七月於故都八極齋

目録

蹴鞠譜〔一〕

蹴踘〔二〕 初興黄帝為〔三〕，王孫公子戲相宜。

世間子弟千般戲，惟有齊雲實可奇〔四〕。

【注釋】

〔一〕蹴鞠譜：原書爲手抄本，現存南京圖書館。抗日戰爭時期，著名文學家、考古學家、古籍收藏家鄭振鐸先生受委托在上海淪陷區搶救珍本古籍，該書爲搶救所得孤本之一。因書名等資訊已佚，故鄭先生取卷首詩前二字稱之爲『蹴鞠譜』（後編入《玄覽堂叢書》第三集影印刊行）。原書首頁鈐章四枚，分别爲『吴興周越然藏書記』『玄覽堂』『國立中央圖書館收藏』『南京圖書館藏善本印記』，由此知周越然（一八八五—一九六二，浙江吴興人，著名藏書家）爲其收藏者之一；據周氏《蹴鞠法》（一九三三年五月十二日發表於《晶報》，後收入《舊籍叢話》）一文云：『余藏書

中有《蹴踘法》一種，紅絲欄精寫本，字作趙體，白口，雙魚尾，其間作圓圈一，又橫絲欄一，四周雙欄。全書六十九葉，每半葉十行，每行二十四字；不著撰人，前後無序跋，亦無藏書印記；卷中間有缺字之處，想當時所據之本，乃破爛漫漶者，無可辨認，故留空白也。』文中另附『毬門格範』圖及『初入學社詩』等內容，其所述《蹴踘法》一書諸種情狀，與現存《蹴鞠譜》吻合，故《蹴鞠譜》當爲周氏舊藏無誤，原書名即『蹴踘法』。

〔二〕蹴踘：中國古代足球運動，先秦文獻已有記載，歷史上先後有蹋鞠、蹴鞠、蹴球、築球、蹴圓、踢圓、踢行頭等稱呼，蹴鞠是最通行的叫法。《戰國策·齊策一》載：『臨淄甚富而實，其民無不吹竽、鼓瑟、擊築、彈琴、鬥雞、走犬、六博、蹹踘者。』『蹹』即『蹴』，意思是用脚踢；『踘』，皮質的球。當時的齊國都城臨淄，男女老少會蹴鞠的很多。漢代時，蹴鞠成爲軍事訓練項目，用以訓練士兵演習兵法；《漢書·藝文志》『兵技巧家』録『蹵鞠二十五篇』存目；帝王觀看蹴鞠亦按檢閲軍隊的規制進行。鞠，古代文獻也寫作『踘』，從字的結構看，『踘』意在突出用足踢；『鞠』意在突出其質地（皮革）。『踘』『鞠』的演變，正反映古代鞠製作材質的變化。《漢書》卷五十一《枚乘傳》顔師古注：『蹵，足蹴之也。鞠以韋爲之，中實以物，蹵蹋爲戲樂也。』唐代以後，蹴鞠用球有了實質上的改制，能工巧匠們將實心球換爲充氣式的球。唐仲無頗的《氣球賦》中就寫道：『氣之爲球，合而成質。俾騰躍而攸利，在吹噓而取實……』這種充氣式的足球，通稱『氣球』，宋明時期球社組織中也稱作『健色』。現代足球傳入中國後，近代學者多將其與蹴鞠運動進行比較，清徐珂

《清稗類鈔》云：『蹴踘，游戲之事。踘，亦作鞠，毛丸也，相傳起于黄帝之時，分左右曹以踢之。……足球，與蹴鞠相類，蓋效西法也。宣統時盛行之。其質料爲印度橡皮或塗橡皮膠之帆布，鼓氣令滿，外裹以皮囊，圓徑約八九寸。游戲時，人分兩組，偕入長三百三十尺、闊百六十尺之廣場；場之兩端，各立長十八尺、闊六尺之木架爲門，以球能踢入對面之門者爲勝。』民國著名藏書家周越然則認為：『蹴踘，音「促掬」。蹴，以足逆踏也；踘，亦作鞠，戲具，以韋爲之，實以柔物，今謂之球。蹴踘，即今之踢球。』

〔三〕黄帝為：古人多認爲蹴鞠運動是黄帝的創造。關於蹴鞠運動的起源，西漢劉向《别録》云：『蹵鞠者，傳言黄帝所作，或曰起戰國之時。蹵鞠，兵勢也，所以練武士知有材也，皆因嬉戲而講習之。』黄帝時代尚無文字記載，故劉向謂之『傳言』；而據『或曰起戰國之時』可知漢時亦有蹴鞠起源于戰國時的説法，這一説法與《戰國策·齊策一》等史料對臨淄之民無不『蹹踘』的記載相合。一九七三年湖南長沙馬王堆漢墓出土帛書《老子》寫本，其《正亂》篇云：『黄帝身遇蚩尤，因而擒之。剥其□革以爲幹侯，使人射之，多中者賞。剪其髮而建之天，名曰蚩尤之旌。充其胃以爲鞠，使人執之，多中者賞。』認為『執』『蹋』古音相近，此處『執』疑讀爲『蹋鞠』之『蹋』。執，《説文解字》：『執，捕罪人也。』此處或作『拿』『持』或『捕捉』解。

〔四〕世間、惟有二句：子弟，古時將學蹴鞠者稱作子弟。齊雲，此處指蹴鞠，本書云『夫蹴踘者，儒言蹴踘，圓社曰齊雲』，可知『齊雲』是踢球團體圓社内部對蹴鞠的稱呼。圓社，即齊雲社，是

宋元時期蹴鞠藝人及蹴鞠愛好者社團組織的名稱。『齊雲社』一詞首見於南宋周密《武林舊事》『社會』條，南宋時齊雲社成員多爲一等富室郎君或風流子弟，又或是一些文化閑人。本書『凡教子弟』一節中說『若不幹事，等衆人齊散，謂之齊雲』，此說當爲『齊雲』之本義。

【譯文】

蹴鞠興起源於黄帝的創造，它適宜王孫公子娱樂嬉戲。世間成千上百種游戲活動，衹有蹴鞠稱得上奇妙絕倫。

□□□□□□□者，踢毬之祖，其餘踢搭，皆外而生也。拐搭膁□□□□□□踢而不知也？須要腰不曲，身不背，脚不拗，不□□□□□要様而美者欺好矣。此法全在專心也，急中用□□□□□□得知也。又須量健色大小輕重如勢，闊窄鞋韈，□□□□□，衣冠濟楚，性格温柔，容儀温雅，遜讓為先。不失規□□□□□圓社。〔一〕

【注釋】

〔一〕原書破損致使本段多有脱字，兹以明劉雙松《新板增補天下便用文林妙錦萬寶全書》録

《齊雲軌範》『初李蹴踘法』條略行補校附後，以供參考。

夫蹴踘者，拐搭膁𨂡，踢毬之祖，其餘踢搭皆外而生也〔一〕。拐搭膁𨂡既真，何患外踢而不生也？須要腰不曲，身背，脚不拗，不穿塲，不失位，要格樣而美老期好矣〔二〕。此法全在專心，急中用意，眼親步活，方知得也〔三〕。又須量健色大小輕重，如勢開窄，鞋襪須整齊〔四〕，衣冠齊楚，性格柔耐，容仪温雅，遜讓為先。不失規矩，方為圓社〔五〕。

【注釋】

〔一〕夫蹴踘者句：拐搭膁𨂡，古時踢球的四種基本動作。拐，指用脚掌外側踢球，本書云：『論到偏深將拐下，腰身輕摺可相宜。幇平踢踢無踈脱，退步低牢慢最奇。』搭，指用脚面踢球，本書云：『論衆正面須當搭，脚放低垂眼放親。若要踢牢輕人力，却思步活内中尋。』膁，《齊雲軌範》《戲毬塲科範》均作『臁』，『膁』（音淺）多指牲畜腰兩旁肋與胯之間的軟凹處；『臁』指小腿，《集韵》：『臁，脛臁也。』當以『臁』爲是。本書中的『膁』，指用小腿這一部位踢球，本書云：『須要肩尖對脚尖，要宜身倒腿微偏。直腰挺身脚跟出，力可平撞使放膁。』𨂡，用膝部頂球，關於『膝』

的動作，本書云：『論來意毒膝去當，用力輕輕不在忙。入步不時依古式，下住退步慢誇强。』毬，古同『球』，因球以革爲圓囊，實以毛髮，故作毛形、求聲。

〔二〕須要句：背，彎曲。拗，扭曲、弯曲。穿場，宋元以來，在蹴鞠運動中擔任不同角色的球員有自己的站位，穿場即指在場上隨意移動變換位置。失位，移位，指不在該在的位置上或離開自己的位置。格樣，標準式樣，模樣。

〔三〕此法句：用意，用心應對。親，準确。

〔四〕又須量句：此句至本段末言球場規矩，是説踢球時要測量球的大小、充氣的多少，所有上場踢球的子弟都要衣冠整齊、言語謙遜、舉止文明、遵守規矩。健，古同『健』。健色，氣球。原書中本句句讀爲『又須量健色大小輕重如勢，闊窄鞋韈，□□□□□』，但『鞋韈』後闕文與《齊雲軌範》『初夅蹴踘』條載『鞋襪須整齊，衣冠齊楚』文字較難銜接，故本書注譯暫以『又須量健色大小輕重，如勢闊窄，鞋韈須整齊，衣冠濟楚』斷句，但從本書『訣論』條『大小健色，踢而審詳。或打大論，鞋襪相當』來看，宋明時期蹴鞠不同踢法對健色（氣球）、鞋襪的選用都有不同的要求。

〔五〕衣冠句：濟，古時『齊』『濟』互用。齊楚，整齊美觀。柔耐，即温柔。圓社要求其成員『性格温柔』。宋元時期，儒家倡導的温良恭儉讓已成爲蹴鞠行當的道德和行爲規範。本書將其列爲『三可教』的第一條，强調要『令剛氣潛消』『一團和氣』。容儀，容貌舉止。温雅，言談舉止温和而有禮節。遜讓，謙讓。圓社，即齊雲社；齊雲社是蹴鞠會社的正式名稱，圓社是會社社員的自稱。因

爲球是圓的，意爲蹴鞠藝人處理人際關係要『因圓情而識之』，故自稱。此是説做到了以上要求，纔可以稱得上是圓社中人。

【譯文】

蹴鞠這項運動，講究拐、搭、𦡆、䟤，這是踢球的基本技法，其他用腿脚踢搭的動作都是從它發展而産生的。衹要熟練掌握了拐、搭、𦡆、䟤等動作要領，又何必擔心其他的踢法不能掌握呢？在練習這些基本動作時，必須做到腰不曲，身不彎，脚不扭動，不隨意移動變换位置，不擅離自己應在的站位，做動作的樣子也要美觀，纔稱得上是好動作。這種踢法完全取决於踢球人的專心程度，急速動作時反應到位，眼光精準，步伐靈活，纔能掌握這些踢法。還必須測量氣球的尺寸大小、分量輕重，按不同踢法要求進行調整。另外，鞋襪要合脚，着裝要整齊美觀，性格温柔，容顔温和儒雅，處處把謙讓放到第一位。按照這些要求來做，纔可以稱得上是圓社中人。

詩曰：

圓社江湖雅氣多，風流富貴事如何〔一〕。
王孫公子須請踢，少年勤學莫蹉跎〔二〕。

【注釋】

〔一〕圓社、風流二句：蹴鞠發展到南宋時，踢球藝人有了專門的團體組織——齊雲社，也稱『圓社』。圓社是全國性的，各地都有。宋時蹴鞠高手——高俅即圓社社員。施耐庵的《水滸傳》中將高俅描繪成一個『破落户子弟』，舉止粗俗，貪贓枉法，此爲一種小説演義的手法。據宋王明清《揮麈後録》記述：高俅原是蘇軾（字子瞻，號東坡居士）家的一個書童，人很機靈，而且寫一手好字，也能寫文章。因爲喜歡踢球，遇到了當時還是端王的趙佶，并成爲他的親信和蹴鞠玩伴。趙佶，宋朝第八位皇帝，宋神宗第十一子，宋哲宗之弟，也就是後來的宋徽宗。因高俅曾是端王府的親信，所以，宋徽宗纔讓他連連晋升，成爲高官。江湖，本指江河湖海，泛指四方各地，亦指底層社會。雅氣，豪氣，高雅不俗的氣度。風流，此處意爲風光、榮寵。

〔二〕王孫公子句：須請踢，本書《齊雲軌範》《戲毬場科範》等作『來相踢』。蹉跎，虚度光陰。

【譯文】

有詩説：圓社江湖高雅之氣盛行，通過踢球平步青雲獲得富貴的事情經常發生。如果球踢得好，貴族子弟定會邀請一起踢球，因此一定要勤學苦練不要虚度光陰。

夫蹴踘者，儒言蹴踘，圓社曰齊雲，乃昔時壯士習運之能，慣皇朝英傑遊戲之學〔一〕。士夫所喜，子弟偏宜，能令剛氣潛消，頓使芳心軟美〔二〕。雖費衣而達食，最欺貧而滅强〔三〕。身雖肥，嘗習此氣自如所；年乃高，頻愛欺能令反壯〔四〕。架上無你衣我衣，囊中無〔五〕你錢我錢，方可做子弟也。如有習學，全在明師指教。踼不明者，如拔山之難得；遇明師教，如反掌之易〔六〕。凡教徒弟，有三不可教：一者具性於沙村，不通情性；二者不聽師教，不達圓情；三者人無禮樂，失其信行〔七〕。此三者不可教也。有三可教：一性格温柔，為人常情；二身材聰俊，諸事通；三敏達時務，知進退〔八〕。此三者可教也。

【注釋】

〔一〕夫蹴踘者句：昔時，從前，舊時。壯士，雄壯的人，指軍人。習運，指練武。漢代劉向《別録》云：『蹵鞠，兵勢也，所以練武士知有材也。』慣，習慣，一向。『慣』後似脱『是』字。皇朝，指本朝。

〔二〕士夫句：士夫，文人大夫。偏宜，適合，適宜。剛氣，本指陽剛之氣，此指戾氣、怒氣，形容

性格暴躁。潛消，悄悄地消除。芳心，指花蕊，此喻内心。軟美，柔和美好，温順。本書《齊雲軌範》作『歡美』。

〔三〕雖費衣句：達食，促進消化，增加食欲，本書《齊雲軌範》作『達食』。欺，壓過、勝過。强，形容逞强好勝。『欺貧而滅强』，本書《齊雲軌範》作『欺村而滅强』。

〔四〕身雖肥句：肥，指身體肥胖。『嘗』，當爲『常』字之誤。氣自如所，意謂氣血能像自己所要求的那樣，運化正常。頻愛欺能令反壯，『欺』，當爲『則』字之誤。反，古同『返』。反壯，返回壯年，指身體變得强健。

〔五〕無：没有，不分。

〔六〕踢不明者句：不明，不懂（要領）。拔山，移動大山，比喻事之极難。反掌，反手，比喻事之極易。

〔七〕凡教句：具性沙村，沙村，亦作『村沙』『村桑』，意爲粗魯、粗俗，或古板、倔。元張國賓《羅李郎》第四折：『這哥哥恁地狠，没些兒淹潤。一剗地沙村，倒把人尋趁。』情性，情意。圓情，指圓社的情理（指規則和禮數）。另，明清時期蹴鞠藝人也稱『圓情』。禮樂，周代周公旦制禮作樂，通行天下，『禮』『樂』互爲表裏，泛指禮節、禮儀。信行，誠信，信用。

〔八〕有三可教句：常情，普通的情理。聰俊，本指相貌俊秀，此形容身體或頭腦靈活。敏達，通達。時務，客觀形勢。進退，言語行動恰如其分，即禮節。

【譯文】

蹴鞠這項活動，讀書人稱之爲『蹴鞠』，踢球人叫它『齊雲』，是往昔軍士習練的一項本領，一向也是我朝英杰之士游玩娛樂的一門學問，深爲士大夫及其子弟所喜愛與偏好。蹴鞠能令暴戾之氣不知不覺地消散，漸漸地使人們的内心柔軟美好。雖然比較消耗衣服，但是可以增加食欲；最不適合吝嗇的人參與，最能使人頭腦靈活知道變通。身軀即使肥胖，衹要常常參與這項運動，就能令氣血和暢；年齡即使很大，衹要常常參與這項運動，還能令身體變得健壯。圓社中人，衣架上的衣服不分你的和我的，口袋裏的錢也不分你的和我的，這樣的人纔適合做蹴鞠的學徒。如果要學踢蹴鞠，其關鍵完全在於有明師指教。不懂得蹴鞠踢法的人，學習蹴鞠難如拔山一樣；如果能遇到明師指導，那學習蹴鞠就易如反掌。在選擇要教導的徒弟的時候，有三種人是不能選擇的：第一種是性情過於木訥，不懂人情世故；第二種是不聽從師父的教導，不遵守蹴鞠界的規矩和禮數；第三種是做人没有禮貌，言行失信。這三種人是不能够被收爲徒弟的。有三種人可以教導：一是性格温和柔細，做人懂得基本的人情世故；二是身輕體健，諸事精通；三是非常通達識時務，知道進退。這三種人可以收爲徒弟加以教導。

詩曰：

齊雲家數〔一〕少人知，奥妙中間實是奇。

場中公子雖然有，規矩家風知者希〔二〕。

【注釋】

〔一〕家數：圓社的禮法規矩及蹴鞠技法。

〔二〕場中公子句：公子，貴族子弟，對球友的尊稱。家風，指蹴鞠組織長期形成的一種風尚、風氣。希，本義爲稀疏、少見，後多寫作『稀』。

【譯文】

有詩説：蹴鞠師法相承的技法少有人知，其中的奥妙實在是令人稱奇。球場上有見識的富貴子弟雖然有，但知道蹴鞠規矩與家風的人却很少。

凡教子弟，備酒禮，辦筵席禮物，贈與師父。或表裏，或銀鈔，或靴襪，須要與圓友商議〔一〕。先請下子弟，備三牲盤按，祭獻祖師清源妙道真君、企師陸陽

真人、齊雲會上先亡後化先生，然後請師徒之禮，次方開賺〔二〕。是日先撇右賺，次後却撇左賺、两膝、两拐、两踏。八踢有准，方可下塲，更看立作、身分、樣子〔三〕。當日輪定，每日要與新子弟哨水〔四〕；後日下塲，再俻一席，請諸圓友，謂之新人會，又名圓會。如不做圓社，亦是不曾得師開法一般，被人笑話，謂之不出汗，難上盤子〔五〕。更有立作動静，如見外郡圓友，務必請踢氣毬，手執徤色，作對上手言『老先生帶挾，二踢犯上』；對下手言『賺膝衝撞少罪』，將氣毬撇下手，先以右賺三两踢，次後方使雜踢〔六〕。師友更看那步、身分、拗背〔七〕。踢時不許占塲〔八〕，務要相讓。亦不許先散，如有急幹，不可下塲；如無緊事，踢罷等衆同散；果有急幹，手執脬錢，送與老先生處，説『不及陪侍，有些少小鈔貫，送老師父褪汗衫』，一揖而退〔九〕；與諸子弟言：『諸位自在慢踢。』纔可起行。不可空去冷散〔一〇〕，被人談論師不明也。若不幹事，等衆人齊散，謂之齊雲。對衆言帶挾者，全在明師開法，莫道一塲便會，須經千塲萬塲方牢，以熟為妙，無演日功〔一一〕。人□公子同席，吾兄我弟；王孫在塲，等背齊肩〔一二〕。秋冬無寒，春夏無熱，若依此論，真心指訣〔一三〕；不依此論，師者拜别。不可以為乾

圓社，必要以酒點圓褪氣，切不可失禮。告請知之〔一四〕。

詩曰：

齊雲妙〔一五〕者實難圖，規矩家風不可無。

若遇明師真口訣，學成須下死工夫〔一六〕。

【注釋】

〔一〕或表裏句：表裏，《諸書直音世事通考》：『表，外衣也。』裏，與『表』相對，爲裏衣。表裏，指用於饋贈的衣料。圓友，圓社的社友，即師兄弟。

〔二〕先請下子弟句：三牲，用於祭祀的大三牲，一般爲純色完整的牛、羊、猪；或小三牲，即猪、魚、鷄。盤按，按，通假字，古同『案』。盤案，盛食器皿盤和案的統稱。清源妙道真君，被圓社奉爲祖師爺。《重刊繪圖三教源流搜神大全》卷三《灌口二郎神》載：『二郎神者，姓趙，名昱……立廟於灌江口……宋真宗封清源妙道真君。』元雜劇《二郎神醉射鎖魔鏡》：趙昱『字從道，幼年曾爲嘉州太守。斬了健蛟。……加吾神爲灌江口二郎之位清源妙道真君。玉帝敕令：著吾神鎮守西川』。先亡，指已故企師，創始人。陸陽真人，據本書『須知』條，他是齊雲社的創始人，曾『行遊蜀地』。先輩。開賺，開脚踢球。

〔三〕更看句：立作，站立。身分，也作『身份』，本書中指姿態、架勢。樣子，此指樣式、姿勢。

〔四〕當日輪定句：輪定，指確定輪流做東宴請師友的弟子。哨水，本指用水點圓以防止球過於乾燥，圓社亦以之稱設宴吃席。圓社的禮儀，宴席上三杯酒後，將球送與老師『褪氣』，再端一杯酒讓在場圓友都飲遍，説一聲『帶挾』，一壺酒便以這一方式禮謝一周。

〔五〕如不做圓社句：不曾得師開法，『法』，當爲『發』字之誤。本段中還有『全在明師開法』，『法』，誤。以下多次出現『開法』。開法，同『開發』，指啓發、開導。出汗，本書『財』條：『弟子使錢謂之出汗。不出汗，即吝嗇、不出錢，形容做事不大方，很吝嗇。盤子，臺面。本書『圓社錦語』條：『盤子，場兒。』

〔六〕更有立作句：外郡，外地。上手，古人習慣以左爲上，稱左邊的席位爲上手或上首，稱右邊的席位爲下手或下首。帶挾，提携，照顧，含指教的意思。少罪，請勿怪罪，請多包涵。

〔七〕師友更看句：那，古通『挪』。本書中多處出現。拗背，彎腰曲背，與直身正立相對。

〔八〕占場：此處指在踢球時占圓友位置。

〔九〕果有急幹句：急幹，急事。脬，《里語徵實》：『溺囊曰脬。』脬即膀胱，宋元時期用作鞠的內膽，充氣用，代指鞠。脬錢，指買球的錢。此處指敬師錢鈔。襁汗衫，本書『酒色財氣』條、『子弟入門』條均作『糨汗衫』，糨，此處同『漿』，指用帶膠質的水漿塗已洗的衣服使乾後硬挺。揖，作揖。舊時見面禮的一種，行禮時，雙手合於胸前，左手在外，右手在內。如拱手禮、抱拳禮，均屬

於作揖的形式。

〔一〇〕空去冷散：不遵守球場禮儀、無禮物敬師離開球場。

〔一一〕日功：指每天都要演習踢球功夫。

〔一二〕人□公子句：『人』後似脱一『與』字。同席，指大家同場踢球。王孫，貴族子弟。等背齊肩，喻指地位平等。

〔一三〕指訣：要訣。此作動詞，（師父）傳授要訣的意思。

〔一四〕不可以為句：乾，本指没有水分或水分很少，與『濕』相對，本書中多次提到健色（氣球）『乾則損表』『水傷痴重，乾怕輕狂』，故踢球時常常在球上哨水。後『哨水』用作中場吃宴席的代稱。乾圓社，指不行哨水之禮而空去冷散。以酒點圓，指再設酒席招待圓友。點圓，即點圓禮，氣球裓氣前的一個禮節，圓社社規之一。裓氣，指將充氣球送給老先生放氣。據史料記載，從戰國到漢代，人們所踢之『鞠』，多係外以皮革製作而内填充以毛髮一類輕柔物質做成的實心球。到唐代時，出現了充氣球。比較以前的實心球，充氣球的最大特點是球體輕，彈性好，可以踢得既高又遠，也可以踢出很多技巧花樣。這時，蹴鞠又開始稱『蹴球』，馬端臨《文獻通考・樂考》云：『蹴球蓋始於唐，植兩修竹，高數丈，絡網於上爲門以度球。球工分左右朋，以角勝負，豈非蹴鞠之變歟！』

〔一五〕竗：同『妙』。

〔一六〕死工夫：苦功夫。

【譯文】

凡是教徒弟，徒弟要備下酒席，要買禮物送給師父。或饋贈衣料，或饋贈銀錢，或饋贈鞋襪，具體送什麽要與球友們商議好。拜師的時候，先把師父的其他徒弟請來，準備好以牛、羊、猪三種牲畜的頭爲祭品的香案，把祭品獻給蹴鞠祖師爺清源妙道真君、仙師陸陽真人以及蹴鞠界已經亡故的老前輩們。然後進行拜師與收徒之禮，然後纔開始練習動作。這一天由師父抛球給徒弟，先抛向右腿練習，再抛向左腿練習，隨後是抛向兩膝、兩脚踝、兩脚背，這八種基本動作練到有準頭，纔可以下球場踢球。到了球場上更要觀看站位、身段和做動作的姿勢。當天就要安排好順序，每天由師兄們輪流做東宴請新徒弟。等到新徒弟正式下場那一天，再由新徒弟做東，宴請師父和衆位師兄，這就叫作『新人會』，也叫作『圓會』。如果新徒弟不這樣做，就算他加入了球社，也好像没有經過師父教導一樣，會被别人取笑，把他叫作『不出汗』，難以下場踢球。還有球場上言行舉止的一些規矩。如果要會見外地的球友，一定要請他下場踢球，手拿球作揖，對上首球友説：『請老先生多多指教，踢得不好之處，請多包涵。』對下首球友説：『踢球時如有肢體衝撞，請不要怪罪。』踢球開始時，把氣球撇向下首球友，接球的人先用右腿踢兩三下，然後纔使用雜踢。師友要在一旁仔細觀察踢球者的步伐移動、身段及有無彎腰曲背。踢球時不許侵占别人的位置，務必要互相謙讓。也不允許提前散場，如果有急事，不可以下場踢球。如果没有特别緊要的事，踢完之後要等着衆人一同散去；如果確實有特

別緊急的事，手裏拿着錢送給老先生説：『我不能在旁侍奉您了，我有些少許的錢鈔送給您來槳洗衣服。』然後作揖而退。對衆位球友説：『各位好好踢着。』纔可以離開。不可以抽身就走冷漠離場，被人議論説師父教導無方。如果没有其他事情要幹，就要等衆球友一起散去，這就叫作『齊雲』。對衆人説『帶挾』等球場規矩，完全在於明師的教導和開示。不要指望踢一場球就能學會，必須經過千萬場球纔能掌握牢固，一定是以熟練爲好，一定不要忘記每日要勤練習。在球場上不論身份高低，即使是王孫貴胄也要和其他球友稱兄道弟，等背齊肩。秋冬不怕寒冷，春夏不怕炎熱，如果能夠遵從這些規矩，師父就要真心實意地把踢球的秘訣指導教給徒弟；如果不遵從這些規矩，師父就要向徒弟拜别。踢球時不可不行宴席之禮而冷去空散，一定要用酒點蘸在球上給球褪氣（即行『點圓禮』），切記不可以失去規矩禮數。這些事都要告訴子弟讓他們知道。

有詩説：蹴鞠的奥妙之處實在是難以掌握，圓社的規矩和家風不可遺忘。如果遇到明師傳授你真口訣，要學成必須要下苦功夫。

仁義禮智信

仁者，乃君子〔一〕之道。古之聖人、名賢達士、公子王孫、仕宦豪傑，皆要以

仁為主。如有盜學輕師〔二〕，不達圓情，此非人也。如要遇高貴，不能相見，可因圓情而識之〔三〕。此乃不可失仁德也。

詩曰：

風流自古是齊雲，壓强欺村果出羣。
豪俊貴人偏見愛〔四〕，一團和氣衆皆欣。

義者，如見貴人得喜，如病中得看戲，或死得活，皆是圓社好務〔五〕，以義氣相投〔六〕。不可無義氣也。

詩曰：

春風習習〔七〕最堪誇，約友邀朋會一家。
拋去氣毬須請踢，一團和氣總奢華〔八〕。

禮者，乃人之常也。凡遇外處諸郡圓友到來，必須每日照點相看，施香皮〔九〕之情；遇江湖閑客，須以禮贈之；凡諸老先生處，不可失禮。此乃禮也。

詩曰：

既來圓社中，除却胷〔一〇〕襟傲。

王侯一比肩，愚人何足道〔一一〕。

智者，乃是自家心中靈變〔一二〕。雖遇明師開法，亦是踢之於脚，應之於心。

昔日軒轅黄帝裁革為圓，以為樂器，計敗蚩尤。此乃智者也。

詩曰：

聖詔〔一三〕來宣我，展開要踢毬。

名園歡散後，又向玉堦遊〔一四〕。

信者，無而不立。與朋友相交，不可妄言，是用謹守，當得君子之道也〔一五〕。

古人云：人無信不立。此乃謂之信也〔一六〕。

詩曰：

子弟元来不識羞〔一七〕，更無火性更無憂。

一團和氣逢〔一八〕人美，六片香毬〔一九〕到處遊。

【注釋】

〔一〕君子：原指貴族，此指人格高尚、道德品行兼備之人。先秦典籍《易經》《詩經》《尚

書》中廣泛使用『君子』一詞。

〔二〕如有盜學輕師句：盜學輕師，指偷學踢球技巧、不尊重老師。此非人也，這是不符合仁德的。人，應爲『仁』之誤。

〔三〕識之：跟他結識，接近他。

〔四〕見愛：喜愛。

〔五〕義者句：看戲，『戲』當爲『覷』之誤；看覷，看護，照料。病，重病，古稱小者爲疾，重者爲病。好務，好事情。

〔六〕義氣相投：彼此性格、志趣相投合。

〔七〕春風習習：比喻説話時有禮貌，親切從容，使聽的人心情舒暢。習習，形容春風輕輕地吹。

〔八〕一團和氣句：原指態度和藹可親。後多指互相之間講和氣，十分和諧。奢華，指一種生活的態度、一種品位和格調的象徵。

〔九〕香皮：指鞠。因鞠多係鞣製皮革並經裁剪縫合而成，故美稱其爲『香皮』。本書中提到的『六片香皮』『十二香片』，即六片鞠和十二片鞠。

〔一〇〕胷：同『胸』。

〔一一〕王矦句：矦，古同『侯』。比肩，同『齊肩』。愚人，指普通人。

〔一二〕靈變：靈巧和應變。

〔一三〕聖詔：對皇帝詔書的尊稱。

〔一四〕名園句：名園，苑囿，皇家花園。玉堦，由玉石砌成或裝飾的臺階，亦爲臺階的美稱。此指皇宫。

〔一五〕信者句：信者，指信用、誠信。是用，因此。

〔一六〕古人云句：意在强調蹋球者要講信用。《論語·顔淵》云：『民無信不立。』

〔一七〕元來：原來，從來。不識羞：不識得羞耻。

〔一八〕逄：應爲『逢』字之誤。

〔一九〕六片香毬：指六片縫製的氣球。唐代以後，氣球用多塊皮料縫製而成，或六片，或八片，也有十二片的。如尤袤《全唐詩話》卷五有『八片尖皮砌作球』句，陳元靚《事林廣記·戊集》中有《滿庭芳》詞云『十二香皮，裁成圓錦，莫非年少堪收』。

【譯文】

仁義禮智信

仁，乃是君子之道。古代的聖人、有名的賢人、通達的士人、王孫貴胄、官宦豪杰，都要以仁爲其心主。如果有偷學蹋球，輕慢對待師父，不通達圓社的規矩禮數，這都是不符合仁德的。如果要遇見

身份高貴之人，却不能够和他相識，可以通過蹴鞠界的規矩禮數而結識他，這就是爲什麽不可以失去仁德的原因。

有詩説：引領風尚潮流的自古就屬蹴鞠，使人明禮儀知變通超過一般游戲。上層社會的人物對它十分偏愛，一團和諧的氣氛令衆人都很歡欣。

義，像通過蹴鞠遇到貴人從而受到青睞和喜愛，像得了重病受到社友看護照料從而死裏逃生，這些都是圓社中令人稱道的好事。所以要憑義氣來互相結交，不可以不講義氣。

有詩説：春風習習吹來的天氣最值得夸贊，把至交好友都邀請到一起。用手把氣球抛出去請大夥兒一塊兒踢，一團和諧的氣氛總顯得華美無比。

禮，乃是人之常情。凡是遇到外地各郡的球友到來，必須每天關照他，給予其作爲球友的情分。遇到在江湖游蕩的没有加入各地球社的踢球人，必須拿禮物送給他。凡是有衆位老先生在的場合，不可以失去禮數，這就是禮。

有詩説：既然來到踢球人中間，就要除去因身份門第高貴而有的傲氣。在這裏王與侯都與大家平起平坐，不懂齊雲妙處的人又有什麽值得稱道呢？

智，乃是自己的心中靈活知變通。即使遇到明師指教開示，也是得用自己的脚去踢球，用自己的心智來領會。昔日黄帝軒轅氏裁剪皮革製成球，把它作爲娱樂的器物，用計謀打敗蚩尤，這就是智。

有詩説：皇帝頒旨召見我，原來是讓我去踢球。剛剛在名園裏踢到歡喜盡興而散，又要到皇宫

裏去陪同皇帝踢球玩耍。

信，如果没有就不能立足。與朋友來往，不可以説假話，必須要謹守諾言，這就合於君子之道了。古人説『人没有誠信就不能立足』，這就叫作信。

有詩説：踢球子弟從來不知道羞耻之事怎麽做，更加没有火爆脾氣和憂愁，帶着一團和諧之氣的他們見到人就彰顯出美好的德行，帶着氣球到處交游。

酒色財氣

酒〔一〕

一踢氣毬處，不拘寺觀廟宇、亭臺衙院，如下塲踢了，不可先散；若先自去，乃被人笑話，背後取名呼為野圓，又呼鬼圓、果子圓、齷齪氣毬，又名無爹鬼〔二〕；必須等衆人為飲一席，然後同散。未踢之先，預偹酒食之類。如有急幹，不可下塲，踢了去不得；是用先去幹事，却来下塲。未有不飲而散者。此乃是酒也。

詩曰：

金鞍玉勒賞芳菲〔三〕，醉日偏多醒日希。歸晚玉人〔四〕陪笑問，汗衫猶帶氣毬泥。

《鷓鴣天》〔五〕：

拋却功名棄却詩，從教身染氣毬泥。侵晨打鞾齊雲會，際暮演籌落魄歸〔六〕。園苑裏，粉牆西，佳人偷揭繡簾窺〔七〕。高侵雲漢垂肩久，低拂花梢下脚遲〔八〕。

【注釋】

〔一〕酒：此處應缺，據文意補。

〔二〕若先自去句：野圓，指没有師教不懂圓社規矩的球員。鬼，對人表示輕蔑的稱呼。果子圓，謂心眼小的球員，含蔑視意。國家體委體育文史工作委員會全國體總文史資料編審委員會編《中國古代足球史料專集》等書籍據影印本將『果子圓』誤認作『米子圓』。齷齪，不乾净，髒。形容人品質惡劣，思想不純正；或形容氣量狹小，拘於小節。無爹鬼，謂無人教養。

〔三〕金鞍句：金鞍玉勒，形容裝飾華貴的坐騎。金鞍，鑲金的馬鞍。玉勒，飾玉的馬籠頭。芳菲，本指花草盛美，此指代花草盛美的皇家花園。

〔四〕歸晚句：玉人，美人，此指代愛妻。汗衫，明陳士元《俚言解》：『汗衫本古中單之制，漢高祖與項羽戰，汗透中單，因改今名。後世或綴珠或結細竹爲之。』《綺談市語·服飾門》：『汗衫，中單。』中單，古代本指朝服或祭服的裏衣，後來泛指内衣。此處指蹴鞠時穿的服裝。

〔五〕鷓鴣天：詞牌名，又名『思佳客』『思越人』『醉梅花』『半死梧』『剪朝霞』等。定格爲晏幾道《鷓鴣天·彩袖殷勤捧玉鍾》，此調雙調五十五字，前段四句三平韵，後段五句三平韵，代表作有蘇軾《鷓鴣天·林斷山明竹隱墻》等。

〔六〕侵晨句：侵晨，天快亮的時候，拂曉。鞋楦，同『楦』，是做鞋時用以定型的木製模具，定型、撑大的作用。打楦，指用嘴或工具向氣球中充氣，以使球體充盈。際暮，到傍晚時候。演籌，指演習、比賽。本書『齊雲圓社末場』條：『决勝負分爲三等。』籌，本指計數和計算用的籌碼，宋元時期蹴鞠比賽以之作爲比賽局數稱呼或計分方式（詳見『輸贏籌數』條）。落魄，《俚言解》：『落魄，志行衰惡之貌。』此處作『盡興』解。

〔七〕園苑裏句：粉墻，用白灰粉刷過的墻。偷揭，偷偷掀開。繡簾，彩飾華麗的簾幕，指綉着精美圖案的門簾或窗簾。

〔八〕高侵句：雲漢，高空。下脚遲，指動作遲緩。

【譯文】

酒

在蹋球的場所，無論是寺觀廟宇還是亭臺衙院，如果已經下場蹋球，就不能提前離開，如果一個人先行離開，就會被人譏笑，在背地裏給他取名叫作野圓，又叫作鬼圓、果子圓、齷齪氣球，又叫作無爹鬼，必須等衆人喝一場酒席，然後一同散去。没有蹋球之前，要預備好酒食之類的東西。如果有急事要辦，不可以下場蹋球，如果下場蹋了球就不能再提前離開；所以要先去辦事，辦完事再下場蹋球，没有不飲宴之後再離散的人，這就是『酒』的講究。

有詩說：騎着金鞍玉勒的好馬到富貴人家的園子裏蹋球賞花，喝醉的日子偏多而清醒的日子稀少，每次很晚回到家妻子也不生氣，反而笑臉相迎噓寒問暖，自己的衣衫上仍然沾着蹋球時留下的泥土。

又有一首名爲《鷓鴣天》的詞說：拋開科舉功名弃掉吟詩作賦，衹讓自己把精力放在蹋球上。凌晨時分就到球社去練習蹋球的基本功，傍晚蹴鞠比賽盡興而歸。就在蹋球的園子院墻的西側，有美女佳人掀起綉簾偷看我蹋球。我垂肩蹴球，球高時直上青雲；球落下時拂動花梢，這時我就抬脚輕起慢蹋。

色

一場户上，有諸子弟蹴踘，亦不歌唱囉唣；或是良家婦女，或官人家娘子，要看者，常有，切忌不可將氣毬踢去惹事〔一〕。一時戲耍，誠恐〔二〕有患難救；又恐衝頭撞面，亦不可言戲。乃是色也。

詩曰：

金明池上一毬場，兩兩三三遊冶郎〔三〕。

叙却門簷凉不覺，嫦娥莫怪少年狂〔四〕。

《西江月》〔五〕：

健體安身可美，喜笑化食堪誇，更言一事實為佳，肥風瘦痨都罷〔六〕。

兼且時光似箭，更加景色難賒，名園等處樂奢華，一任佳人翫耍〔七〕。

【注釋】

〔一〕一場户句：場户，蹴鞠踢法之一，有一至十人場户；此處指球場。囉唣，吵鬧。

〔二〕誠恐：唯恐。

〔三〕金明池句：金明池，是北宋汴京（今河南開封）著名的皇家苑囿，位於城西順天門外，原爲演習水軍之用，後每年三月初一日至四月初八日向百姓開放。遊冶郎，對野游少年及風流少年的稱呼，此指蹋球的青年人。

〔四〕叙却句：叙却，謝絶攀談。門簷，門簾。嫦娥，古代神話中的月中仙女，此指看球的女郎。

〔五〕西江月：詞牌名，又名『白蘋香』『步虛詞』『江月令』等。唐五代詞本爲平仄韵異部間協，宋以後詞則上下闋各用兩平韵，末轉仄韵，例須同部。以柳永詞《西江月・鳳額綉簾高捲》爲正體，雙調五十字，前後段各四句兩平韵一葉韵。另有五十字前後段各四句兩平韵兩葉韵，五十一字前後段各四句兩平韵兩仄韵，五十六字前後段各四句三平韵等變體。代表作有辛弃疾《西江月・夜行黄沙道中》等。

〔六〕健體句：安身，安歇身體，此指强身健體。化食，消食。肥風瘦痨，中風和肺痨，古時之人對這兩種病都十分恐懼，以爲是不治之症，而蹴鞠却能使人遠離疾病，真是天大的喜事。

〔七〕兼且句：兼且，并且。時光似箭，形容時光飛逝，時間很快就過去。賒，賒欠。佳人，美女，美人。翫，古同『玩』。

【譯文】

色

在球場上，有衆位弟子蹴鞠，也不可以胡亂唱歌和吵鬧，因爲往往會有良家婦女或者達官貴人的妻子在一旁觀看。一定不要把氣球踢向在旁觀看的婦女惹是生非。雖是一時的戲耍，却恐怕惹下的禍患難以補救。要注意不要讓氣球砸到婦女的頭或者臉上，也不能用言語挑逗調戲。這就是色的講究。

有詩説：金明池邊有一個蹴鞠場，球場上三三兩兩的年輕男子正在踢球。這家女主人吩咐把門簾掀起來看踢球，一點也不覺得天氣寒凉。踢球子弟如果不小心有所冒犯，要趕緊請求女主人原諒他們的年少輕狂。

又有一首《西江月》單誇蹴鞠的益處説：

强健體魄令身體安適值得贊美；令人歡笑促進食物消化值得夸獎；更有一件事實在是令人稱贊，就是蹴鞠能讓因肥胖而得的中風和因瘦弱而得的癆病都消失不見。

時光如羽箭飛逝，美麗的景色難以賒欠，在皇家園囿享受奢華使人快樂，任憑美女佳人游戲玩耍。

財

一做子弟，非財而不行。雖費衣而達食，又言欺村滅强，皆是富之餘也。圓社中要無你錢我錢，集字師禮〔二〕，亦要物件贈之，下場蹴踘，必須以脬錢送與閒客〔二〕糶汗衫。子弟使錢謂之出汗。此乃是財也。

詩曰：

蹴踘連朝〔三〕習，打熬千百塲。

若要諸般會，黄金休愛惜。

《鷓鴣天》：

不貪名利樂優游，收轉心猿踢氣毬〔四〕。日享三飡朋友飯，夜眠一宿玉人樓〔五〕。

真快活，度春秋，從他烏兔走無休〔六〕。或時戲耍名園裡，或把長竿〔七〕海上遊。

【注釋】

〔一〕集字師禮：集合行拜師禮。

〔二〕間客：指陪踢的人。

〔三〕蹴踘連朝句：連朝，連日。打熬，磨煉。

〔四〕不貪句：優游，十分閑適地游戲、游玩。心猿，心意好像猿猴一樣控制不住，形容心裏東想西想，安静不下來。

〔五〕日享句：飡，同『餐』。玉人樓，指所愛戀的女子的住處。

〔六〕真快活句：春秋，年歲，光陰。烏兔，『金烏玉兔』的省稱，烏指日，兔指月，引申爲光陰。

〔七〕長竿：竹篙。

【譯文】

財

做圓社子弟，没有錢是寸步難行的。雖説踢球耗費衣服却有助於增進食欲，又説踢球能使人明禮儀知變通，這都是以自身富有爲前提的。在圓社中花錢要做到不分你我，衆子弟要集資給師父錢，

還要買實物作爲禮物送給師父。下場蹴鞠的時候，必須拿錢送給陪踢的清閑之人漿洗衣服。子弟這樣花錢叫作『出汗』。這就是『財』的講究。

有詩説：每日清晨練習蹴鞠，要踢千百場球來打磨蹴鞠基本功。如果想要把蹴鞠的一切要領全部掌握，就不要捨不得花費財物請師父來指教。

又有一首《鷓鴣天》説：不貪圖名利而喜歡四處交友閑游，權且回轉心意來踢氣球。每日三餐都由球友相互做東，到了晚上就下榻在風月場所。一年又一年，這樣的生活可真是快活！就跟着日升月落度過光陰吧！有時在著名的苑囿裏戲耍，有時撑着長竿在海上閑游。

氣

一凡𡍩户中，踢處〔一〕不可久占。見外来子弟看得愛者〔二〕，必會踢也；雖不會踢者，恐知家數，須要請踢氣毬。如不請他踢，便有相怪〔三〕，必要尋争、有言語。雖是磨滅家風，亦要省事，嗑牙打諢〔四〕，不可太緊，會中恐有受不得氣者，變成相争。人皆有氣也。

詩曰：

世間圓友盡豪英〔五〕，飽食豊衣獨自能。

更有一般高貴〔六〕處，王孫公子結交朋。

《西江月》：

蹴踘場中年少，鞦韆〔七〕架上佳人。三三兩兩趂芳辰〔八〕，翫賞風光美景。

日暖風和明媚，更加花草香馨。紅顔移步出閨門，偷揭繡簾相認〔九〕。

【注釋】

〔一〕踢處：球場。

〔二〕看得愛者：非常喜歡看踢球的人。

〔三〕相怪：見怪。

〔四〕雖是句：家風，指圓社的風尚。省事，懂事，明理。嗑牙打諢，鬥嘴取鬧。打諢，説可笑的話逗樂。

〔五〕豪英：豪杰英雄，指才能出衆。

〔六〕高貴：高雅不俗。古語云：『禄高曰貴。』

〔七〕鞦韆：即今『秋千』。當時拴鞦韆的繩索爲結實起見，通常多以獸皮製成，故『鞦韆』兩字均以『革』字爲偏旁。鞦韆，又稱蕩鞦韆，古時主要爲宫中、閨中女子的游戲或寒食、清明等傳統節日人們娛樂的一種習俗。宋代高承《事物紀原》卷八：『《古今藝術圖》曰：北方山戎愛習輕趫之能，每至寒食爲之。後中國女子學之，乃以彩繩懸樹立架，謂之「鞦韆」。或曰：本山戎之戲也。自齊桓公北伐山戎，此戲始傳中國。一云：正作「秋千」字，爲秋遷也。本出自漢宫祝壽詞也，後世語倒爲「秋千」耳。』山戎是古代北方的少數民族，屬地在今天的北京市及其周圍地區，鞦韆原是其進行軍事訓練的工具。齊桓公帶兵打敗山戎後，將其國土劃歸燕國，鞦韆也隨之向南流傳，後來逐漸演變成游戲的用具。

〔八〕芳辰：美好的時光。

〔九〕紅顏：美女，女郎。

【譯文】

氣

凡是在球場上，踢球的位置不可以長久占據。見到外地來的球友看得入神和喜愛的，那他一定是會踢球的。即使他不會踢球，也恐怕知曉蹴鞠家數，因此必須主動邀請他下場踢球。如果不邀請

他，他就會怪罪，一定會來爭奪。如果有言語衝突，即便是己方吃虧，有損自家蹴鞠名聲，也要明白事理，跟人鬥嘴的時候不要太咄咄逼人，恐怕球場上有受不了氣的人，會使局面變成相互爭鬥，因爲每個人都有火氣。

有詩説：人世間的球友都是英雄豪杰，靠踢球就能讓自己豐衣足食。踢球更有一個非常高貴的地方，就是能够與王孫公子結交爲朋友。

又有一首《西江月》説：蹴鞠場上的少年，鞦韆架上的美女，他們都三三兩兩地享受美好的年華，游玩和觀賞美麗的風光和景色。風和日麗，陽光明媚，再加上花草馨香，美麗的女子們移步走出閨門，偷偷揭開門簾來想認識那些蹴鞠少年。

蹴踘須知〔一〕

凡子弟蹴踘，乃是人中高貴，鬧裡奪尊，以驍俊為奇〔二〕。在塲中要口俊，要樣子，要誠實，要動静，要家數，要知其甘苦〔三〕。或人衆校尉〔四〕力倦（校尉今呼圓情），不可貪踢：不在一塲两塲便會，須經千塲萬塲方牢。有一等不知禮者，在他人塲

户内，若要撇賺，占盤子説，言語纔歇罷，便要撇，不知人使力於肢節之内，精神有限，此等乃搠博盜學之徒〔五〕。為師者將上比下，以手代脚用之，精神伏侍，更教其節病；説就裏身分力作，那步踢搭，則撇千百之踢，不可輕易〔六〕。須要哨水點圓，若不踢，可撇踢；如下場，先偹酒禮之數，此是欺村滅强——踢罷空散，閑家費衣損力，將為何故〔七〕？一分使錢一分踢，十分用錢十分教。中場哨水謂之補□〔八〕，又名添氣。做子弟先明禮義〔九〕，不可失其家數。如遇亭臺寺觀庵院之所〔一〇〕，有閑家請踢氣毬，荅言『美踢』，不可應差；如校尉可回『看賺』二字。下場先以右賺三两踢，纔使雜踢；不許禁踢，不許泛上；雙手如提重物。要口明，不許久占場户，不許空去，被人議論；亦無先去之禮，又曰火發不救，須要等衆人同散〔一一〕。如哨水筵席上三盃酒之後，將氣毬送與老先生褪氣，就將酒一盃衆皆飲徧，言云『帶挾』，一壺酒要法謝之〔一二〕。此非今人動静，乃古人之家風。不可遲來早去，望圓友〔一三〕一遭，乃是十分全會者，仁義禮智信先行。

詩曰：

一脚賺時天下圓〔一四〕，高而不遠只朝天。

風流富貴真難比，曾遇宣呼到御〔一五〕前。

《鷓鴣天》：

虎掌葵花〔一六〕一錠銀，全憑巧匠弄精神。裡膁外跨知高下，逼拐挑尖月一輪〔一七〕。

欺强漢，滅村人〔一八〕，其間奥玅豈堪論。不問貴戚并公子，曾與區區〔一九〕並馬行。

【注釋】

〔一〕蹴踘須知：學習蹴鞠應當知曉的規矩。

〔二〕凡子弟句：奪尊，出類拔萃。驍俊，勇武英俊。

〔三〕在場中句：口俊，指言語要文明。要樣子，此爲方言，指動作要有模有樣，即舉止端正有禮貌。誠實，指態度虚心誠懇。動静，舉動有分寸。家數，指圓社的規矩。

〔四〕校尉：本爲軍官，圓社稱具有一定資格的蹴鞠藝人。皇帝經常要看踢球表演，或召藝人陪伴踢球，因此封藝人爲校尉。當然，這祇是一種空頭職銜。本書『須知』條談校尉名稱來歷時説：『出入金門，駕前承應，賜為校尉之職。』又云：『凡做校尉，必用山岳比賽過，纔見其奥妙。』

〔五〕有一等句：一等，一些。撇賺，指拋球教踢。占盤子，『圓社錦語』謂『盤子』爲『場兒』，故占盤子即占場子。肢節，身體。搠博，疑即『搠包兒』，本指小偷流氓趁人不防偷換人的物品，以假易真；此處指没有真才實學教人而妄稱師者。盜學，偷學踢球本領，没有師承者。

〔六〕為師者句：精神伏侍，指集中精力傳授技藝。伏侍，照料。節病，指關鍵節點（重要點）的毛病。

〔七〕何故：爲什麽；爲的是什麽。

〔八〕謂之補□：此處脱一字。

〔九〕禮義：禮法道義，此指拜師求學要懂得尊師重道的道理。

〔一〇〕亭臺寺觀庵院：代指公共場所。

〔一一〕要口明句：口明，同『口俊』，指言語文明。火發不救，家中着火無人相救。

〔一二〕如哨水句：三盃酒，意指三巡酒。古時，主人給客人斟一次酒，如巡城一圈，斟過三次，客人都喝光了，這就叫『酒過三巡』。盃，同『杯』。帶挾，感謝提携之類的話。謝之，感謝師父。

〔一三〕圓友：圓社之友，球友。

〔一四〕一脚賺：指踢球。天下圓：指蹴鞠。《水滸傳》第一回：端王道：『這是「齊雲社」，名爲「天下圓」，但踢何傷。』

〔一五〕御：宫禁。此處代指皇帝。

〔一六〕虎掌葵花：球的兩種品牌。

〔一七〕裡臁外跨句：裡臁外跨，指大腿内側和外胯。臁、跨、逼拐、挑尖，均爲踢球技法。月一輪，踢球的一種花樣。

〔一八〕村人：俗人，蠢人。

〔一九〕區區：舊時自稱的謙詞。

【譯文】

學習蹴鞠應當知曉的規矩

凡是學習蹴鞠的子弟，可在人群中顯出身份的高貴，可在游戲喧鬧中奪取尊貴地位，子弟中以驍勇俊美爲奇。在蹴鞠場上，開口説話要漂亮，踢球的樣子要俊美，言行要誠實，要動静合宜，要嚴格遵守師父傳授的踢球技巧和規範，要知曉蹴鞠的甘苦。有時踢球的人太多，帶領大家踢球的校尉（校尉現在叫作『圓情』）身體疲憊，不可以貪戀踢球不止：踢球技藝不可能仅一兩場就能練會，必須經過千萬場的練習纔能掌握牢固。有一種不懂得禮儀規矩的人，在别人組織起來的球場裏，自己要撇臁教踢，就硬占别人的場子，説幾句場面話稍事休息就要撇臁踢球，不懂得人們用的是肢體筋節的力量，精神和體力有限，這是盗學輕師、以次充好的一類人。當師父的，教授子弟蹴鞠時，用上肢動作

來模擬下肢動作，用手拋球代替脚踢球指導子弟練習，集中精神來傳授徒弟，更要教徒弟知道他的動作哪裏做得有問題；說清楚各種動作需要的身法、力度、移動步伐，師父需要這樣教授徒弟千百場而不能輕易降低教學要求。徒弟需要請師父吃酒食，如果不敬師吃酒，就不要下場踢球；如果要下場踢球，就要先準備好酒食和禮物，這就是所說的蹴鞠使人明禮儀知變通——如果踢完了球，什麼禮物也沒有就散去，那麼師父和衆多陪同練球的球友損耗自己的衣服和力氣圖什麼呢？徒弟拿出一分錢財，師父就出一分力氣，徒弟拿出十分錢財，師父就會十分努力地教授。踢球中場休息的時候吃酒食就做『補□』，又名『添氣』。做徒弟的要先明白禮義，不可以失去師父所教授的禮儀規矩。如果在公共場所，遇到圓友邀請一起踢球，要回答『美踢』二字，不可以應答錯誤；如果是球技高超的校尉，可以回復『看膁』二字。下場以後，先用右腿踢兩三下，纔可以使用雜踢。不許使用違禁動作，不可以向上手踢球，雙手要像提着重物一樣。要語言文明，不能長時間占據踢球位置不讓，不能空去冷散踢完就走；又没有準備提前離場的禮物，會被人說：『家中着火無人相救。』必須等所有人一起結束離場。如果是散場後在一起吃酒食，筵席上三杯酒之後，要把氣球送到老先生那裏讓他給氣球褪氣，然後所有人一起端起酒杯，對老先生說『帶挾』，要把一壺酒按照這種方法喝完，作爲對老先生的答謝。這不是現在的規矩，而是古人的家風。不可以遲到和早退，把所有球友都看個遍後你會發現，凡是蹴鞠本領學到十分全會的人，爲人處事都以『仁義禮智信』爲先。

有詩說：用膁來踢一脚球，這個球直飛入雲高而不遠。論時尚潮流和榮華富貴，没有什麼别的

東西能比得上它，踢球人曾經被聖旨宣召到皇帝面前。有一首《鷓鴣天》說：虎掌、葵花、一錠銀，這些種類的氣球完全憑借能工巧匠各施本領加以製作。看裏臁、外跨的動作就知道踢球人水平高低，脚踝脚尖能够把它們踢出各種解數。勝過犟漢，壓過粗人，蹴鞠中的奧妙之處難道是可以用語言來談論表達的？無論是皇親貴胄還是王孫公子，他們都曾經與我并馬而行。

小踢十禁〔一〕

冷打左掩拐〔二〕，頭拐便毒〔三〕，右肩順下，右尖順下，右膝順下，兩踢泛〔四〕上，左臁望上〔五〕，右拐望下〔六〕，順風拐，右披肩。

【注釋】

〔一〕小踢十禁：小踢場上的十種禁止動作。

〔二〕冷打句：冷打，冷不防，突然。掩，指隱蔽性很强的踢球動作。

〔三〕毒：凶狠，猛烈。

〔四〕泛：蹴球規定所必須通過的一種器械或區域，也指相應的動作。本書『三人場户』條云：『三人各依資次相立順行，子弟茶頭過泛，週而復始；只許一踢，到泛無妨兩踢；不許泛上。』

〔五〕左膁望上：《戲毬場科範》作『右膁泛上』。

〔六〕右拐望下：《戲毬場科範》作『右拐左撇』。

【譯文】

小踢場上的十種禁止動作

突然用左拐傳球；第一脚拐就凶狠刁鑽；用右肩接球下傳；用右脚尖接球下傳；用右膝接球下傳；連續兩次把球提高過渡；左腿接球傳上；右拐接球傳下；用拐踢須風球，右肩接球落下。

格樣〔一〕

身如筆直，手如提石，心當旋〔二〕安，脚要活立，身要直不要曲，手要垂不要

飛，脚要低不要高，踢要遲不要疾。

詩曰：

肩尖對脚尖，輕側褪微偏。

脚根深挺出，輕擡便是膁。

【注釋】

〔一〕格樣：式樣，格式；此處指動作要領。《蹴踘圖譜》作『下場口訣：身如立筆（身欲直），手如重物（手欲垂），身用旋安（要宛轉），脚用活立（要跳躍）』。

〔二〕旋：立即，很快地。

【譯文】

動作要領

身體像筆一樣直，手像提着石頭一樣，心思應當快速安定下來，脚要靈活地站立。身體要直不要彎曲，手要下垂不要亂動，脚要放低不要抬高，踢要遲緩不要太快。

有詩說：肩頭對齊脚尖，身體輕側到微微偏斜。脚跟向外盡量伸出，輕輕抬脚就是膁的動作。

整齊〔一〕

一格樣，二拽扎〔二〕，三行頭〔三〕，四鞋襪。

【注釋】

〔一〕整齊：對球員動作、着裝、用球等事項的要求。

〔二〕拽扎：捆扎，綳緊。此處指裝束整齊。

〔三〕行頭：球。本書『主張健色』條：『健色者，俗呼氣毬，圓社號健色，北方言行頭，南方言氣毬。』

【譯文】

整齊

第一，動作要標準；第二，穿戴要整齊；第三，氣球要合規格；第四，鞋襪要適宜。

三人場户名轉花枝〔一〕

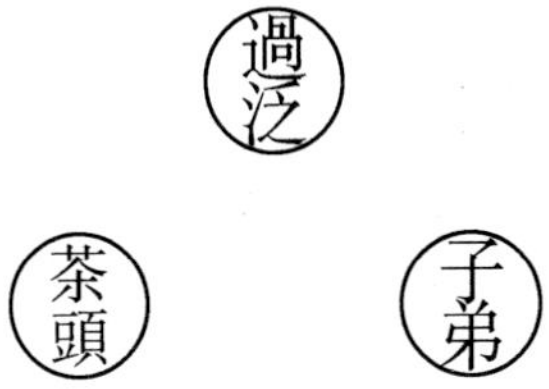

三人各依資次相立順行，子弟茶頭過泛〔二〕週而復始；只許一踢，到泛〔三〕

無妨兩踢，不許泛上，如校尉兩踢，與子弟，子弟與茶頭，不可望上。

詩曰：

蹴踘須當揀地場，花前亭館傍垂楊〔四〕。

平坦更無磚砂石，有心踢搭〔五〕敢施張。

【注釋】

〔一〕三人場户名轉花枝：三人的踢法叫作轉花枝。

〔二〕子弟、茶頭、過泛：三人場户踢法中踢球的三種角色。資次，本指年資等級，這裏指資歷次序。

〔三〕到泛：指球到過泛時。

〔四〕傍垂楊：三人場户蹴鞠的場地較爲簡單，衹要一塊平坦乾净的地方即可，一般選擇在風景秀麗的地方。正如明代文學家李開先《閑居集·蹴鞠》所云：『堪爲蹴鞠場，選地緑陰傍。』

〔五〕搭：用脚面踢球的動作。

【譯文】

三個人踢的場户名叫轉花枝

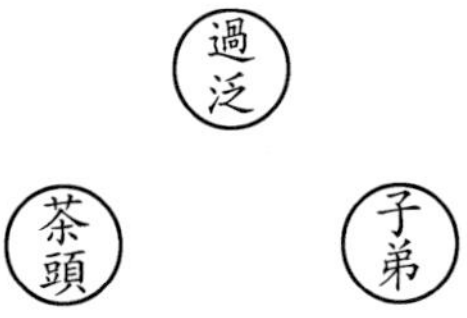

子弟、茶頭、過泛，三人各自依照踢球的資歷次序按照順時針站立。子弟傳球給茶頭，茶頭傳球給過泛，過泛再傳球給子弟，週而復始；每人衹允許踢一下，過泛可以踢兩下；球不可向上手踢，比如校尉踢兩下，傳給子弟，子弟傳給茶頭，不可以逆序反向傳球。

有詩説：蹴鞠應當挑選好場地，最好是選在有花草樹木的亭館附近。場地要平坦并且没有磚頭和砂石，這樣踢球的人纔能放開膽子發揮自己的真本領。

十不許〔一〕

賺上不許拋，頭踢〔二〕泛上，短衣下場，子弟拋賺〔三〕。

詩曰：

初場要添氣〔四〕，中場要哨水，

末場要打散，古今圓社禮。

【注釋】

〔一〕十不許：球場上十項不准許的事。本書『十不許』衹有四條，其餘缺失。

〔二〕頭踢：指第一脚球。

〔三〕拋賺：拋球。

〔四〕添氣：圓社錦語，吃食。本書『蹴踘須知』條：『中場哨水謂之補□，又名添氣。』

【譯文】

十件不許做的事

用腿踢的球不可用手拋，第一脚球不可向上手踢，不可穿短衣下場，不可讓子弟代替師父拋賺陪練。

有詩説：開場前要吃東西添氣力，中場休息時要設宴席吃酒食，散場之後要褪氣同宴飲，這是古往今來圓社的規矩和禮儀。

十緊要〔一〕

要和氣，要信實，要志誠，要行止，要温良〔二〕，要朋友，要尊重，要謙讓，要禮法〔三〕，要精神。

【注釋】

〔一〕十緊要：圓社十項緊要的事。《齊雲軌範》與《戲毬場科範》均作『十要緊』，内容上略有不同。《齊雲軌範》『十要緊』條：『要明師，要口决（訣），要打點，要開發，要朋友，要論滾，要精神，要穿着，要講明，要信實。』《戲毬場科範》中『要精神』作『要精明』、『要講明』作『要朋友』。

〔二〕温良：温和善良。圓社要求社員性格温柔，并列爲『三可教』的第一條，强調要『令剛氣潛消』『一團和氣』。

〔三〕禮法：圓社規定的禮儀和紀律。

【譯文】

十項緊要的事

待人要和氣，爲人要誠實守信，踢球的心志要誠懇，要有好的品行，要温和良善，要結交朋友，要尊重他人，要謙遜禮讓，要遵守禮法，要有精氣神。

十禁戒〔一〕

戒多言，戒賭賻〔二〕，戒争鬥，戒是非，戒傲慢，戒詭詐〔三〕，戒猖狂〔四〕，戒詞訟〔五〕，戒輕薄〔六〕，戒酒色。

【注釋】

〔一〕十禁戒：圓社十項禁止的事。

〔二〕賻：當爲『博』字之誤。

〔三〕詭詐：狡詐，欺詐。

〔四〕倡狂：桀驁不馴、肆意妄行。

〔五〕詞訟：訴訟。此處指攤上官司。

〔六〕輕薄：輕浮，輕狂。

【譯文】

十項禁止做的事

禁多嘴多舌，禁賭博，禁争鬥，禁搬弄是非，禁待人傲慢無禮，禁行事詭詐，禁爲人猖狂，禁打官司，禁輕浮浪蕩，禁貪酒好色。

緊要〔一〕

撇〔二〕要勤，踢要頻；着搽真〔三〕，休占〔四〕身；左右分，要着〔五〕人。朝朝新，日日親；泛要真，口要明〔六〕；知筋節〔七〕，滿懷珍〔八〕。

【注釋】

〔一〕緊要：踢球要特别注意的事。

〔二〕撇：指抛球習踢。

〔三〕着搭真：指看清來球勢頭，以免讓球附身。

〔四〕占：同『沾』。

〔五〕着：指將球踢到球友身旁。

〔六〕明：使明白。

〔七〕筋節：肌肉和關節。此處比喻關鍵的踢球要領。

〔八〕懷珍：擁有才能。

【譯文】

踢球注意事項

請師抛球練習要勤，踢球出脚節奏要頻；來球去勢務必精準，控制距離避球沾身；以鼻爲界分清左右，不分遠近踢搭着人。朝朝習學踢新動作，日日苦練必不生疏；傳球過泛綫路清晰，場上開口符合規矩；勤學多問掌握訣要，天長日久滿身本領。

知訣〔一〕

踢不如撇，撇不如說，說不如看，看不如訣。

詩曰：

来如毬打脚，去時脚打毬。

搜尋兩箇字，機關在裡頭。

一凡踢氣毬，須要撇過，自踢出者，終須不是。須是踢一場，看一場，論一場。踢搭要着人，六踢不乾净也徒然〔二〕：第一禁踢，第二要着搭，第三要樣子，第四要口明，第五要相讓，第六要那碾，第七要請朋友，第八要拽扎，第九要動静，第十要出汗〔三〕。江湖先生閑家〔四〕，各有所取，有會踢，有不會踢；有會教法者，有能會説者，踢却不會。凡做子弟何難之有？看者易，作者難。凡做校尉，必用山岳比賽〔五〕過，纔見其奧妙。艱難禮節，出自家數，十分全會者，仁義禮智信五件先行，無非上和下睦，此一團和氣〔六〕。

【注釋】

〔一〕知訣：需要知道的口訣要領。本書中留下了很多口訣，如踢球的『總訣』，上場身體姿勢的『格訣』，場上如何踢球的『下脚訣』，等等。《齊雲軌範》與《戲毬場科範》均作『初夅訣法』。《齊雲軌範》爲：『踢不如撇，撇不如説，説不如看，看不如决。身要筆直，手如提石，心要旋安，脚要活立。』明王氏三槐堂刻本《新刻艾先生天禄閣彙編采精便覽萬寶全書》録《戲毬場科範》與此相同。清刻本《增補萬寶全書》録《戲毬場科範》後四句文字已變爲『身要筆直，手如提衽，心要旋安，脚要站直』。

〔二〕踢搭句：徒然，白白地，没有效果。

〔三〕第六要那碾句：那碾，即挪碾，轉移挪動的意思。《蹴踘圖譜》『那偎側脚訣』條：『那脚即是入步，側脚須當步穩，務要隨身倒步，不可亂那動脚。』出汗，指不吝惜錢財。

〔四〕江湖先生、閑家：指蹴鞠師父。

〔五〕山岳比賽：宋代齊雲社中用來評内部等級的一種比賽。比賽時要先寫出動作單子，再按照單子上的動作來踢，類似於今天體育比賽時的規定動作。在踢的過程中通過評判動作的優劣等次來劃分等級，確定是否過關合格或名次高下。

〔六〕一團和氣：指師父與球員、球員與球員之間態度和藹可親。

【譯文】

要知曉的踢球秘訣

自己踢球練習不如師父撇踢效果好；僅撇踢，又比不上師父開口指導效果好；僅口頭指導，比不上觀摩師父踢球效果好；觀摩踢球，比不上懂得踢球的秘訣效果好。

有詩説：球來時，是球打在脚上，脚要卸力而不主動發力；球踢出時，脚要主動發力蹴球。要認真體會這兩句話，踢球的奥秘都在這裏面。

凡是踢氣球，必須從師父抛球教踢開始，自己習練蹴鞠，終究不合圓社規矩。必須是親身參與踢一場球、從旁觀摩看一場球，再由師父指導討論一場球。用各種踢搭動作踢出的球要落在人身體近旁，六踢要符合規定否則也都是徒然無功：第一，不要踢禁踢動作；第二，傳球、踢球要到位；第三，踢球的姿勢動作要合規範；第四，要勤學多問；第五，圓友間要互相謙讓；第六，要掌握脚步移動要領；第七，要請朋友宴飲；第八，服裝要拽扎整齊；第九，言行舉止要符合球場禮儀；第十，要捨得花錢敬師。行走江湖的老先生和陪踢的幫閑圓友，各有可取之處，有會踢球的，有不會踢球的；有會教導踢球方法的，有能够説清楚踢球規則，却不會踢球的。凡是做子弟學蹴鞠的，有哪些困難呢？看着容易，踢起來難！凡是做校尉的，一定要經山岳正賽考核通過，纔能體現出踢球的高明和奥妙。那

些繁瑣難掌握的禮節，出自圓社家傳師教，能夠完全學會和掌握的人，必然是以仁義禮智信爲先的人，而其表現無非就是『和睦』二字，這就是（蹴）鞠中『一團和氣』的意思。

那碾踢搭

右脚泛淺，先進左脚，後進右脚趕上使踢，或使足斡兩踢、足斡披肩攝溥兩踢〔一〕。

左脚泛淺，先入右脚，次進左脚用雜踢，或使流星蹬彈搭、走馬抄；右邊去正着右脚〔二〕，善泛急側身，那動左脚跟，使斜蹬两踢、袴〔三〕口抄、足斡两踢；正着左脚，身向前倒，就急那左脚向前，使左踢拐、抱足斡、提抱蹬〔四〕、足斡借蹬。

詩曰：

十二香皮〔五〕用線闞，拐搭膁系咫尺間。

雖無錦繡文章意，占斷風流第一難〔六〕。

右泛深闊，先那左脚，退右邊，後用右脚尋踢，使足斡呀鼓膝、披肩圓光足斡抄〔七〕。

左泛深闊，令右脚跟去左脚跟後，退去脚隨左脚，或踢步步隨足斡，左抄足斡，按〔八〕肩望上。

右泛短闊，横入左脚，後横去右脚尋踢。

左泛短闊，横入右脚，次去左脚使踢；泛泛右脚来，先那左脚去右邊使左脚尋踢；泛泛左来，先那右脚向後，然後却使右踢。踢時須脚跟碾動，心用子〔九〕先行，可無失脚。

詩曰：

青春公子喜，白髮士夫憐〔一〇〕。
遣興〔一一〕消長日，開懷度永年。
高人偏愛惜，俗子〔一二〕不相傳。
萬種風流事，圓社總為先。

【注釋】

〔一〕右脚泛淺句：泛淺，據文意應指前方來球或自己踢球離身體較遠，故需『先進左脚，後進右脚趕上使踢』，『進』是上步動作。足斡，本段文字中出現九次，《蹴踘圖譜》作『足幹』。足乾，指大腿部分。攝，當爲『躡』字之誤。攝溥，用脚尖踢。

〔二〕左脚泛淺句：流星蹬、彈搭、走馬抄，屬球技專用術語。

〔三〕袴：『褲』的異體字。

〔四〕提抱蹬：《蹴踘圖譜》『踢搭名色』條作『提袍蹬』。

〔五〕十二香皮：符合現代幾何學原理『歐拉定律』。幾何學告訴我們，十二個五邊形正好可以構成一個球形體。這樣縫製出來的皮鞠非常圓。用線闘，用綫縫成圓球。咫尺，周制八寸爲咫，十寸爲尺，謂接近或剛滿一尺。形容距離很近。

〔六〕雖無句：錦繡，花紋色彩精美鮮艷的絲織品，比喻美麗或美好。錦繡文章，指文章寫得特別好。此借意夸贊球技高超。風流，此指杰出不凡。

〔七〕右泛深闊句：右泛深闊，指右側來球高遠。呀鼓膝，踢球的技術動作。

〔八〕按：當爲『披』字之誤。

〔九〕心用子句：子，當爲『于』字之誤。失脚，指漏踢。

〔一〇〕士夫憐：士夫，士大夫，讀書人。憐，喜愛。

〔一一〕遣興：抒發情懷，解悶散心。

〔一二〕俗子：凡俗的人。

【譯文】

移動中踢球的技巧

如果右脚踢球離身前較遠，要先向前上左脚，再上右脚趕上踢球，或者用足斡兩踢，或者用大腿部位拔肩，用脚尖兩踢。

如果左脚踢球離身前較遠，要先向前上右脚，再上左脚用雜踢來踢球，或者用流星蹬彈搭，或者用走馬抄；如果球到右邊正落到右脚上，會踢的就快速側身，挪動左脚跟，使斜蹬兩踢、褲口抄、足斡兩踢；如果正落在左脚上，身體要略向前傾倒，順勢急挪左脚向前，使左踢拐、抱足斡、提抱蹬、足斡借蹬。

有詩說：十二塊香皮用綫密密縫合起來，拐搭膁嗣這些動作的施展就在咫尺之間。雖然没有錦綉文章的深遠意義，但蹴鞠獨占風流是難度最高的娛樂活動。

如果球踢到身體右側距離較遠，要先挪動左脚，把左脚退向右邊，接着用右脚去尋氣球，使足斡

呀鼓膝、披肩圓光足幹抄。

如果球踢到身體左側距離較遠，要挪動右脚跟到左脚跟後，右脚要隨着左脚（移動），踢步步隨足幹，左抄足幹，再使披肩將球踢起。

如果球踢到身體右側距離較近，要先横向上左脚，接着横向抬右脚去踢球。

如果球踢到身體左側距離較近，要先横向上右脚，再抬左脚踢球；如果球踢到右脚上，可以將左脚移到右邊用左脚迎球踢；如果球踢到左脚上，可以先向後挪右脚，然後再用右脚踢球。踢時須以（支撑脚）脚跟爲軸轉動，要提前想好怎樣做動作，這樣就不會失誤踢脱。

有詩説：青春年少的貴族子弟喜愛它，滿頭白髮的士大夫也喜歡它。踢球解悶度過漫漫長日，開開心心度過一生的年歲。高明之士對它十分偏愛和珍惜，凡夫俗子從不相傳授。人世間上萬種風流時尚的游戲，蹴鞠總是占據領先地位。

十不賽〔一〕

剃剪〔二〕，絃子〔三〕，馬前〔四〕，艘倈〔五〕，五角〔六〕，無師〔七〕，寸道〔八〕，後局〔九〕，

刊青〔一〇〕。

【注釋】

〔一〕十不賽：十種不與之比賽的人。本段文字題目爲『十不賽』，而衹列出九種，疑有脱文。

〔二〕剃剪：剃剪頭髮的人，指和尚。

〔三〕絃子：靠弦子生活的人，指唱曲藝的人。

〔四〕馬前：在馬前服務的人，指衙役。

〔五〕艘倈：船夫。

〔六〕五角：本書《圓社錦語》：『五角，村。』五角，即粗人。

〔七〕無師：没有正式拜過師傅的人，此處指不是圓社的人。

〔八〕寸道：不懂圓社規矩的人。

〔九〕後局：指不打招呼就離場的人。

〔一〇〕刊青：刊，削，此處指曾被圓社開除的人。

【譯文】

略

格法〔一〕

軃袖〔二〕直身，慢起踢真。賺辭拐搭，歷練須頻。踢多即熟，認論〔三〕自停。若怕損力，善惡〔四〕順情。左右移步，入力腰〔五〕輕。行步立作，切莫身傾。踢時照顧，不可犯人〔六〕。又恐壬癸，謹裹中心〔七〕。穿塲〔八〕失禮，補踢為遵。

【注釋】

〔一〕格法：本條包括動作要領和球場規範。

〔二〕軃袖：垂袖。軃，下垂的樣子。《里語徵實》：『下垂曰軃。』

〔三〕認論：認準氣球。

〔四〕善惡：好壞。此指球的來勢急緩。

〔五〕腰：當爲『要』字之誤。

〔六〕犯人：侵犯人身，傷人。

〔七〕又恐壬癸句：壬癸，宋代長安城内街市上行話，以『壬癸』稱水。《綺談市語·天地門》：『水：壬癸。』裏，當爲『記』字之誤。

〔八〕穿場：指在球場上隨便移位。

【譯文】

球場上的規範

垂下袖子直起身，慢慢起踢踢要準。臁、辭、拐、搭，這些基本動作要勤加練習；踢得多了就能熟練使用，看到球來就能接住。如果不想空耗氣力，就要學會踢各種來勢的球。要學會左右移動脚步，踢球發力時要輕。移動和站立的時候，身體一定不要傾斜。踢球時要相互照顧，不要讓球傷到其他人。又須小心球沾水，這一點要牢牢記在心中。在場中到他人位置去接球是很失禮的行爲，要以幫助他人補救踢脱的球爲遵守之規則。

十不踢〔一〕

網兒裡，無下網〔二〕，燈兒下〔三〕，表乾操〔四〕，筵席前，酒兒後〔五〕，風兒大〔六〕，無子弟，文廟〔七〕内，泥水處。

【注釋】

〔一〕十不踢：十種不可踢球的情況。《戲毬場科範》有四條不同：『穿三青，无子弟，毬表破，心不暇，制服新。』無『網兒裡，無下網，表乾操，文廟内』四條。網兒，《蹴踘圖譜》：『網兒，衣服。』

〔二〕下網：《蹴踘圖譜》『錦語』條：『下網，裏衣。』

〔三〕燈兒下：《戲毬場科範》作『燈燭下』，指天黑以後。

〔四〕操：當爲『燥』字之誤。

〔五〕酒兒後：《戲毬場科範》作『飲食後』。

〔六〕風兒大：《戲毬場科範》作『有風雨』。

〔七〕文廟：也稱孔廟、黌學，爲紀念和祭祀孔子的祠廟。舊時，每個地區在縣城都建有文廟，文廟内設學宫，是儒生學習的地方。

【譯文】

十種不可踢球的情況

球在網袋裏，不穿裏衣，燈下，球表面乾燥，筵席前面，飲酒之後，大風天，没有陪踢的球友，文廟裏，有泥水的地方。

打熱

詩曰：

蹴踘須要十分熱，連朝終日莫辭勞。

若説費衣并損食，論此之時怎得〔一〕高。

【注釋】

〔一〕怎得：怎能。

【譯文】

打熬

有詩曰：

蹴鞠需要每天都用盡全力去打熬，不要因辛苦勞累就推辭不練。如果以耗費衣服和食物爲推脱的理由，那蹴鞠本領怎能學到高明呢？

總訣

但凡蹴蹴要端詳〔一〕，大踢小踢不須忙。

三踢兩踢尋出論〔二〕，踢多必定使人慌。
在左使右非為會，退步下搭是無量〔三〕。
認真那走輕遲踢，更用回眸看四相〔四〕。
肩如手中提重物，用肩〔五〕慢下急斜觀。
下拐合膝折腰〔六〕取，須要伸腰指地寬。
擡膁且要知輕重，遠近着人看地場〔七〕。
官場白打時時習，拽開打論慢施張〔八〕。
才遇荒時須打挾，次地擡膁拐搭當〔九〕。
搭上不應重使拐，下拐使搭却無妨。
右邊不許還歸左，左邊歸右足尋常〔一〇〕。
若遇纏時尋變論，變時出論莫猖狂〔一一〕。
運動之時當緊變，論来勢惡要隄防〔一二〕。
有酒有風并日晃〔一三〕，縱然機巧也難當。
最忌曲腰并失位，更無拗背立當場〔一四〕。

認真慢下輕遲踢，湖海聲名最為强。
賢良一一依此論，何須頻頻問陸郎〔一五〕。
詩曰：
不遠高而侵碧漢，宛如寶鑑墜雲来〔一六〕。
眼低側步輕遲下，出論當時訣美哉。

【注釋】

〔一〕端詳：仔細思量。

〔二〕出論：將球踢出。

〔三〕無量：没有尺度，不合格樣。本書『官踢十不許』第三條爲『不許退步搭』，所以『退步下搭』是不合動作要求和踢球規範的。

〔四〕認真句：那走，挪步；移步。四相，四厢，四周。

〔五〕用肩：指用肩頂球。以下出現的『膝』『膁』『腰』，均指身體部位。『拐』『搭』均指觸球動作。

〔六〕折腰：彎腰。

〔七〕地場：場地的大小遠近。

〔八〕官場白打：白打，蹴鞠踢法名稱，一種是兩人場户中拽開大踢，一種是劃定場地大小、使用絲圍子的『白打場户』。王建《宫詞》之七十九：『寒食内人嘗白打，庫中先散與金錢。』韋莊《清明》：『内官初賜清明火，上相閑分白打錢。』打論，指踢球。

〔九〕才遇句：荒，當爲『慌』字之誤。打挾，此指踢球者先將球用肩停住。抬膁，抬腿用膁踢球。次地，即次第，依次。

〔一〇〕左邊歸右句：足，當爲『是』字之誤。尋常，平常、正常。

〔一一〕若遇句：纏，指球粘在身上。變論，指改變踢法。猖狂，狂妄而放肆，氣勢洶洶，不可一世的樣子，此處指用力踢球。

〔一二〕運動句：緊變，立即變化。隄防，即提防，小心防備，注意防範。

〔一三〕日晃：指陽光耀眼。

〔一四〕最忌句：曲腰，彎腰。失位，不在自己應該所在的場位，而占據了他人的場位。拗背，扭彎脊背，駝背。

〔一五〕賢良句：賢良，指有德行有才能的人，此處對蹴鞠賢士的尊稱。陸郎，指踢球的祖師爺陸陽真人。

〔一六〕不遠句：碧漢，碧天銀漢的合稱，即天空。寶鑑，寶鏡。鑑，原爲古代盛水大盆，可照影，

後指鏡子。

【譯文】

總訣

但凡蹴鞠就需要認真考慮，不管是大踢還是小踢都不要忙亂。三踢兩踢就要尋找機會把球踢出去，否則踢多了就會疲憊勞累令人心慌。球在身體左側却用右側身體（來踢球）這不能算作會踢，向後退步時用脚搭球也不符合動作規範。要看準球的來勢挪動脚步踢球要慢出脚輕用力，還要不時回頭觀察球場四周的形勢。肩膀下垂就像手裏提着重物一樣，用肩部停球要借勢緩衝慢慢落下眼睛要斜視後方緊盯住球。用拐的動作時膝要内收，腰要彎折，順勢抬脚踢球，球踢出後腰要伸直，脚要點地。抬腿用膁踢球時要控制力度知道出脚的輕重，要看場地大小不論遠近都能把球踢到對方的身旁。官場和白打都要時時練習，拉開距离站好位置踢球慢慢施展自己的本領。遇到那些不好處理的球感到慌亂時就要想法將球挾住，再依次用膁、拐、搭等動作踢球來調整。用了搭的動作踢球之後不應該再使拐來踢球，用拐踢球後再用搭來踢球就没有妨礙。右邊踢球後不要再把球傳回到左邊，把球從左邊踢到右邊却是正常。如果遇到球長時間粘身的情況要尋找機會變換踢球動作，變換動作踢球時注意不要太用力。踢球之時應當全神貫注隨機應變，對角度刁鑽來勢凶猛的球要小心防範。飲

酒後、大風天以及日光晃眼的大晴天，縱然技術高超心思靈變也難免受影響。踢球人最忌諱彎腰踢球和穿場失位，更不能駝着背站在球場上。認準來球慢下脚輕用力緩緩踢，如果做到這些，江湖上的名聲就最響亮。如果踢球的賢士們嚴格遵守上述總訣，又何必頻繁地去請教球社的創始人陸陽真人呢？

有詩説：踢球高而不遠入雲端，又好似一面寶鏡從雲中落下來。目光隨球而下側身挪動步伐輕而緩地出脚接球，踢出球的瞬間感受到了踢球總訣的高明美妙。

訣論〔一〕

直腰執體〔二〕，莫學輕狂。兩手携重〔三〕，不比飛禽。深下〔四〕無失，踢淺忙人。論高頭照〔五〕，低則踢成。梢若向後，梢拐髩親〔六〕。僥〔七〕而無失，那步去尋。用力少使，無論不成。是論〔八〕便打，何不再尋。騎頭〔九〕出論，枉費精神。使肩陞出，下搭要神。拙踢着當，僥是寶椿〔一〇〕。頭拐踢搭，本熟無妨。鱴臁如箭，當要隄防。大小健色，踢而審詳。或打大論〔一一〕，鞋襪相當。

詩曰：

畫樓側畔小橋西，一築還高一築低〔一二〕。

縱有黄金千萬两，有錢難買氣毬泥。

【注釋】

〔一〕訣論：踢球方法。

〔二〕執體：身體挺直。

〔三〕携重：手提沉重的東西，意爲踢球時兩手須下垂。

〔四〕深下：指球踢得高又遠。

〔五〕論高頭照：論，指球。頭照，用頭接球。

〔六〕梢拐髩親句：髩，『鬢』的異體字。髩，鬢角，臉旁靠近耳朵的部位。

〔七〕僥：僥幸。

〔八〕是論：不管是什麽樣的來球，抬脚來踢。

〔九〕騎頭：指把球從身後踢過頭頂來傳球。

〔一〇〕拙踢：踢脱了，即没踢着。椿，同『粧』。粧，是踢脱球時救球補踢的一種技巧，要領是

上步追球，脚步向上將球踢起。見本書『官場七踢』『粧』條。

〔一一〕打大論：參加大型比賽。

〔一二〕畫樓句：畫樓，雕飾華麗的樓房。一築還高一築低，指踢的球忽高忽低。唐代時蹴鞠的踢法出現了新的變化和發展，其中一種有球門的比賽叫『築球』。因爲『築』古時一音『轉』，於是蹴球稱爲『築球』。可知『築球』一詞出現於唐代。唐人韋莊《丙辰年鄜州遇寒食城外醉吟五首（其五）》有『永日迢迢無一事，隔街聞築氣球聲』句。

【譯文】

口訣

挺起腰直起身，不要學輕狂之人彎腰駝背。兩手要像提着重物那樣垂下，不要像飛鳥張開的翅膀。球踢得高遠接起來一般不會失誤，球踢得低近容易使人手忙脚亂。球來得高時就用頭去頂，球落得低時就抬脚去踢。如果球來稍稍落身後，可以用稍拐或額角去迎球。如果不想出現踢脱球的情況，就要移動脚步去尋踢。踢球時要注意動作輕柔少用力，這樣踢球没有什麽踢法不容易。不要看到球就抬脚去踢，要仔細考慮哪種踢法更適宜。將球從身後踢過頭來傳球，這種踢法白白消耗精神和氣力。如果聳肩用肩膀將球頂出，這時使脚下搭接踢要穩當。將球踢脱也不要慌張，這時最合適

用的動作是寶椿。對方使頭、拐、踢、搭等技法踢來的球，都屬於常見踢法無大礙，衹有�膁來勢如箭隱蔽性强，這種球要小心在意認真提防。大大小小各式各樣的氣球有很多，踢球時要根據踢法需要來選用。如果去踢大踢那種大型比賽，還須注意鞋襪肥瘦鬆緊要適當。

有詩説：在畫樓旁邊小橋西側，子弟們正在一脚高一脚低地傳着球。縱然有黄金千萬兩，再有錢也難以買到因蹴鞠而沾染到身上的泥土。

官場七踢[一]

膁

須要肩尖對脚尖，要宜身倒腿微偏。

直腰挺身脚跟出，方可平撞[二]使放膁。

膝

論來意毒膝去當[三]，用力輕輕不在忙。

入步〔四〕不時依古式，下住退步慢誇強。

拐

論到偏深將拐下，腰身輕摺可相宜。
幫平踢踢無踈脱，退步低牢慢最奇〔五〕。

搭

論衆正面須當搭〔六〕，脚放低垂眼放親。
若要踢牢輕人力，却思步活〔七〕內中尋。

肩

論至高深用肩受，須分左右認交真。
上前退步都無碍，若遇當場不要頻〔八〕。

粧〔九〕

脱踢須當用寶椿，認親〔一〇〕進步不須忙。
五指〔一一〕朝天直向上，踢時筋節兩相當。

捻〔一二〕

魆論〔一三〕先將捻去當，勿令頭點莫心慌。
来時必用毬打脚，次踢纔交二踢雙。

【注釋】

〔一〕官場七踢：官場，蹴鞠踢法名稱之一。七踢，七種踢球動作。
〔二〕平撞：平踢。
〔三〕論來句：論，即『球』。意毒，指來球勢猛。
〔四〕入步：挪步上前，即進步。
〔五〕論到偏深將身拐下四句：大意是說：球落在身體側後方，這時最好的接踢脚法是用拐，踢

時要彎腰抬脚，用脚的外側來踢，脚與地面平行，然後退步下脚踢牢。偏深，指靠身體太近。踢踢無踈脱，每一踢都不會踢，都能接住球。

〔六〕論衆句：論衆，根據上下文意推測，當作『論來』。正面，指球從正面而來。

〔七〕步活：指步子靈活。

〔八〕論至高深四句：大意是説，對方踢來的是近身高球，這時應該用肩去接，未接之前要分清是用左肩還是右肩，無論是上步還是退步都無關緊要，因爲上肢頂球的空間是很大的，所以在場上不需忙亂。高深，指球來得高而近。

〔九〕粧：『妝』的異體字，當作『椿』。

〔一〇〕認親：指踢球時須看準球。親，真切、準確。

〔一一〕五指：指五根脚趾。

〔一二〕捻：兩人場户時，相對近立，各用兩脚，必須有捻，即停球的動作，其餘可雜踢。

〔一三〕魆論：指來勢凶猛且隱蔽性强的球。

【譯文】

官場的七種踢球動作

膁

要讓肩尖對準脚尖，關鍵是身體微傾腿微偏。直腰挺身脚隨着踢起，使球平撞在小腿上就是『膁』的動作了。

膝

如果球來勢凶猛可以用膝部去應對，輕輕用力不要慌忙。按照古傳技法要挪步上前來迎踢，停住球再退步去踢這不是高手所爲。

拐

球高遠到了身體側後方可以用『拐』的動作來應對，這時腰和身體要向一側微微彎曲。踢球脚要平起這樣每一踢都不會踢脱，用拐踢球時能從容退步立身站穩輕緩出脚最令人稱奇。

搭

球如果從正面而來，應當使用『搭』的動作，脚要低垂眼睛要看準球，如果想用搭把球接穩用力就要輕柔，根據來球遠近靈活移動脚步調整距離是用搭踢球的關鍵。

肩

球如果來得太高就要用肩膀接球，要分清用左肩還是右肩合適，接球時入步向前和退步向後都可以，衹是在球場上不要頻繁用肩來頂球。

粧

將球踢脱時應當使用實粧的動作來補救，認準球下落的方位不慌不忙地入步向前，五根脚趾（脚尖）朝天垂直向上立起，踢時脚部要繃緊蓄力與來球力量相當。

捻

來勢凶猛的球要先用捻的動作去應對，不要用頭去頂球也不要心慌。球來時讓球打在脚上用脚來緩衝，接下來纔使用其他動作來踢球。

健色〔一〕

料鬆菹盡栢而端，角嵌斜平縫不偏。
時樣三虎并四指，須還碎就得交圓〔二〕。

打鞋

打鞋容易又言難，少則寬時多則堅。
堅則損脚寬難踢，直須停當十分圓〔三〕。

施禮

下場須要先施禮，健色纔方撇下膁。
最忌有風并日晃，莫教失位走咼偏〔四〕。

下場

下場無非看立地，拐搭分明要伶俐。
賺辭来往要着人，當時防取立拗背。

四場

早晨踢花市，飲後蹴花心。
日中須火下，到晚趂花陰〔五〕。

打二

打二要毒親，眼活脚頭頻。
若要不踢脱，来往一般均〔六〕。

打挾

若要打挾住，回頭使眼覷。

走身牢立脚，挾着無不住〔七〕。

詩曰：

逢場蹴踘逞英豪，低者低来高者高。

不問學前并學後，江湖行客〔八〕　請先拋。

請禮

場中運動禮莫失，驀然来到問相識。

不問會踢不會踢，捧住氣毬便請踢〔九〕。

拏範

範短不来宜速進，左開右闊步横加。

俏逢高毒要先退，若是平腰放過拏〔一〇〕。

對範〔一一〕

着打要範净，發落要伶俐。

遠近要着人，剛柔要兼濟。

禁踢〔一二〕

頭踢左膁休犯上，一踢右尖休順下。

順邊搭拐要併頭，此禁切與學者話。

欺村

欺村滅强是皮圓，不許人將作等閑。

自古顯優先賢治，看時容易剔時難〔一三〕。

詩曰：

高侵雲漢披肩等，低拂花梢下脚遲〔一四〕。

歸晚玉人陪笑面，春衫猶帶氣毬泥。

又：

當時齁袖更垂肩，運動渾如陸地仙〔一五〕。

莫道齊雲無好處，金門曾受帝王宣〔一六〕。

又：

面淺幇微瘦，根深掠草長。

頭圓唇更緊，底闊又何妨。

又：

身動輕摇一似舞，踢時模樣趂妖嬈〔一七〕。

垂肩軃袖千般巧，脚頭熟時萬種高。

又：

金鞍玉勒賞芳菲〔一八〕，醉日偏多醒日稀。

明月清風歌酒夜，有雲無雨氣毬時。

又：

蹴踘家風適不通，五陵公子〔一九〕逞無窮。

日長歌酒高臺上，人在鞦韆院落中。

又：

低拂花梢紅滿地，高侵楊柳線〔二〇〕搖風。

有時白打真堪羨，一點流星斗半空〔二一〕。

又：

翻轉流星去又歸，脚頭運動百千回。

幾回誤撙名園裡，撲住佳人錦繡堆〔二二〕。

穿場失禮

下塲立地但休移，搶起穿来是不移。

只合口鳴〔二三〕教謝踢，自家不犯社家規。

歎世

忙忙人世苦和愁，惟我心閑踢氣毬。

任是王侯并宰相，齊肩並立樂優游〔二四〕。

王孫

朱顔緑髩少年郎，繡帽金衣耀日光。
蹴踘塲中歡會散，玉鞭驕馬過平康〔二五〕。

公子

三三五五笑相從，着意追遊圓社中。
戲罷宴酣歸去晚，緑楊嘶徹玉華驄〔二六〕。

工夫

蹴踘玅者實難圖，千百人中一二無。
再拜明師傳授得，學成須下死工夫。

打熬

蹴踘熟閑要打熬，諸般踢搭要堅牢。

高衝毒撞全無用，巧妙輕低方是高〔二七〕。

入妙

氣毬作戲古来留，低蹴輕拋巧處搜。
玄妙工夫叅得透，拈花摘葉〔二八〕自風流。

風流

天下風流事，齊雲第一奇。
磨奸并滅俏〔二九〕，不許等閑為。

奪魁〔三〇〕

蹴踘初興黄帝為，王孫公子戲相宜。
世間子弟千般藝，只此風流最奪魁。

不通

每日閑圓戲，終朝挾弹〔三一〕遊。

未通圓社禮，到老不風流。

出外

圓社休愁不識人，他鄉朋友自盈門。

一團和氣逢人喜，六片香皮到處親。

又：

三朋〔三二〕和氣滿，入隊笑聲喧。四海人皆喜，名為天下圓。

起主兵戈〔三三〕內，行藏規矩中。雖然閑作戲，别是一家風。

成功

蹴踘成功難盡言，消食健體得安眠。

本来遵演神仙法，此妙千金不易傳〔三四〕。

【注釋】

〔一〕本部分詩歌無總標題，多爲描寫蹴鞠、充氣、球場禮儀、踢球技巧等與蹴鞠活動有關的詩歌，其餘則以贊美蹴鞠、運動和圓社爲主要内容。

〔二〕料鬆菹盡栢而端四句：料鬆，腌製皮革所用材料，具有防腐作用。菹，本指腌菜，此指腌製牛皮。栢，『柏』的異體字。三虎、四指，均指當時氣球的品牌。交圓，指氣球縫製工藝高超。齊國官書《考工記》記載，當時皮革鞣製工官『鮑人』，在鞣製皮革方面技術精湛，能將皮革縫製得天衣無縫，『進而握之，欲其柔而滑也；捲而摶之，欲其無迆也；視其著，欲其淺也；察其線，欲其藏也』。著，指將兩個皮子縫合。淺，意思是縫隙不明顯。

〔三〕打楦四句：本書『圓社錦語』條：『打楦，添物。』宋代稱給氣球打氣爲『打楦』。宋代鞠較前代有不少改進。首先是氣球有改進，宋代江少虞《皇朝事實類苑》卷五十二『書畫伎藝』條指出，鞠以皮爲之，『中實以物，蹴蹋爲戲樂也，亦謂爲球焉。今所作牛彘胞，納氣而張之。則喜跳躍』。《蹴踘圖譜》又稱：『打揎，添氣也。事須易而實難，不可太堅，堅則健色浮急，蹴之，損力。不可太寬，寬則健色虚泛，蹴之不起。須用九分着氣，乃爲適中。』原以嘴吹氣充氣，由於用嘴吹氣很費力，後來改用『打楦法』，即用一種鼓風箱來打氣。直須，應當。

〔四〕施禮四句：施禮，行禮。喎偏，不正。喎（音歪），歪。

〔五〕四場四句：花心，九人場。即九個人，立三排，一人居中爲『心』，八人圍邊爲『花』，對踢『花心』。火下，指四人對踢。

〔六〕打二四句：《戲毬場科範》第二、四句與此顛倒。打二，二人對踢。毒親，指傳球很急。

〔七〕打挾四句：打挾，本書『官場論』條：『用拐幇平，椿當正直，使肩微挾，便搭低垂。』由此可見，『挾』或指肩部觸球動作。覷，看。走身，通過移動調整好身位。

〔八〕江湖行客：指外來球客。

〔九〕請禮四句：請禮，指球場上遇到外來球客時的接待規格、禮儀。驀然，猛然。

〔一〇〕拏範四句：拏範，傳球的規矩。拏，『拿』的異體字。範短，指傳來的球落到了遠處。高毒，指傳來又高又急的球。

〔一一〕對範：對踢的規矩。

〔一二〕禁踢：禁止踢球的規矩。本書『小踢十禁』條列『冷打左掩拐、頭拐更毒、右肩順下、右尖順下、右膝順下、兩踢泛上、左膁泛上、右拐泛下、順風拐、右披肩』十種禁踢情況，本詩一、二句內容即爲其中禁踢動作。

〔一三〕欺村四句：村，指粗野、魯莽，是不知禮儀的體現。强，意同『彊』，倔强、固執，是『不達圓情』的體現。故『欺村滅强』指蹴鞠可使人明禮儀知變通。顯優，優勝。剔，當爲『踢』字之

誤。

〔一四〕高俅雲漢披肩等：俅，指將球踢得很高。此句引自宋代無名氏《鷓鴣天》作：『高俅雲漢垂肩久，低拂花梢下脚遲。』雲漢，代指天空。

〔一五〕渾如陸地仙：猶如在陸地上的仙人。

〔一六〕金門曾受帝王宣：指齊雲社經常組織蹴鞠表演，有時還會被皇帝召到宫中表演。

〔一七〕妖嬈：本指嬌艷美好。此指踢球的姿態十分好看，非比尋常。

〔一八〕金鞍玉勒賞芳菲：金鞍玉勒，鑲金的馬鞍、飾玉的馬籠頭，此處指代騎馬的王侯公子。芳菲，香花芳草，此指代美麗景色。

〔一九〕五陵公子：五陵，指今陝西省西安市附近的西漢五個皇帝的陵墓。漢元帝前，每一陵建成，就遷外戚與四方豪族居於陵墓一側，成爲豪門貴族聚居之地。後代指京城，此處引指京都富豪子弟。

〔二〇〕線：當爲『緑』字之誤。

〔二一〕斗半空：過半空。

〔二二〕幾回誤撙句：撙，當爲『樽』字之誤。樽，古代的盛酒器具，此處指飲酒。錦繡，精美鮮艷的絲織品，此處指代佳人的綉裙。

〔二三〕鳴：表達、發表。

〔二四〕歎世四句：歎世，感嘆世道。忙忙人世，『忙忙』，當爲『茫茫』之誤。優游，形容從容灑脱、悠閑自得。

〔二五〕王孫四句：朱顔緑髩，紅潤的面容，黝黑的鬢髮，形容青年貴族子弟的容貌。平康，唐代長安（今陝西西安）丹鳳街有平康廣場，是烟花柳巷之地。又稱平康巷，最著名的路段叫『北里』，當時，是京都俠客和新科進士最喜歡來的地方，是一個極其浪漫的地方。西漢、隋、唐皆建都於長安，故唐以後常通稱國都爲長安，并不一定指真正的長安。

〔二六〕嘶徹玉華驄：指公子胯下的駿馬得意地鳴叫。嘶，馬叫。玉華驄，亦作『玉花驄』，唐玄宗所乘駿馬名，杜甫《丹青引》：『先帝天馬玉華驄，畫工如山貌不同。』此處泛指駿馬。

〔二七〕打熬四句：閑，當爲『嫻』字之誤。高衝毒撞，指球踢得又高又急。

〔二八〕拈花摘葉：指因技藝高超而踢球自如。

〔二九〕磨奸并滅俏兩句：磨奸，消除奸詐。滅俏，去除花哨。等閑，不以此當回事。

〔三〇〕奪魁：争奪第一。

〔三一〕挟弹：拿着彈弓。彈弓，舊時一種『射』的游戲工具，需用彈力發射彈丸，古代可用作武器，後來人們曾用來打鳥，如今已不允許。

〔三二〕三朋：本指雲游八方，四海爲家，臨時搭篷居住的『三篷』，即放牧的『鴨篷』、打獵的『弓篷』、燒陶（或炭）的『窑篷』，用於指善於結交不同行業的人，説明朋友衆多，時日一長，後人沿

襲『篷』諧音爲『朋』。俗語謂之『三朋四友』。四友，指最可靠的四種朋友，即江湖義友、同窗學友、知音好友、困境難友。這四種朋友，大都肝膽相照，休戚相關，志趣相投，心靈相通。

〔三三〕兵戈：指練武。

〔三四〕成功四句：得安眠，《戲毬場科範》作『得安然』。本來遵演，《戲毬場科範》作『但逢道演』。

【譯文】

健色

皮料腌製鬆軟，毛髮處理乾凈，製成形狀規則的鞠皮。鞠皮之間的邊角互相嵌入，鞠皮之間的縫隙或斜或平，用針綫怎麽縫都不會偏。時興品牌有『三虎』和『四指』，這兩種氣球製作得特别圓。

打揎

給氣球充氣説起來容易做起來難，充氣少了氣球就綿軟無力，充氣多了氣球就太過堅硬。氣球太過堅硬就會傷脚，氣球太綿軟就會難踢，所以充氣必須適度，氣球纔能鼓起變得非常圓。

施禮

下場踢球之後要先施球場禮儀，然後纔開始撇膁來踢球。最怕大風和日光晃眼的天氣，這兩種天氣容易讓球員在場上失去自己的站位移動去踢球。

下場

下場踢球無非是看球員的身姿和站相，一拐一搭都要區分明顯且做得乾净利落。來回傳球要傳到人面前，要防止出現站立時弓背的情況。

四場

早晨踢球在花市，酒後就踢九人場，日中四人相對踢，傍晚花陰最風凉。

打二

二人對踢要做到眼光毒辣精準，眼睛活泛，脚頭要快。如果不想踢脱球，來往傳球用力要均匀。

打挾

如果想要用肩把球挾住，就要在接球的時候扭頭用眼看。移步調整好身位後牢牢把脚立住，然後再去挾球，就没有挾不住的球了。

有詩説：碰到蹴鞠場户就下場踢球，球場上的球友有的水平低，有的水平高。不去問誰學習蹴鞠的時間靠前、誰學習蹴鞠的時間靠後，先請在江湖行走的球友拋球開踢。

請禮

在場中踢球的時候不要失去禮數，如果有突然到場看球的人，就要問他是否與場中踢球之人相識。不要問他會不會踢球，捧着氣球就去請他同踢。

拿範

球落到遠處要迅速移動，球落左右要横步趕上去；球來得高急要退步接踢，如果是齊腰高的球就讓它越過身去再側身踢。

對範

對踢之時踢球要到位，出脚踢球要乾净利落，不論遠近踢搭要留意球友站位，用力之時剛柔相濟最適宜。

禁踢

頭踢莫用左膁踢向上手，再踢莫用右肩右搭踢向下手，用搭踢球之後不能接拐踢，這些禁踢要求一定要跟學球子弟説明白。

欺村

能够使人明禮儀知變通的是蹴鞠，不容許人們將它視作等閑。自古以來蹴鞠就顯示出它的優勝之處以至前賢紛紛投身其中，踢球看起來容易真正踢起來却很難。

有诗説：如果球高入雲霄，就用肩膀等候停球；如果球低拂花梢，就要慢慢出脚去踢。晚上踢完球回家，妻子面帶笑容地迎接，自己的衣衫上仍然帶着踢球時沾染的泥土。

又有一首詩説：垂下衣袖和肩膀，運動起來好像在陸地上的仙人。不要説踢球没有好處，踢球的人曾經受到皇帝的宣召。

又有一首詩説：面淺幇微瘦，根深掠草長。頭圓唇更緊，底闊又何妨。

又有一首詩説：身體運動起來的時候輕摇好似舞蹈，踢球的時候模樣近似於妖嬈。肩膀衣袖下垂有千般機巧，脚上動作熟練的話，千萬種動作都能做到高水平。

又有一首詩説：騎着金鞍玉勒的寶馬賞花，醉酒的日子多而清醒的日子少。夜晚伴隨着明月清風來歌唱飲酒，有雲而没有的雨的時候正是踢球之時。

又有一首詩説：蹴鞠家風必須遵守不能輕易變通，貴族子弟在球場上無限逞能。白日漫長，可以先在樓臺之上唱歌喝酒，然後去有鞦韆的富貴人家的院子裏踢球。

又有一首詩説：球可以踢得很低，踢得花梢落紅滿地；球也可以踢得很高，踢得楊柳隨風飄摇。有時候白打真叫人羡慕，球就像一顆流星一樣在球場半空争奇鬥艷。

又有一首詩説：球像可以翻轉方向的流星一樣來來回回，脚上踢球千百回。多少次誤把球踢入富貴人家的宅院裏，多少次誤把球踢向圍觀的美女佳人。

穿場失禮

下了球場站立在自己的位置但是不要移動，也不要來去穿行搶位置。祇能在口頭上向其他場中其他球員提醒或者致意，但自己不能穿行場中違犯球社規矩。

歎世

忙忙碌碌的人世間衹有苦難和悲哀，本書有我心中悠閑來踢氣球。不管是王侯還是宰相，都和我肩并肩地站在一起享受踢球的樂趣。

王孫

紅顔黑髮的青年男子，穿戴着錦綉華麗的衣帽在日光之下閃耀。原來是蹴鞠場中的歡樂聚會散去之後，王孫公子們騎着裝飾華麗的駿馬去尋歡作樂。

公子

三五成群的貴公子有説有笑地結伴而行，一起在球場上游戲玩耍。踢完球，喝完散場酒，很晚纔回家，緑楊中傳來駿馬嘶鳴之聲。

工夫

蹴鞠玩得好，能得其中奥妙者，千百人之中連一兩個也找不出來。需要多拜高明的師傅方得傳授訣竅，如果想要學成的話必須要下死功夫。

打熬

蹴鞠技術要想嫻熟就必須打磨熬煉，各種基本功要打牢根基。一味地踢高和凶狠地踢球都全然無用，能够做到輕省用力巧妙出脚纔是水平高。

入妙

氣球被當作游戲是自古以來的傳統，講究低踢輕拋巧用力。這些玄妙的功夫如果能够參悟透徹，即使是拈花摘葉都能顯示你的與衆不同。

風流

論天下時尚潮流之事，踢球是最令人驚奇的。它可以消除奸詐、去除花哨，不允許凡夫俗子從事。

奪魁

蹴鞠興起是黄帝的偉大發明，王孫公子都喜歡以蹴鞠爲游戲樂趣。人世間的子弟雖然有千萬種技藝，但衹有這蹴鞠是最爲時尚潮流的。

不通

每天以踢球爲閑來之事，終日拿着彈弓到處游玩。但如果不通曉踢球人的規矩禮數的話，玩到老也不能稱之爲時尚潮流之人。

出外

球社中人不用擔心結識不到人，即使身在他鄉也會朋友盈門。因爲氣球這件事物人見人愛，人見人親。

又有一首詩説：能使朋友之間和氣滿滿，進入隊列之中便引起歡聲笑語，四海之内的人都喜愛它，它的名字就叫作『天下圓』。蹴鞠本爲練兵所創，言行舉止皆有規矩，即使在閑暇時用來游戲，也自有一家之風範。

成功

蹴鞠可以成就的功效難以盡説，可以促進食物消化、强健體魄，使人得以安然入眠。因爲蹴鞠原本就是遵行演練的神仙法門，其中的奥妙訣竅即使是花費千金也不容易得到傳授。

健色〔一〕

俗語氣毬，社號健色，風流多少噇嗽〔二〕；熟硝黄革，實料輕裁，密砌縫成侵葅；不露線角，嵌縫深窩〔三〕；梨花可戲，虎掌堪觀，側金錢縫短難縫，六葉桃樣兒偏羨；斗底銀錠少圓，五角葵花多少病，得知者切莫旁用〔四〕。知者必須計較，水傷痴重，乾怕輕狂，亦須氣脉調均，方始踢作穩當〔五〕。今時識者少，不知者多。前人健色，正重十四兩；足司四虎，運動頻頻；照點，乾則損表。必要好盤子，踢罷不許亂動，入綱内不可踢，有犯社規〔六〕。

【注釋】

〔一〕健色：説明球的製作工藝。題目原爲『健色名』。『名』，應爲衍字。

〔二〕噇嗽：形容狂玩到喘氣吁吁。噇（音床），狂吃暴飲。嗽，吮吸。

〔三〕熟硝黄革句：熟硝黄革，實料輕裁，指製作氣球的原料。硝，礦物名，硝石；用芒硝鞣製皮革使變軟稱『硝』。革，牛皮。密砌縫成侵葅，不露線角，指製作氣球的工藝。侵葅，指縫綫嵌入牛

皮。

〔四〕梨花可戲句：梨花、虎掌、側金錢、六葉桃、斗底銀錠、五角葵花，皆爲當時氣球的品牌名字。偏羨，讓人喜愛。少圓，不够圓。

〔五〕知者句：水傷，指氣球浸濕。痴重，很重。氣脉，指氣球充的氣。

〔六〕前人健色句：正重十四兩，指製成的球的標準重量。宋代對製球方法又做了改進，用十二塊上等的皮革做原料，運用内縫法仔細縫製，使之更加美觀耐用。對球的重量也有規定，要『正重十四两』。古代以十六兩爲一市斤，俗語『半斤八兩』，十四兩將近一市斤，跟現在比賽用的足球重量相近。據相關資料論證，宋初，球重六百八十克；宋代中葉，球重六百四十克；南宋時爲六百二十五克。現代足球國際足聯核準的重量爲四百二十至四百四十五克之間。四虎，指四種帶『虎』字的品牌。司，操作，此指踢。照點，據下文『乾則損表』來看『照點』似指哨水。好盤子，好場地。入網，《蹴踘圖譜》：『入網，進屋。』

【譯文】

健色

俗語稱氣球，圓社叫健色，多少人爲之廢寢忘食。它用黄牛皮硝製而成，真材實料地加以裁製，

用針綫細密地縫製而成，但絲毫不露綫角，球片之間嚴絲合縫。在球的衆多名目中，『梨花』適合游戲玩耍，『虎掌』適合觀賞，『側金錢』因縫短而縫製難度較大，『六葉桃』樣子美觀讓人喜歡；『斗底』和『銀錠』縫製得不太圓，『五角』和『葵花』缺點較多，知道的人千萬不要在它身上白費力氣。懂行的人一定會注意，球如果被水侵湿就會發重，但球如果太乾又會太輕，又必須做到球體之内氣量適中，踢起來纔會穩當。這些講究現在知道的人很少，不知道的人很多。以前的人製作的球，重量是標準的十四兩。脚上踢的球是『四虎』，人們踢球運動時常常會選擇它。要給球哨水，如果球太乾燥就會損傷球的表皮，此外也必須要有好的場地。踢完球後不許亂踢亂動，進屋後就不能再踢了，不然就會違反圓社的規矩。

健色名〔二〕

六錠銀，虎掌，人月圓，金錠古老錢，十二銀，葵花，天净紗，龜背，旋螺虎掌，艾葉菊，十二梅，五角，鎖子菊，曲水萬字，側金錢，雲臺月，斗底，轉宫葵，靈花虎掌，鏡把兒，两國和，十二月，菊花，梨花虎爪，葉底兒，一對銀，鵓鴿頭，香

烟篆，一爐香，落心葵，滿園春，不斷雲，一陌紙，一瓶花，雙鴛鴦，天下太平，風調雨順，百花朝陽，字字雙，六如意。

詩曰：

料鬆葅盡拍兒端〔二〕，角嵌斜平縫不偏。

時樣必須還四虎〔三〕，須交碎湊十分圓。

【注釋】

〔一〕健色名：球的名目（品牌）。《蹴踘圖譜》所録健色名有二十四種，比此處所録健色名少十六種。又有四種品牌名有所不同，『金錠古老錢』作『古老錢』，『葉底兒』作『葉底桃』，『六如意』作『六葉龍』，『兩國和』作『兩朵雲』。

〔二〕料鬆葅盡句：葅盡，指浸泡腌製牛皮。兒端，通過拍打使之端正。兒，當爲『而』字之誤。

〔三〕時樣句：時樣，時興的式樣。四虎，四種名稱中帶『虎』字的球，爲當時流行的品牌。碎湊十分圓，多片皮子拼成的球十分圓。

【譯文】

毽色名

球的種類有：六錠銀，虎掌，人月圓，金錠古老錢，十二銀，葵花，天净紗，龜背，旋螺虎掌，艾葉菊，十二梅，五角，鎖子菊，曲水萬字，側金錢，雲臺月，斗底，轉宫葵，靈花虎掌，鏡把兒，兩國和，十二月，菊花，梨花虎爪，葉底兒，一對銀，鵓鴿頭，香烟篆，一爐香，落心葵，滿園春，不斷雲，一陌紙，一瓶花，雙鴛鴦，天下太平，風調雨順，百花朝陽，字字雙，六如意。

有詩説：皮料打得鬆軟，毛髮處理乾净，製成形狀規則的鞠皮。鞠皮之間的邊角互相嵌入，鞠皮之間的縫隙或斜或平，用針綫怎麽縫都不會偏。時尚的氣球樣式必須是『四虎』，這種氣球用多片皮子拼合製作得特别圓。

一人塲户〔一〕

解數乃一人正立，不可拗，須用朝神，不怕燈前、月下、日晃，如彼一件不是

曾打熬者〔二〕。鮮數要三截，從下至上，各有数目。或小套，或大套，或成套，或打活鮮〔三〕。上山岳比賽者，必須拱单子上，不許打脱，各有社規于後〔四〕。

立身，聽拐，肩，蹬，打捻，蹬拐，搭捻，䟃臥魚，稍拐，畫眉，鎖腰，弹搭，雙捻，板虜。

詩曰：

肩尖對脚尖，身側腿後偏。

脚跟身挺出，平擡便是賺。

圓光（披肩背劍），立身〔五〕，胷拍，稍拐，畫眉，鎖腰，蹬，拐，弹搭，不瞅，肩，走馬膝，拐捻，抄，臥魚。

詩曰：

膝高三丈二，賺打十三間。

脚頭千萬踢，鮮数百千般。

【注釋】

〔一〕一人場户：一人自踢表演，稱爲井輪。《戲毬塲科範》所述各人場户方法與此基本相同，

但增加十人場户，『十人場名全論。晤瓜此係全場論，不在十二踢之中』。《事林廣記·戊集》所記與此基本相同，無一人場户、八人場户，多了『五人場户名皮破』。《蹴踘圖譜》僅有一人場户、二人場户、三人場户。對一人場户，《蹴踘圖譜》説：『直身正立，不許拗背，或打三截解數，或打成套解數，或打活解數，一身俱是蹴踘，旋轉縱横，無施不可。雖擅場校尉，千百中一人耳。』

〔二〕觧數乃一人正立句：觧數，指踢球的技巧和程序。朝神，全神貫注。

〔三〕活解：靈活的招式，指臨時編成的招式。

〔四〕上山岳句：拱单子，拱，當爲『供』字之誤。打脱，遺漏動作。

〔五〕立身：底本作『身』，根據《齊雲軌範》，此處當作『立身』。

【譯文】

一人場户

解數是一人正向站立於場上，不能彎腰弓背，需要全神貫注，做動作時不害怕燈前、月下或者日光晃眼的情況，要做到這些，哪一樣不是長期磨煉得來的？解數要做三截，從下截解數、中截解數到上截解數，各截解數均有一定數目的動作。或者是小套動作，或是大套動作，或是成套動作，或是做自由發揮的解數動作。如果是參加山岳比賽，則要提前寫好要做的解數單子，交給主辦方，比賽時嚴

格按照單子上的動作來做，不能有遺漏。各有規定於後。

立身、聽拐、肩、蹬、打捻、蹬拐、搭捻、蹁臥魚、稍拐、畫眉、鎖腰、彈搭、雙捻、板虜。

有詩說：兩脚與肩同寬，身體後傾腿微微偏斜。直腰挺身抬腿使脚跟離地，使球平撞在大腿上就可以使用的動作了。

圓光（披肩、背劍），立身，胸拍，稍拐，畫眉，鎖腰，蹬，拐，彈搭，不瞅，肩，走馬膝，拐捻，抄，臥魚。

有詩說：用膝築球可以踢三丈二尺高的球門，用膁打球可以踢十三間的圍場。用脚顛球一次可踢成千上萬下（不落地），能踢出成套的花樣動作成百上千種。

二人場户〔一〕

兩人對立，各用左右膁，一来一往三五十遭，不許雜踢，亦不許两踢，名勘膁〔二〕。

又：

二人来往只要兩踢，許諸雜踢，不許可用善上毒踢，如是一踢者，輸為打

二〔三〕。

詩曰：

二打要毒親，来往一般均。

若要不踢脱，眼活脚頭頻〔四〕。

【注釋】

〔一〕二人場户：二人對踢。對此一踢法，《蹴踘圖譜》説：『每人兩踢名打二，曳開大踢名白打，一人單使脚名挑踢，一人使雜踢名厮弄，亦惟校尉能之。』本書無示意圖。

〔二〕兩人對立句：雜踢，本書『雜踢作』條列雜踢動作九十餘種。勘膁，專指二人場户中用左右膁傳球對踢的踢法，其要求是一脚出球，禁使雜踢動作。勘膁，勘正脚頭。

〔三〕二人来往句：善上毒踢，指踢高上的急球。打二，二人對踢，這是二人場户中較難的踢法。

〔四〕二打要毒親句：是説打二的踢法是快而急，接踢最重要的是眼睛要看清來球，脚步移動要敏捷。兩人要是不想踢脱，最要緊的是踢球時力量要均勻。二打，同『打二』。踢脱，接踢不漏球。眼活脚頭頻，是二打中的重要訣竅，也是上場踢球的重要訣竅。場上來球不可能都個個準确，必須要看準來球，及時移動。

【譯文】

二人場户

兩個人對面站立，各自用左右臁踢球，一來一回地踢三五十次，不允許用雜踢，也不允許連續踢兩次，這叫作『勘臁』。

又有一種：兩人來往踢球時衹要連續兩踢，允許用雜踢，但不允許踢又高又快的球，如果衹一踢就傳出球便是輸，這叫『打二』。

有詩説：打二的時候眼光要精準，要做到來回傳球均匀用力，如果不想把球踢丢的話，要做到眼疾脚快。

又二人塲户

两人對立，約去三間遠近，用氣毬一隻，一般大小者，官塲論打，齊同發論。

名日月過宮〔一〕。

又：

二人相對近立，各用兩踢，内要一捻，如無捻不成場户；餘者雜踢無妨。名二捻。

【注釋】

〔一〕兩人對立句：間，古代計量單位，三間相當於一丈。官場，蹴鞠踢法之一。本書『五人場户』條云：『此場户，茶頭、過泛、子弟轉動，子弟如小踢，一同校尉為官場。』齊同發論，指兩人同時將球踢出給對方。日月過宮，兩人相立，間隔十二步，用大小相同的兩球連續踢交對方，此屬於高難度的踢法。

【譯文】

又二人場户

兩人相對站立，相距大約三間遠近，使用兩隻同樣大小的氣球，用官場的踢法來踢，兩人同時將

球踢出給對方，依次循環踢交對方，名叫『日月過宮』。

又有一種：兩人較近距離地對面站立，各自使用兩踢，其中一踢必須是捻球，如果没有捻球就不能稱爲場户，其餘雜踢但用無妨，叫作『二捻』。

三人場户〔一〕

子〔二〕

過　　茶

三人各依此相立順行，子弟、茶頭、過泛，週而復始；只許一踢，到泛無妨兩踢；不許泛上。為轉花枝〔三〕。

【注釋】

〔一〕三人場户：三人成三角形踢球，必須按人數依次輪之，轉一遭後再使雜踢（一人一踢，也

可兩踢），稱爲『轉花枝』或『小官場』。順行（順時針）轉動叫『小官場』，一人當頭（圍繞一人踢）叫『出尖』，三人定位不動（隨便踢給誰都可以）叫『三不顧』。這一場户是唐宋時期較爲流行的踢法，多爲校尉陪子弟踢球。

〔二〕過、茶、子：過，過泛；茶，茶頭；子，子弟，均爲蹴鞠的角色。《蹴踘圖譜》『三人場户』條：『三人場户：校尉一人，茶頭一人，子弟一人，立站須用均停。校尉過論與子弟，子弟用右膁與茶頭，須轉一遭方使雜踢，所謂抛下須當右者是也。』

〔三〕三人各依此句：泛上，向上手踢，指逆序踢球。轉花枝，宋代蹴鞠行稱數目三爲『轉花枝』。本書《圓社錦語》云：『轉花枝，三。』

【譯文】

三人場户

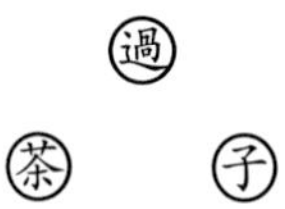

三人按照上圖三角形站位，以順時針方向傳球，子弟傳給茶頭，茶頭傳給過泛，過泛再傳給子弟，

循環往復。每人每次衹需踢一次，過泛可以踢兩次，但不許逆序踢向上手，這叫作『轉花枝』。

四人場户〔一〕

一　三

四　二

四人用大小健色二隻，不拘立作，以官場〔二〕論打，一来一往，週而復始；各依資次貴行，不可立住。此乃是流星赶月〔三〕。

【注釋】

〔一〕四人場户：與本書『十三場』『火下』條四人踢法不同。

〔二〕官場：此指按官場踢法的相關規定踢球。

〔三〕流星赶月：四人場踢球踢起來如同流星追趕月亮一樣，形容踢球之速度極快。

【譯文】

四人場户

㊀　㊂

㊃　㊁

四人用大球和小球各一隻。不拘束於站姿，用官場的踢法來踢，一來一回，循環往復，各自按照上圖順序來傳球（一號位傳給二號位，二號位傳給三號位，三號位傳給四號位，四號位再傳給一號位），不能停球不踢。這是『流星趕月』。

五人場户〔一〕

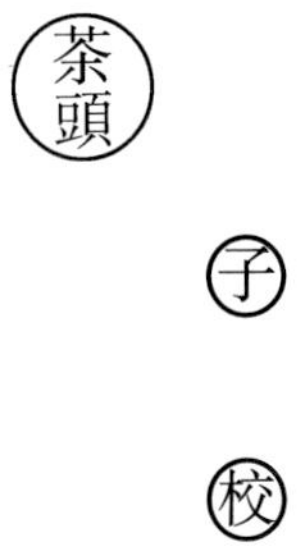

此場户，茶頭、過泛、子弟轉動，子弟如小蹻，一同校尉為官場。同一人茶頭〔二〕遠立，用能者一。為小出尖〔三〕。

【注釋】

〔一〕五人場户：成『一—二—二』隊形站立，稱爲『小出尖』或『皮破』。對這一場户，《事林廣記·戊集》説：『皮破只許五人，第一人打与第四人，第四人打与第二人，第二人打与第五人，第五人打与第三人。輪流隔一位，須是按節次。打論着人，自請賞罰聽便。』從這樣的描述中可以看出，其傳蹻的綫路猶如五角星形狀。

〔二〕茶，後原脱『頭』字，據文意補。

〔三〕小出尖：宋代蹴鞠行稱數字『五』爲『小出尖』。本書《圓社錦語》云：『小出尖，五。』

【譯文】

五人場户

子　校

茶頭

弟　尉

這種場户茶頭、過泛、子弟轉動，子弟如果小踢，加上校尉就是踢官場。子弟、校尉每側各一人，而茶頭衹有一人，讓一位有能力的人擔任，站在遠處。這是『小出尖』。

六人場户〔一〕

④　⑤

①　②

⑥　③

四人近立，二人約去三間遠，不可轉動，皆立使大論，如官〔二〕相似，可帶解数。名為大出尖〔三〕也。

【注釋】

〔一〕六人場户：也叫『大出尖』，即六人成兩個三角形站立。這一場户與其他場户相比，在踢法上的區別，就是可以增加套路踢法。

〔二〕官：此字後似脱一『場』字。

〔三〕大出尖：宋代蹴鞠行稱數字『六』爲『大出尖』。本書《圓社錦語》云：『大出尖，

六。』按：上海古籍出版社一九八八年版《説郛三種》：『本無大字，祇作出尖。』在《宋太祖蹴鞠圖》中，宋太祖、宋太宗、趙普、石守信、楚昭輔、黨進君臣六人蹴鞠的場面即屬於六人場户的『大出尖』。

【譯文】

六人場户

㊃　㊄

㊀　　　㊁

㊅　㊂

四人相互較近站立，另外二人相距約三間遠對面站立，不能轉動。每個人都站在原地使大踢，像官場的踢法一樣，踢球時可以使用解數，名叫『大出尖』。

七人場户〔一〕

㊀ ㊂ ㊄ ㊆

㊁ ㊃ ㊅

第一人打論於衆人頭上，過為第七人作資次順下，皆官場一般。只二能者受論出踢。名為落花流水〔二〕。

【注釋】

〔一〕七人場户：也叫『落花流水』，即成一條不規則的直綫站立。對這一場户，《事林廣記·戊集》説：『七人輪流，第一人打與下手，下手打與第三人，第三人轉身打與第四人，第四人打與第五人，第五人打與第六人，第六人打與第七人，第七人大打輪衆人頭上與第一人，下住，依前法數轉，方且周而復始。』

〔二〕第一人打論句：為，當爲『與』字之誤。過為，傳給。作，當爲『依』字之誤。受論，宋

代蹴鞠行稱『肯』爲受論。本書《圓社錦語》云：『受論，肯。』

【譯文】

七人場户

㈠ ㈢ ㈤ ㈦

㈡ ㈣ ㈥

第一人踢球從衆人頭上飛過，傳給第七人；第七人再用同樣的方法按順序踢出。就像踢官場一樣。祇選出兩位球技最出衆的球員來充任第一人和第七人來接球和踢球。這名叫『落花流水』。

八人場户〔一〕

④　⑦　②

①　　　　②

⑥　③　⑧

八人場户，来往隔二位，為皮破同〔二〕；或小場，或官場，依資次序順，不可亂。名為八仙過海。

【注釋】

〔一〕八人場户：也叫『凉傘兒』，即中間三排，每排兩人，兩頭各有一人。所謂『八仙過海』，依然是輪流踢，祇是在踢法上可以各展所長，取『八仙過海、各顯其能』義。

〔二〕為皮破同：跟五人場户相同。為，當爲『與』字之誤。皮破，五人場户的俗稱。

【譯文】

八人場户

八人場户，每個人都需要把球傳他順時針下首的第三人，即每二人相互傳球時需要中間隔兩人。球員或者蹋小場，或者蹋官場，都要依照各自的順序傳球，不能亂蹋。這名叫『八仙過海』。

九人場户〔一〕

凡九人名為〔二〕花心。一人居中為心，八人在邊廂為花，依資次順轉，四邊衆人皆踢花心，花心逐一人順轉，分付與衆人。如控踢透〔三〕者，一人或二人皆要補踢。須是頭一遭補，如轉身，不可第二遭。只是第二遭。第二遭補了〔四〕，如不到，只是花心之過。

《滿庭芳》：〔五〕

若論風流〔六〕，無過圓社，拐膁踢躡搭齊全。門庭富貴，曾對御簾前〔七〕。灌口二郎為首，趙皇上下脚流傳。人都道齊雲社上，錦繡獨爭先〔八〕。

花前柳下，全身繡帶，偷側雙肩〔九〕。高而不遠〔一〇〕，搭打鞦韆。毬落處圓光膁拐，雙背劍側躡相連。高上處，翻身急抄，天下總呼圓〔一一〕。

詩曰：

氣毬本是側踢法，側踢側脚踢不殺。

退步進步不須怯，認定泛真下踢搭。

【注釋】

〔一〕九人場户：也叫『踢花心』，即中間一人，其餘在四周圍成一圈。對此，《事林廣記·戊集》説：『踢花心，對踢相似。花心多只許兩踢，轉身相与；四圍人只一踢打花心。只許十人止。』另，還有十人場户，稱之曰『全場』，在本書中未語及，可見這一場户，在當時没有廣泛開展。

〔二〕為：後似脱一『踢』字。

〔三〕透：當爲『脱』字之誤。

〔四〕第二遭補了：前一句已出現『第二遭』，此『第二遭』三字係多出之字。

〔五〕滿庭芳：此詞當抄録陳元靚編《事林廣記·戊集》之『滿庭芳』。滿庭芳，詞牌名，又名『鎖陽臺』『滿庭霜』『瀟湘夜雨』『話桐鄉』『滿庭花』等。以晏幾道《滿庭芳·南苑吹花》爲正

體，雙調九十五字，前後段各十句、四平韵。另有雙調九十五字，前段十句四平韵，後段十一句五平韵；雙調九十三字，前段十句四平韵，後段十一句五平韵等變體。代表作品有蘇軾《滿庭芳·蝸角虛名》、秦觀《滿庭芳·山抹微雲》等。

〔六〕風流：此指休閑娛樂活動。

〔七〕曾對句：對，《事林廣記·戊集》作『到』。御簾，代指朝廷宫苑。

〔八〕灌口句：灌口二郎，二郎神，又稱二郎顯聖真君、灌口二郎、二郎真君、灌口神、赤城王、昭惠顯聖仁佑王、清源妙道真君等，是道教信仰中的神，民間曾奉之爲蹴鞠神。趙皇上，此指代宋太祖趙匡胤。上，最爲上。齊雲社上，《事林廣記·戊集》作『齊雲一社』。錦繡獨争先，《事林廣記·戊集》作『三錦獨争先』，元至順椿莊書院刻《事林廣記·戊集》輯録蹴鞠文獻即以『三錦』爲名，翁士勛先生認爲『三錦』指蹴鞠。錦繡，此指榮耀。

〔九〕花前句：花前柳下，《事林廣記·戊集》作『花前并月下』。花前柳下，花叢前，柳樹下，本指環境美好，適於男女幽會、談情説愛的地方，此指踢球的環境很好。

〔一〇〕高而不遠句：《事林廣記·戊集》作『更高而不遠，一搭打鞦韆』。又《事林廣記·戊集》云：『齊雲社規：先小踢，次官場，次高而不遠。』所謂高而不遠，當爲本書『十三塲』條中提到的二人對踢踢法中的一種，是將球踢高而不踢遠的玩法。

〔一一〕高上句：《事林廣記·戊集》作『高人処，翻身佶料』。

【譯文】

九人場户

一共有九人參與的場户叫作『花心』。一人站在中央作爲『心』，另外八人在其四周作爲『花』，按照順時針順序依次傳球，四邊之人都把球踢給『花心』，『花心』把球輪流傳給下一位。如果四邊控球之人控丢了球，旁邊的那一兩個人要補踢。補踢衹能補救一次，如果花心已經轉身準備傳球給下一個人，就不能補踢第二次。如果花心還没有轉身，可以補踢第二次，如果第二次還没能把球傳回給花心，就説明花心傳來的這一球質量太差，是花心的過錯。

《滿庭芳》詞：若要講論時尚潮流，没有能比得過踢球人的，拐、膁、踢、躡、搭一應俱全。踢球之人多是富貴子弟，曾經受詔到皇帝面前踢球。灌江口二郎神爲首，踢球這項運動又經過衆多大宋趙姓皇帝的脚頭流傳。人們都説，齊雲社中，『三錦』爲先排在第一位。花前柳下，踢球人使全身綉帶

接側雙肩，再踢高而不遠，下接鍬鞬搭，球落下時，再踢圓光、膁拐、雙背劍，然後用側躡的動作把球再次踢高，此時踢球人再做出翻身急抄的動作，使天下之人總是不住呼喊『好球！』

有詩說：踢球要用側身踢，側移側踢最爲適宜。前進後退不要膽怯，認準來球抬脚踢。

官踢十不許

不許入步拐，不許入步膝，不許退步搭，不許退步肩，不許下膁辟〔一〕，不許直膁出，不許下搭拐，不許轉轉身，不許點點身，不許拗拗背〔二〕。

【注釋】

〔一〕不許句：入步，上步。退步，撤步。拐，用拐。膝，用膝。搭，用搭。肩，用肩。辟，古同『辭』。不許下膁辟，《齊雲軌範》作『不許膁下辭』。

〔二〕轉轉身：轉身。點點身：當爲『占身』之誤。拗拗背：拗背。

【譯文】

官踢十不許

不可上步用拐，不可上步用膝，不可退步用搭，不可退步用肩，不可臁下辭，不可直臁出球，不可搭後用拐，不許轉身，不許讓球久粘身，不許拗背。

齊雲戒文〔一〕

天下稱圓社，人間最美稱。踈狂性格，辣浪門庭〔二〕。子弟可消閑，公子王孫能遣興〔三〕。風流陣上，英豪士庶盡誇奇；花錦叢中，才子佳人争喜氣〔四〕。一生快樂，四季優游，非同泛泛之徒〔五〕，不比區區之輩。人間博戲〔六〕，争如蹴鞠風流；世上會塲，只有齊雲瀟洒。世事千忙，渾若魚蝦踴躍；人生最苦，有如牛馬奔馳。白日易過，青春難再。近觀晚進名師，多失社規，少依本格，偏方

僻處，三三兩兩，若無人處巧言令色〔七〕；口口聲聲，唯有我出外處便稱圓社。家中不見方兄，力馬驏穿；做子弟粧模打樣，帽兒側戴〔八〕。見閑家掩面藏身，聞飽聲似鱔魚鑽泥，愛健色如遊蜂採蜜〔九〕。胡椿亂踢，難辨高低；錯認背塲〔一〇〕，不分左右。下搭躬身退步，使踢處轉膝馱背；騎頭〔一一〕出論，不知去向何方；對面擡膁，後上左右邊歸。十字補踢，全然顛倒；穿塲不知存亡，雙手恰似牽强〔一二〕，兩隻脚如踏瓦罐。既學踢終須博學，欲人不知，莫若不為；孤掌難鳴，单絲不線。羞時且罷，恰似坐井觀天；怕則休踢，只好關門喫飯〔一三〕。合朋勝己，壯閭里之家聲；革故鼎新，免江湖之恥咲〔一四〕。斯文可鑑〔一五〕，後學須知。

【注釋】

〔一〕齊雲戒文：圓友要注意的事項。

〔二〕踈狂句：踈狂，豪放，不受拘束。辣浪，放蕩不羈。

〔三〕遣興：解悶散心。

〔四〕風流句：風流陣、花錦叢，均指踢球場所。士庶，士族和庶族、士人和百姓。才子佳人，形容有才能的青年男子和美貌的女子，此泛指富貴人家的青年男女。從唐代始，宫廷和貴族中女子開始參與蹴鞠娛樂活動，到宋元兩代更是興盛。元關漢卿套曲《女校尉》：『茶餘飯飽邀故友，謝館秦樓，散悶消愁，惟蹴踘最風流。演習得踢打温柔，施逞得解數滑熟。』又：『蹴踘場中，鳴珂巷裏，南北馳名，寰中可意。……關白打官場小踢。竿網下世無雙，全場兒占了第一。』

〔五〕泛泛之徒：不被看重的人、一般人；意思同『區區之輩』。

〔六〕博戲：賭輸贏、角勝負的游戲。

〔七〕近覷句：本格，指圓社的規矩。偏方僻處，指偏僻之處。方，當爲『居』字之誤。巧言令色，形容花言巧語，虚僞討好。令，美好的。

〔八〕家中不見句：方兄，當爲『孔方兄』，指古代的銅錢，中間爲方孔，後來人們就稱錢爲『孔方兄』。明余庭璧《事物異名》：『錢，孔方兄（親之如兄曰孔方）、孔方、方兄、圜老。』《綺談市語・玉帛門》：『錢，方兄。』力馬驏穿，指健壯的馬却没有佩戴馬鞍。驏（音産）穿，《字彙・馬部》：『馬不施鞍轡爲驏。』過去北方人管騎馬不攔鞍子，叫『驏騎』；光着膀子穿衣服，叫『驏穿』。打，當爲『作』字之誤。

〔九〕見閑家句：閑家，指幫忙湊場踢球的閑客。飽聲，招呼吃飯的聲音。

〔一〇〕背場：指在球場中站錯了位置。

〔一一〕騎頭：指將球從背後踢過頭頂，用這種方法將球踢出往往難以控制力度和方向，故爲圓社所忌。本書『輸贏籌數』條『騎頭出論』屬於判『失籌』動作。

〔一二〕牽强：謂拘急强硬、行動不靈活，形容踢球者舉手無措、動作僵硬之狀。

〔一三〕既學踢句：孤掌難鳴，一個巴掌拍不響，比喻一個人力量薄弱難以成事。坐井觀天，青蛙坐於井中，終日沉醉於頭頂上一方藍天的美景。比喻眼光狹小，見識短淺。唐韓愈《原道》：『坐井而觀天，曰天小者，非天小也。』

〔一四〕合朋勝己句：合朋，集合朋友在一起踢球。合，集合在一起。勝己，勝過自己。閭里，鄉里。此指代踢球的團體圓社。革故鼎新，去掉舊的，建立新的。故，舊的。鼎新，更新。咲，『笑』的異體字。

〔一五〕斯文可鑑：斯文，指這篇《齊雲戒文》。鑑，鏡子，此處指《齊雲戒文》如鏡子，可以作爲警戒或引爲教訓。

【譯文】

圓友要注意的事項

天下稱踢球人的組織爲『圓社』，這是人世間最美好的稱呼。踢球可以使人性格奔放，多交朋

友，踢球人可以用它來休閑娱樂，王孫公子可以用它來消遣興致。球場上，無論是英豪士族還是平民百姓盡都夸贊踢球的奇妙；花錦叢中，才子佳人争相喜歡踢球玩樂。踢球人一輩子開心快樂，一年四季都在悠閑自得地到處游玩，這不是一般人能够比得上的。人世間的博戲，哪個能比得上蹴鞠時尚潮流？世間的會場，衹有蹴鞠球場最爲瀟灑。世間之事多是白忙，好像魚蝦踴躍；人生最苦，好像牛馬被人驅使。白日容易過去，青春難以再來。近年來我觀察那些較晚出道的所謂蹴鞠名師，大多有失圓社規矩，很少有遵守本分的。他們大多找一些偏僻的地方，三三兩兩地凑在一起，好像在没有人的地方巧言令色。他們口口聲聲地宣稱，衹有他們出外所在的地方纔能稱爲圓社。家中没有錢鈔，像劣馬無鞍一樣光膀子穿外衣；作爲圓社子弟却不懂圓社規矩，平日裏衹會裝模作樣，連帽子都歪着。見到幫忙凑場踢球的閑客就掩面藏身生怕輪到自己請客吃飯；聽到有吃飯的聲音，他的身形就像黄鱔往泥裏鑽那樣靈活地鑽進去蹭吃蹭喝；他們踢球像游蜂采蜜那樣没有定性。他們踢起球來胡踢亂踹，不知道要踢高還是要踢低；错站場上位置，不知道往左踢還是往右踢；用搭時彎腰弓背地往後退步，出脚踢球時更是轉動膝蓋駝着背，騎頭出論，把球踢到不知去向。面對面直賺踢球，將球踢得不是飛向左邊就是飛向右邊；十字補踢，他踢球的順序全然顛倒，在場中穿來穿去絲毫不知球是否救回。他的雙手動作僵硬好像不知道往哪裏放，兩隻脚就像踏入罐子裏走路那樣沉重遲緩。既然要學習踢球，終歸是需要廣博地去學習蹴鞠的一切規矩和技巧。要想讓人不知道你踢球的底細，除非你不要踢球。一個巴掌拍不響，一條絲難以紡成綫。如果因爲害羞就放弃和其他球友一

起踢球交流，就好像坐井觀天。如果怕見人的話就乾脆不要踢球了，衹好關起門來吃飯。所以説招呼朋友在一起踢球總是勝過自己獨來獨往，在與大家一起踢球的過程中不斷推陳出新，提高自己的踢球水平，纔能免得被江湖恥笑。這篇文章值得借鑑，後學之人需要知曉它。

齊雲圓社末場〔一〕

四海齊雲社，當場蹴氣毬，作家〔二〕偏愛惜，圓社最風流。況有青春年少，同輩明師，向柳巷花街翫耍，在紅塵紫陌〔三〕追遊。子弟尋芳，憑眼活認真而有準；校尉挾住，惟口鳴識踢以無憂〔四〕。右搭花肩似烏龍擺尾，左側虛躡似丹鳳搖頭〔五〕。下住處全在低美，打着人惟復惟收〔六〕。使力藏力，以柔取柔。集閑中名為一絕，決勝負分為三等〔七〕。絲鞋羅袴，短襖輕裘，襟霑香汗，襪染塵浮。背劍仙人偷側目，攛梭玉女巧凝眸〔八〕。粉鉗兒前後動，身身不動；金剪刀来往移，步步過頭〔九〕。況乎奢華治世，豪富王孫，添鼓吟夜沸歌喉；莫笑對吴姬越

子，繁華勝境，潘桑瓦潘棲湖山寺風花雪月。春秋〔一〇〕。四聖觀柳邊行樂，三天竺松下遨遊〔一一〕。樂事賞心，雅並四美；良朋至友，貴等五矦〔一二〕。心向閑中着，人於倬裡求，記求蹋圓者，都可問茶頭〔一三〕。

《鷓鴣天》〔一四〕：

巧匠圓縫異様花，身輕體健實堪誇。能令公子精神爽，善誘王孫禮義加。宜富貴，逞奢華，一團和氣偏天涯。宋祖昔日皆曾習，占斷風流第一家〔一五〕。

《滿庭芳》〔一六〕：

十二香皮，裁成圓錦，無非年少優游。綠楊深處，恣意来往追遊。低拂花梢，慢下侵雲漢，月滿當秋〔一七〕。堪使處，覩〔一八〕偷頭十字、拐舞袖、掛銀鈎。肩尖并拐搭，五陵公子，恣意忘憂〔一九〕。幾回運動，低蹴傍高楼。最親近文章高貴，分左右曾對王矦。君知否，閑中第一，占斷最風流。

【注釋】

〔一〕齊雲圓社末場：此題目内容，陳元靚編《事林廣記·戊集》作『圓社摸場』，文字上也與

上段多處不同，今將《事林廣記・戊集》『圓社摸場』條抄録於下：『四海齊雲社，當場蹴氣毬。作家偏著所，圓社最風流。況是青春年少，同輩朋儔，向柳巷花街翫耍，在紅塵紫陌追遊。脱□擣來，憑眼活認真爲有準，杈兒扶住，惟口鳴識踢乃無憂。右搭右花跟，似烏龍兒擺尾；左側左虛扢，似丹鳳子摇頭。下住處全在低美，打着人惟仗推收。使力藏力，以柔取柔。集閑中名爲一絶，决勝負分作三籌。俺也，絲鞋羅袴，短帽輕裘，襟沾香汗濕，襪污軟塵浮。佩劒仙人時側目，攛梭玉女巧凝眸。粉鉗兒前後仰身，身移不浪；金剪刀往來移步，步過頻偷。況乎奢華治世，豪富皇州，春風喧鼓吹，化日沸歌謳。歡笑對吴姬越女，繁華勝桑瓦潘樓。湖山風物，花月春秋，四聖觀柳邊行樂，三天竺松下優游。樂事賞心，難并四美。勝友良朋，無非五侯。心向閑中着，人於倬裏求，凡來踢圓者，必不是方頭。』

〔二〕作家：《里語徵實》：『好手曰作家。』意爲高手、行家。

〔三〕紅塵紫陌：形容繁華熱鬧的都市。紫陌，指京城郊野的道路，野外蹴鞠是當時風俗。

〔四〕子弟句：尋芳，本指游賞美景，這裏指踢球游玩。眼活，眼色活泛，形容眼明手快。挾住，將球夾住。

〔五〕右搭句：花肩，肩膀。虛躡，指用脚輕輕地挑球。丹鳳，頭和翅膀上的羽毛爲紅色的鳳鳥，泛指鳳凰。

〔六〕下住句：下住處，指脚下。打着人，指傳球到位。惟復惟收，指有去有回。

〔七〕三等：等，當爲『籌』。三籌，三局，類似於當今三分。

〔八〕絲鞋羅袴句：襖，襯有裏子的上衣。攏梭，拋梭。凝眸，目不轉睛。

〔九〕粉鉗兒、金剪刀：本指古時婦女的妝飾和裁剪工具，在這裏均指踢球動作技巧。

〔一〇〕況平句：奢華治世，指太平盛世。治世，繁華昌盛之意。沸歌喉，此指晝夜豪富王孫之家鼓樂不絶，歌聲鼎沸。吴姬越子，泛指吴越的女子。潘桑瓦潘棲，第一個『潘』係衍字。棲，當爲『樓』字之誤。桑瓦，指淫靡風氣盛行的地方，也指男女幽會之處。瓦，瓦肆，瓦子。宋代孟元老《東京夢華録》載北宋京都開封：『街南桑家瓦子，近北則中瓦、次裏瓦，其中大小勾欄五十餘座。内中瓦子蓮花棚、牡丹棚，裏瓦子夜叉棚、象棚最大，可容數千人。』由此可見，北宋都城瓦肆之多，規模之大。在這些瓦舍勾欄中，都每每有蹴鞠表演。直到南宋都城臨安（今浙江杭州）潘樓，亦然。可見兩宋蹴鞠活動十分普及。潘樓，北宋東京著名酒樓之一。位於宫城東南角樓十字街東的潘樓街路北，即今開封市東大街汴京飯店一帶。據《都城紀勝・酒肆》載：『酒家事物，門設紅杈子、緋緑簾、貼金紅紗梔子燈之類。舊傳因五代郭高祖游幸汴京潘樓，至今成俗。』由此知該酒樓最遲在五代後周時已享盛名，至北宋末年，爲東京七十二家正店之一，所釀瓊液酒頗受歡迎。湖山寺風花雪月春秋，對照《事林廣記・戊集》『湖山風物，花月春秋』句，當爲抄録之誤。

〔一一〕四聖觀句：四聖觀，宋時道觀名稱，位於宋京城（今河南開封）汴河大橋附近。南宋時，杭州西湖孤山上也有四聖延祥觀，建於紹興年間。《西湖志》載：『四聖延祥觀，舊在孤山。宋高宗爲康王時，常使於金，夜見四金甲執杖衛行。詢之力士，云：紫薇有大將四，名曰天蓬、天猷、翊

聖、真武。王心異之。即位，乃建觀祀之。即今六一泉地是也。元初楊璉真伽改於武林門外，至正間再遷葛嶺，今廢。』三天竺，上天竺、中天竺、下天竺的總稱，又稱『三竺』。南宋時，在杭州天竺山和靈隱寺之間，有三天竺寺院。是否指此，待考。

〔一二〕樂事句：四美，指良辰、美景、賞心、樂事。雅，當爲『難』字之誤。五矦，指宋代的五王八侯：鎮國王曹天勝、汝南王鄭黑虎、東平王高勇、西平王狄龍、潞花王趙金顯、護國侯岳安、洛陽侯趙强、助國侯江策、明岡侯佟彪、前國侯鐵豹等。此泛指富國子弟、王公貴族。

〔一三〕心向閑中着句：着，當爲『看』字之誤。倬（音捉），俊俏，意爲放蕩風流。茶頭，蹴鞠的角色。本書『三人場户』條：『三人各依此相立順行，子弟、茶頭、過泛，週而復始。』

〔一四〕鷓鴣天：『巧匠圓縫』，《齊雲軌範》《戲毬場科範》作『巧過縱圓』；『善誘王孫禮義加』作『引動王孫禮義家』；『宋祖昔日皆曾習』作『漢王宋帝皆從習』。

〔一五〕宋祖句：宋祖，宋太祖趙匡胤。史載，宋代開國皇帝趙匡胤酷愛蹴鞠，而且是個技藝頗爲高超的蹴鞠達人。他擅長的玩法叫『白打』，即踢球時，除了脚，頭、肩、胸、腹、背、膝、小腿都可以接觸球，跟今天的花式足球最爲相似。其技術精湛可以達到『終日不墜』。他不光自己踢，還經常招呼其弟趙光義和一些擅長蹴鞠的大臣一起玩耍。元錢選摹秘府所藏《宋太祖蹴鞠圖》就生動地描繪了這一場景。占斷，全部占有。

〔一六〕滿庭芳：本詞，《事林廣記・戊集》與之稍有不同，『無非』作『莫非』；『年少悠

游』作『年少堪收』；『恣意来往追遊』作『恣意樂追遊』；『堪使處』作『堪觀処』；覩，《事林廣記》無此字。『掛銀鈎』作『拂銀鈎』；『幾回運動』作『幾回沉醉』；『低蹴』作『低築』；『最親近』作『雖不遇』；『占斷最風流』作『占斷是風流』。

〔一七〕侵雲漢，月滿當秋：指踢到高處，如皓月當空。

〔一八〕覩：『睹』的異體字，看見。

〔一九〕肩尖：用肩頂。

【譯文】

齊雲圓社末場

四海之内的踢球人，都在球場上踢球；行家裏手都喜愛蹴鞠，踢球人是最爲時尚潮流之人。況且還有青春年少之人和同輩名師與他們一同在花街柳巷和京城郊外踢球游玩。踢球子弟要想學成，憑的是眼色活泛態度認真而踢球有準頭；校尉帶挾子弟，則衹需識得各種踢法并在場上口述要領就可以無憂。右肩搭球好似烏龍擺尾，左脚腕躡球好似丹鳳摇頭。用下肢停球講究越低越好，傳球到人講究收放自如。發力時留有餘力，用柔勁來掌控氣球。在衆多娱樂活動中，蹴鞠號稱一絶；在蹴鞠比賽時，往往踢三籌來分出勝負。穿着絲綢製成的鞋、羅錦製成的褲、短款的襖、輕盈的裘。踢球

時衣襟上沾滿了汗水，襪子上沾染了浮塵。此情此景使背劍的仙人偷偷側目觀看，吸引拋梭的玉女凝眸注視。踢球人使一套粉鉗兒前後挪動，身軀仍保持直身正立；又使一套金剪刀來往移步，每次抬脚都高過頭頂。如今是奢華之風統治人世間，富貴人家無不整夜鼓吹歡唱；不要空對吴越之地的美女和繁華盛境而不知風花雪月春秋。在四聖觀柳邊行樂，在三天竺松下遨游。踢球實在是令人賞心悦目的樂事，其高雅之處更是一并包含了良辰、美景、賞心、樂事這四件美事。一同踢球的至交好友都是身份高貴之人。心要往悠閑的地方放，人要往卓越之人群去結交，如果還想尋找一同踢球的人，這些事都可以去問茶頭。

《鷓鴣天》詞：巧匠把氣球縫製得很圓并且縫上了特別的花紋，踢球能使人身體輕捷、體魄健壯，實在是值得夸贊。踢球還能使富家子弟精神舒爽愉悦，可以很好地引導他們踐行禮義。總之，踢球是一項非常適合富貴之人參加，并且能展現他們奢華之氣的運動，踢球之人的一團和氣可以使他們走遍天涯海角。宋朝的皇帝們昔日都曾學習踢球，踢球可以説是百戲中的第一。

《滿庭芳》詞：把十二片香皮，裁製成圓球，無非是年少之人帶着球到處游玩，在緑楊深處，恣意來往追逐游戲。這球時而低拂花梢，時而高侵雲漢後慢慢落下，猶如中秋時節的一輪滿月。待球落下之時，看他用頭接球然後接一個十字拐的動作，再揮舞袖子接一個倒掛銀鈎。還有肩的動作和拐搭的動作，總令踢球的貴公子樂而忘憂。他們無數次地在高樓旁邊踢球運動。最接近文章可使人高貴的就是蹴鞠，踢球人曾分成左右兩軍在王侯面前踢球。但您知道嗎？踢球是休閑項目之中的第一

名，却絶無争議，它是所有娱樂行當中最時尚潮流的一行。

蹴踘文〔一〕

集閑技藝〔二〕，那件風流？休誇浮浪會多般，争似吾儕能蹴踘〔三〕？花肩入鬢，有如圓月當空；繡帶鎖腰，何異虛星〔四〕墜地。大賺厮〔五〕打得十三間，小踢數能呈千萬鮮。有時乘興過花梢，驚動流鶯飛緑柳。紫陌上共王孫遊戲，鞦韆下對公子盤旋。蒼頭圍路，仕女争先；垂肩嚲袖逞妖嬈，實躡虛迎曾打脚，累經宣至玉階前，曾與王侯同遊戲〔六〕。

又：

香皮十二，方形地而圓象天；勢若停均，高冲上而低降下；香胞一套，子母合氣歸其中〔七〕；巧樣五般，乃于自家檻内樂意〔八〕。杏花深處，或王孫公子，或多少年狂客，尋一段清幽閑地，各侍立於四圍，而作大小盤場；不拗挽而大

塌轉山，拐搭背劍鎖腰間〔九〕；偷閑低蹴，有如喜鵲踏枝；垂勢翻身，宛若流鶯展翅回旋〔一〇〕；戀蹴大膁廝打小膁辭，左右垂肩，短繡帶、長繡帶、三峰尖，逞些些兒出衆踈狂〔一一〕；十字街頭，下巳踢驚人的鮮數——孤高力健迸冲天，朝元〔一二〕稍拐勢輕折，虛躡而實躡。其黄金臺畔，也曾喜動龍顔；白玉階前，累次得聞鳳詔〔一三〕。緑楊高築，使風流才子樂意追遊；花樹争拋，令歡笑佳人有時偷覷〔一四〕。

詩曰：

鞦韆臺畔畫楼西，一築還高一築低。

高侵雲漢垂肩久，低拂花梢下脚遲。

【注釋】

〔一〕蹴鞠文：關於蹴鞠的文化。

〔二〕集閑句：集，集合，全部。閑技藝，休閑技藝、游戲。

〔三〕休誇句：浮浪，輕浮放蕩。吾儕，我輩，我們。

〔四〕虚星：星座名，又稱『星虚』。北方玄武七宿之第四宿，有星兩顆。

〔五〕大膁厮：蹴鞠踢法中的一種。

〔六〕蒼頭圍路句：蒼頭，指奴僕。仕女争先，古代，蹴鞠、鞦韆是同時進行的娱樂活動，尤其是清明時節，女子多參加鞦韆活動，男子則參加蹴鞠活動。唐時，女子開始參與蹴鞠活動，而且具有較高的踢球技藝。唐人康駢《劇談録·潘將軍失珠》：『他日，曾過勝業坊北街。時春雨初霽，有三鬟女子，可年十七八，衣裝藍縷，穿木屐，立於道側槐樹下。值軍中少年蹴鞠，接而送之，直高數丈。於是觀者漸衆。』到了元代，青樓妓女更是以踢球技藝作爲樂客的手段，薩都剌《妓女蹴踘》寫道：『紅香臉襯霞，玉潤釵横燕。月彎眉斂翠，雲亸鬢堆蟬。絶色嬋娟，畢罷了歌舞花前宴，習學成齊雲天下圓。受用盡緑窗前飯飽茶餘，揀擇下粉墻内花陰日轉。』妖嬈，本指女子嫵媚艷麗動人，此處形容踢球者的美姿。

〔七〕香皮句：香皮，對製球的皮革的美稱。方形地而圓象天，未經縫合前皮革是方形的，十二片皮革縫合成圓球，『方形地而圓象天』既指氣球也藴含着『天圓地方』這一中國傳統哲學觀念。停均，勻稱。香胞，球囊（指氣球）。子母，指球囊一套爲一大一小，外爲皮革製成的球殼，内爲動物尿胞製成的氣囊。

〔八〕巧樣句：五般，五種。自家檻内，自己家中。

〔九〕杏花深處句：不拗挽而大塲轉山，『而』後似脱一『作』字。轉山，當爲『轉山字』，是

在雙肩之間經腦後往來滾動球的花樣動作，屬於上截解數。背劍，指背劍拐。鎖腰，指鎖腰拐。

〔一〇〕偷閑低蹴句：喜鵲踏枝、流鶯展翅，踢球踢出的有趣花樣技法。明人李詡《戒庵老人漫筆》云：『齊雲八弄：鞦韆塔、逆流水、勒馬膝、側肩紮、鵲踏枝、蹬鎖腰、雙肩背拐、黃鶯落架。』

〔一一〕戀蹴句：出衆，不同一般；超出衆人。踈狂，豪放，此處形容球技嫻熟，表演驚人。

〔一二〕朝元：本書『撞案十一塲』條中有『朝元』，『朝元』爲用頭頂球的動作名稱。

〔一三〕其黄金臺畔句：龍顔，指帝王。鳳詔，詔書，晋代陸翽《鄴中記》：『石季龍與皇后在觀上，爲詔，書五色紙，著鳳口中，鳳既銜詔，侍人放數百丈緋繩，轆轤迴轉，鳳皇飛下，謂之鳳詔。鳳凰以木作之，五色漆畫，脚皆用金。』

〔一四〕緑楊句：緑楊高築，指楊柳叢中的美麗園林。花樹争抛，對着花樹争抛。花樹，花叢中的彩樓。偷覷，偷看。

【譯文】

蹴踘文

在所有休閑技藝、游戲之中，哪一件是最時尚潮流的？不要夸贊浮浪子弟會多少種休閑技藝，哪裏比得上我們這些人能踢球？使花肩、入鬢等動作，蹴球高起如圓月當空，使綉帶、鎖腰，圓球繞身與

流星墜地無異。大賺厮能踢十三間，小踢能踢千萬種解數。有時踢低球拂過花梢，驚動流鶯飛向緑柳。在京城郊外的路上，同王孫一起游戲；在鞦韆架下，與公子一同玩耍。跟隨的奴僕成群圍阻道路，妙齡的仕女爭相圍觀。垂下肩膀和衣袖，在球場上馳騁英姿，用脚做出實躡虛迎等各種漂亮動作。多次被皇帝宣召到宮殿前，多次與王侯一同游戲娱樂。

又有一篇文章：香皮總共十二片，方形的香皮象征地，而縫合香皮而成的圓球則象征天；氣球的狀態好像混沌之氣剛剛穩定下來，清氣高冲上天，濁氣下降到地；氣球之内，是一大一小兩個嵌套的球囊，氣體充滿其中；製作精巧又時興的鞠有五種，乃是在自己家門之内用來開心樂意的。在杏花深處，或者是王孫公子，或者少年狂客，尋找一處清幽僻静之地，各自站立在四邊，圍成大小適宜的場地：背不拗腰不曲大踢一對轉山字，施展一套拐——背劍拐、鎖腰拐踢球繞腰間；偷閑低蹴，有如喜鵲踏枝；順勢翻身，宛若流鶯展翅回旋；喜歡踢大賺厮，喜歡打小賺辭，左右垂肩，踢短綉帶、長綉帶、三峰尖，施展些特别超群出衆狂放不羈的動作；在十字街頭，下脚踢一些驚人的解數——球被踢得又高又有力道直冲上天，頭頂朝元足踢稍拐球繞身盤旋，使虛躡接實躡將球停一邊。在黄金臺邊，球員的球技曾經令龍顔大悦；在白玉階前，球員多次接到皇后的詔命。在緑楊叢中高高築球，使風流才子熱愛踢球追游；在花榭之處爭相抛球，踢球人令歡笑佳人時時偷看。

有詩説：在鞦韆臺旁和畫樓之西，球員們在一脚高一脚低地築球。氣球踢得高入雲霄時，球員久久保持垂肩動作；氣球踢得低拂花梢時，球員出脚就會故意遲慢。

雜踢作〔一〕

左右膁，左右分膁，左右魊膁，左右攝拍膁。左右分膝，左右完膝，左右空膝，左右擺膝，左右嗑膝，左右呀鼓膝，左右攝膝，左右𨀁〔二〕膝，左右走馬膝，左右滕〔三〕膝，左右錯認膝。左右拐，左右逼拐，左右捽拐，左右聽拐，左右掣拐，左右不揪拐，左右鎖腰拐，左右畫眉拐，左右背劍拐，左右錯認拐，左右脇肋拐，左右稍拐，左右出髩拐，左右鴛鴦拐。左右两搭，左右弹搭，左右剪搭，左右攝搭，左右入步搭。左右八字，左右拗八字，左右板簍。左右蹬，左右斜蹬，左右碾蹬，左右班蹬，左右虛蹬，左右流星蹬。左右两抄，左右听抄，左右走馬抄，左右放過抄。左右两躡，左右側躡，左右虛躡，左右實躡，左右瞞躡，左右臥魚躡，左右張躡，左右拍板躡，左右引脚躡。左右□脚〔四〕蹬，左右肩，左右足斡，左右碾足斡，左右弹足斡，左右麥穗足斡，處足斡，步步隨足斡。足斡鎖腰，足斡左

拐，足斡呀皷膝，足斡不揪拐，足斡僥蹬，足斡側拐，足斡畫眉搭，足斡披肩，足斡畫眉拐，足斡畫眉抄，足斡披肩蹬，足斡披肩抄，足斡披肩蹑，足斡披肩拐，足斡披肩膝，足斡圓光膝。左右圓光抄，左右圓光蹑，足斡圓光足斡，足斡圓光蹬，足斡圓光搭，足斡肩足斡，足斡圓光拐，拐圓光，膝圓光，左右背抄，膝畫肩，䏶拍腰掤，拐畫肩。

【注釋】

〔一〕雜踢作：《蹴踘圖譜》作『踢搭名色』。《蹴踘圖譜》分爲十一類：臁、膝、拐、搭、八字、扳摟、蹬、抄、捻、肩、足幹。《蹴踘圖譜》共八十七個動作，比上段文字少六個動作，而具體名稱則相差較大，如『臁』，《蹴踘圖譜》中是六個動作：『内外臁、左右兩臁、入步臁、左右分臁、左右完臁、左右空臁。』祇有一個動作名稱與本書相同。

〔二〕跐：同『跳』。

〔三〕滕：當爲『騰』字之誤。

〔四〕□脚：『脚』前所脱字似爲『分』。

【譯文】

雜踢動作

包括（下按動作部位略作分類）：

左右膁，左右分膁，左右�膁，左右撮拍膁。

左右分膝，左右完膝，左右空膝，左右擺膝，左右嗑膝，左右呀鼓膝，左右撮膝，左右跕膝，左右走馬膝，左右滕膝，左右錯認膝。

左右拐，左右逼拐，左右捽拐，左右聽拐，左右掣拐，左右不揪拐，左右鎖腰拐，左右畫眉拐，左右背劍拐，左右錯認拐，左右脅肋拐，左右稍拐，左右出鬢拐，左右鴛鴦拐。

左右兩搭，左右彈搭，左右剪搭，左右撮搭，左右入步搭。

左右八字，左右拗八字。

左右板簍。

左右蹬，左右斜蹬，左右碾蹬，左右班蹬，左右虛蹬，左右流星蹬。

左右兩抄，左右聽抄，左右走馬抄，左右放過抄。

左右兩躡，左右側躡，左右虛躡，左右實躡，左右瞞躡，左右卧魚躡，左右張躡，左右拍板躡，左右

引脚躡。

左右□脚蹬。左右肩。

左右足斡，左右碾足斡，左右彈足斡，左右麥穗足斡，處足斡，步步隨足斡。足斡鎖腰，足斡左拐，足斡呀鼓膝，足斡不揪拐，足斡僥蹬，足斡側拐，足斡畫眉搭，足斡披肩，足斡畫眉拐，足斡畫眉抄，足斡披肩蹬，足斡披肩抄，足斡披肩躡，足斡披肩拐，足斡披肩膝，足斡圓光膝。

左右圓光抄，左右圓光躡。

足斡圓光足斡，足斡圓光蹬，足斡圓光搭，足斡肩足斡，足斡圓光拐。

拐圓光，膝圓光。

左右背抄，膝畫肩，胸拍腰掤，拐畫肩。

十三場〔一〕

轉花枝〔二〕多不踢，火下名內，花心名二三，勘脚，打二，躡二，官場，掩筭〔三〕，挑踢，高而不遠，小出尖名劍尖，大出尖白打。

《沽美酒》：〔四〕

臥膁兒龍探水，分膁兒虎尋食，上下撇云雲短，當即不動脚二踢。十三間。田味〔五〕，桶子膁情消雀唳〔六〕，攝撥膁老枝圓悲，脚落時東風迎㭊〔七〕，一聲向〔八〕春波魚戲，進退立不遲不疾，真一味心眼志力。

【注釋】

〔一〕十三場：包括了當時各種踢法，是全面考察球員的方式。下文『須知』中有『有十三場氣毬，有場户，有白打，有官場，有比賽』，踢踢要有名，皆為所呼』。

〔二〕轉花枝：即『三人場户』。此後脱文，據後文，應爲『二人場户』，名稱不詳。

〔三〕掩筭：掩，底本爲『拾』，據後文改。筭，古同『算』。

〔四〕沽美酒：曲牌名，屬北曲雙調，字數定格據《九宫大成譜》，正格是五、五、七、四、六（五句），一般用在雙調《太平令》曲牌之前。兩曲連用，或作爲小令，或用在雙調套曲内。本曲中含有古時踢球的多種技法。許多詞語在關漢卿的散曲中經常出現，如其專寫女子蹴鞠運動的散曲套數《越調・鬥鵪鶉・女校尉》『紫花兒』中『打的個桶子膁特順』。

〔五〕田味：似指球踢得老練、地道。

〔六〕桶子膁句：桶子膁，小腿平端的一種踢法。消隺唳，指不用驚擾。隺，古同『鶴』。

〔七〕㓶：或作『厲』，大風，動作乾净利落。

〔八〕一聲向句：向，通『響』；一聲響，蹴鞠動作名稱，見本書『諸踢法』條。

【譯文】

十三場

包括：轉花枝（今多不踢），火下（名内），花心（名二三），勘脚，打二，蹑二，官場，掩筭，挑踢，高而不遠，小出尖（也叫『劍尖』），大出尖（白打）。

《沽美酒》詞：使個卧膁兒如蛟龍探水，使個分膁兒似猛虎尋食，使個上下撇的招式叫雲短，此時身形不動用脚兩踢。這都是十三間的踢法。球踢得真地道：使個桶子膁心氣平和無驚擾，使個攝撥膁仿佛老枝圓轉藴悲情，脚落處猶如東風迎㓶，使一聲響恰似魚戲春波，前進、後退與站立都不快不慢恰到好處，真顯出踢球人的識見與志力！

三人場户

㊀過 子 茶

【譯文】

三人場户

過 子 茶

與前述踢法相同。

二人場户

(人)

(人)

同前。

【譯文】

二人場户

(人)

(人)

與前述踢法相同。

火下〔一〕

它 孤

咱 左

相對為火字，兩踢對面相面對相要認踢〔二〕，一踢在左右〔三〕，以與在〔四〕，到泛在左邊，挐兩踢與他大家，他相對要補他〔五〕咱大家。

【注釋】

〔一〕火下：指四人場户，一人是咱，一人是它，一人是左，一人是孤。

〔二〕相對句：火字，當爲『火家』之誤。火家，此處爲夥伴、同伴之意。後文兩處提到『大家』，也當是『火家』之誤。對面相，『面對相』中的『相』均通『廂』，指對面那邊。

〔三〕左右：此處『左』當指圖示中球員角色『左』。

〔四〕以與在：『在』當爲『左』字之誤，亦指球員『左』。下句『到泛在左邊』，指球員『左』將球踢給他左側的球員『咱』。

〔五〕他：此『他』字疑爲衍字。

【譯文】

火下

㊀它 ㊀孤

㊀咱 ㊀左

四人兩兩對面站立是『火家』，兩踢踢給對面，對面的『火家』需要認踢。一踢踢到『左』的右面，將球踢給『左』。再過泛傳球給左邊『咱』，『咱』兩踢踢給他對面的火家『孤』『它』可以爲『孤』來補位。

勘脚〔一〕

㊀人〔二〕

㊀人

二人不使雜踢上膁。

【注釋】

〔一〕標題原闕，據文意補。

〔二〕人、人：表示二人對踢，圖示爲上場隊員的站位。

【譯文】

勘脚

(人)

(人)

兩人對踢不能使用雜踢把球過渡到小腿上。

花心〔一〕

㊃	㊄	㊇
㊅	㊀	㊆
㊂	㊁	㊈

邊相人皆踢為心〔二〕，心與〔三〕兩踢，邊相只一踢。如少一箇氣毬，同補一踢。

【注釋】

〔一〕花心：是九人場户，一人在中間，八人在四周。

〔二〕邊相句：心，指九人場户的中間人，即花心。相，同『廂』。踢為心，為，當是『與』字之誤。

〔三〕與：當是『為』字之誤。

【譯文】

花心

㊇㊆㊈

㊄㊀㊁

㊃㊅㊂

邊上的人都把球踢給中間的花心，花心踢兩下，邊上的人衹踢一下。如果少一個氣毬，所有人都補踢同一個氣球。

打二〔一〕

(人)(人)

二人不可一踢，各用二踢。

【注釋】

〔一〕打二：即二人場户，兩人對踢，每人兩踢。踢球時，各用兩脚，必須有捻（停球動作），其餘可雜踢叫『二捻』。一人單使脚，即一人用脚挑起，另一人可以用任何部位踢叫『挑踢』，一人使雜踢叫『厮弄』，專用脚踢叫『白打』，用各種花樣和動作踢叫『雜踢』。兩人場户中還可以同時用兩個球來踢叫『日月過宫』，則屬於高難度動作。

【譯文】

打二

㊅㊅

打二的時候兩人不能踢一下，各自都要踢兩下。

躡二〔一〕

二人一躡二踢。

【注釋】

〔一〕躡二：二人場户。圖示爲上場球員的站位。

【譯文】

躡二

躡二的踢法需要兩個人躡一下、踢兩下。

官場〔一〕

④　①

③　②

背用高論，以拐搭肩躡雜下，依次順行，不可拗背騎頭要在〔二〕。

【注釋】

〔一〕官場：此處是指蹴四人場户。

〔二〕要在：爲『壓左』之誤，意爲向左（上首）傳球。

【譯文】

官場

④　①

③　②

用背接高球，要用拐、搭、肩、躡等動作把球從背傳到脚下，要按照上述動作順序來做，不能拗背，不能將球從背後越過頭頂，不能向上首傳球。

掩筭〔一〕

子弟　過泛　茶頭

順行背使掩撇瞞打短，忌禁踢白字〔二〕，三人踢掩。

【注釋】

〔一〕掩筭：即三人場户的轉花枝，但踢的是隱蔽球。掩，遮蓋，此處指掩蔽性的踢球動作。

〔二〕白字：指踢的是没有來頭的動作。

【譯文】

掩筭

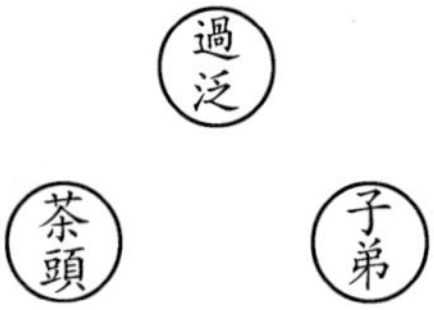

掩筭的踢法是按順時針方向傳球，背對人使用隱蔽有欺騙性的動作，可以踢低而急的球，但不能踢没有來頭的動作，三人都是如此。

挑踢〔一〕

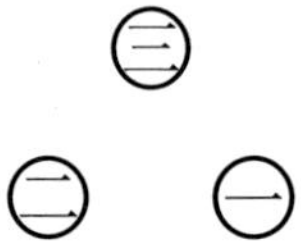

盡是挑起兩踢，圓光、畫肩、披肩，皆是僥踢。

詩曰：

小挑五尺未為妙，白打三間纔是奇。

縱有黃金千萬兩，有錢難買氣毬泥。

【注釋】

〔一〕挑踢：挑踢原是二人場户，此處是三人場户，圖中『一』『二』『三』是隊員所站的位置，即圓光、畫肩、披肩。

【譯文】

挑踢

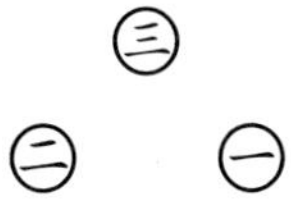

每人都是踢兩下球，第一下挑起，第二下踢出，可以用圓光、畫肩、拔肩等動作，都是很好的踢法。有詩說：挑踢挑到五尺不算精妙，在三間的範圍内白打纔是出奇。縱然有黃金千萬兩，再有錢也難以買到氣球上沾染的泥土。

高而不遠〔一〕

㊇〔二〕

㊇

高而不遠。

【注釋】

〔一〕標題原闕，據前文補。

〔二〕人、人：站位，表示『兩人對踢』。

【譯文】

高而不遠

㊆ ㊆

兩人對踢時，球要踢得高而不遠。

小出尖〔一〕

㊁ ㊀

㊄

㊃ ㊂

如官場同行。

【注釋】

〔一〕小出尖：五人場户，圖示爲隊員的站位圖。

【譯文】

小出尖

㊁ ㊀

㊄

㊃ ㊂

像官場的踢法一樣。

大出尖〔一〕

㊅ ㊀

㊥ ㊢

㊁ ㊄

如小踢同，亦可兩踢，亦不泛上〔二〕，如官場同帶鮮數〔三〕。

【注釋】

〔一〕大出尖：六人場户。

〔二〕亦不泛上：意思是『亦不能泛上』。

〔三〕鮮數：指成套的踢球技能、花樣或動作。

【譯文】

大出尖

㊅ ㊀

(出) (尖)

㊁ ㊄

跟小踢踢法相同，也可以兩踢傳球，也不能向上手傳球。可像官場踢法一樣，中間可踢解數。

撞案十一踢〔一〕

两膁，两膝，两拐，两搭，两肩，朝元。

【注釋】

〔一〕撞案十一踼：踼，底本爲『塲』，據文意改。撞案十一踼是對球員膁、膝、拐、搭、肩、頭等基本技能的考核。

【譯文】

撞案要考核的十一踼

左膁、右膁，左膝、右膝，左拐、右拐，左搭、右搭，左肩、右肩，頭（頂球）。

撞案社規〔一〕

既為閑客，必占校尉之名。自古齊雲，占斷風流第一。同衆圓友，須義氣以為先。既吹三錦之家風，必播四方之聲譽〔二〕。若遇明師撞案，先供单子上都

部署教正社司，或脚頭，或鮮數，或十一踢；須要一一依单子上踢〔三〕，不可前為後，後為前，長〔四〕錯多少。許三次撞案，失脱下山〔五〕不賽。

今月　日社司稟白

《西江月》：〔六〕

請知諸郡子弟，盡是湖海高朋。今年神首〔七〕賽齊雲，別是一般風韻。來時向前參聖，然後疏上揮名。香金留下做花人，必定氣毬取勝。

【注釋】

〔一〕撞案社規：在香案前接受考核的規矩。

〔二〕既吹三錦句：三錦，翁士勛先生認爲，蹴鞠時左、右軍各穿紅、緑錦襖，賞賜中有錦緞，故蹴鞠亦稱『三錦』。播，傳布，傳揚。

〔三〕先供单子句：都部署，圓社組織的總負責人。教正、社司，總負責人的協助理事。

〔四〕長：當爲『差』字之誤。

〔五〕失脱下山：指遺漏單子上列明的動作及球失控落地，致使比賽不過關，不能獲取『名旗』（證書），自行下山離去。

〔六〕西江月：這首詞類似於比賽通知。

〔七〕神首：指本書『山岳正賽』條所列賽社迎神立案，神首當指『諸廟神祇』『本家香火』『目下社人』『案前祖師』等靈位前。

【譯文】

在香案前接受考核的規矩

既然當閑客，一定要有校尉的名號，踢球自古就是各項游戲中最時尚潮流的一行。與衆球友相交，必須要以義氣爲先。要傳揚踢球這一行的規矩家風，必須使其名揚四海。如果遇到明師撞案，要讓他先供上要展示的踢球技巧的單子；把單子交給都部署、教正、社司。無論是脚頭還是解數或者是十一踢，需要一一按照單子上寫的順序來踢，不允許前邊動作挪後邊，後邊動作挪前邊，失誤多少。允許撞案三次，如果三次都失誤遺漏動作及踢脱皮球，就可下山不再參加後邊的比賽。

今月某日社司某某敬禀《西江月》詞一首：

請諸郡踢球子弟知曉，各位都是江湖上知名的高手，今年將在某某神祇靈位前舉辦球賽，一定别有一番風韵。賽前先參拜祖師清源妙道真君，敬神疏上寫好姓名，參賽者把香金交給主持人，定可踢球取勝。

毬門格範（二）

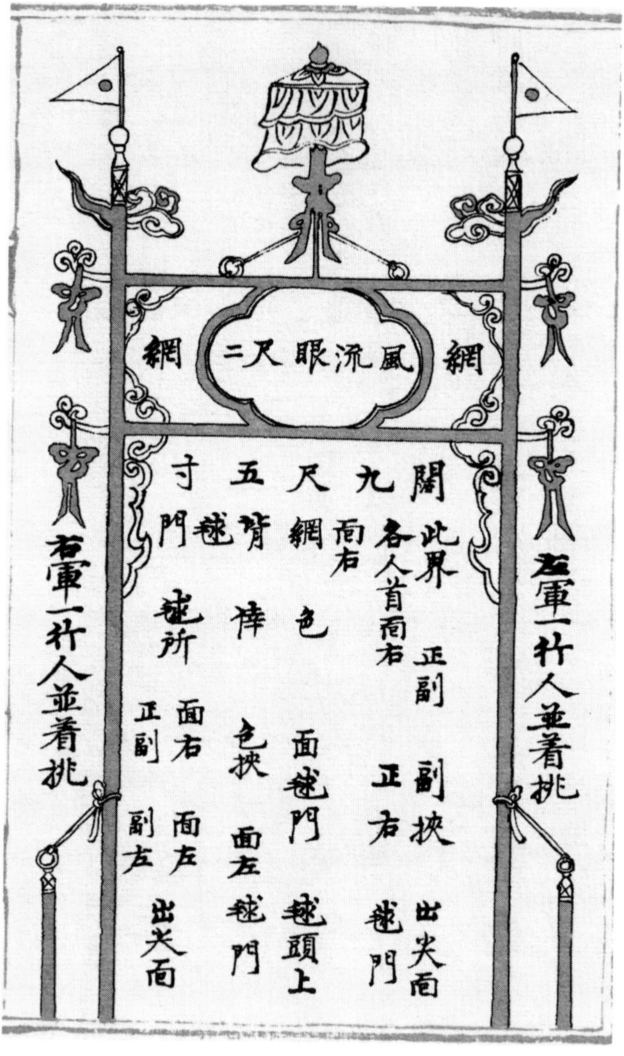
網
風流眼二尺
網
闊九尺五寸
此界
正副
副挟
出尖面
各人首面右
正右
毬門
面右
網色
面毬門
毬頭上
背俸
色挟
面左毬門
毬門
毬所
面右
面左
出尖面
正副
副左
左軍一竹人並着挑
右軍一竹人並着挑

【注釋】

〔一〕據文意應作『左軍一行人並着緋，右軍一行人並着緑』。

白打

大論十三間，打入圍院裏。下場要分明，踢住方為喜。

打論〔一〕不入圍，下場多拗背。總然踢的牢，两箇都不是。

詩曰：

一脚膁時天下圓，高而不遠直朝天。

石崇〔二〕富貴真難比，曾遇宣呼到御前。

【注釋】

〔一〕打論：踢球。論，即球。

〔二〕石崇（二四九—三〇〇）：西晉時期文學家、官員、富豪。因生於青州，所以小名齊奴。

因是開國元勛之子，後爲官。據説石崇聰明有才氣，但任俠而行爲不檢點。任荆州刺史時竟搶劫遠行商客，取得巨額財物，以此致富。其財産山海之大不可比擬，宏麗室宇彼此相連，後房的幾百個姬妾，都穿着刺綉精美無雙的錦緞，身上裝飾着璀璨奪目的珍珠美玉寶石。凡天下美妙的絲竹音樂都進了他的耳朵，凡水陸上的珍禽異獸都進了他的厨房。他因與王愷争富，修築了金谷别墅，即稱『金谷園』。石崇因山形水勢，築園建館，挖湖開塘，園内清溪縈迴，水聲潺潺。周圍幾十里内，樓榭亭閣，高下錯落，金谷水縈繞穿流其間，鳥鳴幽村，魚躍荷塘。石崇用絹綢、茶葉、銅鐵器等派人去南洋群島换回珍珠、瑪瑙、琥珀、犀角、象牙等貴重物品，把園内的屋宇裝飾得金碧輝煌，宛如宫殿。金谷園的景色一直被人們傳誦。每當陽春三月，風和日暖的時候，桃花灼灼，柳絲裊裊，樓閣亭樹交輝掩映，蝴蝶翩躍飛舞於花間；小鳥啁啾，對語枝頭。所以人們把『金谷春晴』譽爲『洛陽八大景』之一。

【譯文】

大踢如踢十三間時，要把球踢到圍院裏；下場接球的人要弄清楚接球的規則，能把球接住纔令人開心。

如果踢球踢不到圍院内，以及接球時有拗背的動作，就算把球踢得再牢，這踢球和接球的兩個動作也都不到位。

有詩説：抬腿用膁來踢一脚球，這個球直飛入雲高而不遠。踢球的快樂是像擁有石崇那樣多的

富貴都難以比擬的，踢球人曾經受詔到皇帝面前踢球。

官場十一踢〔一〕

兩拐下作

畫眉拐，迎頭拐，放過拐，披肩拐，鎖腰拐，背劍拐變，變疊二拐，變三竿拐，入髻拐，鴛鴦拐，急料拐，十字拐，膁拐，稍拐，不揪拐，聽拐，荒搶拐〔二〕，錯認〔三〕。

兩搭下作

袴口搭，招搭，鞦韆搭，披變肩搭，屏風變搭，急料變搭，直搭，過面搭，放過搭，拗面搭，畫搭，兩相宜，或膝肩，錯認搭，一字搭。

两膝下作

僥膝，鞦韆膝，呀皷膝，披肩膝。

两肩

山字有〔四〕，疊肩，三點金，復還京。

足斡

披肩足斡，足斡金鈎掛，足斡畫眉，圓光足斡。

寶椿

足斡寶椿，搭椿，蹬椿，膝椿。

蹬

足斡蹬，膝蹬，步步隨，鶯穿柳。

詩曰：
蹴踘妙者實難圖，千百人中一二無。
要拜名師得傳授，學成須下死工夫。

【注釋】

〔一〕官場十一踢：十一，底本爲『下』，當是形近致誤。官場十一踢，意爲『官場規定的十一種踢法』。

〔二〕下列條目中『两拐』指左拐、右拐，『两搭』『两膝』『两肩』與此相同。

〔二〕揣搶拐：揣，疑爲『慌』字之誤。

〔三〕錯認：後似脱一『拐』字，當是『錯認拐』。

〔四〕有：當爲『肩』字之誤。

【譯文】

官場必踢的十一種動作

左、右兩拐必踢的動作

畫眉拐，迎頭拐，放過拐，披肩拐，鎖腰拐，背劍拐變，變疊二拐，變三竿拐，入鬢拐，鴛鴦拐，急料

拐，十字拐，膁拐，稍拐，不揪拐，聽拐，揺搶拐，錯認拐。

左、右兩搭必踢的動作

袴口搭，招搭，鞦韆搭，披變肩搭，屏風變搭，急料變搭，直搭，過面搭，放過搭，拗面搭，畫搭，兩相宜，或朦肩，錯認搭，一字搭。

左、右兩膝必踢的動作

僥膝，鞦韆膝，呀鼓膝，披肩膝。

左、右兩肩必踢的動作

山字肩，疊肩，三點金，復還京。

足斡必踢的動作

披肩足斡，足斡金鈎掛，足斡畫眉，圓光足斡。

寶椿必踢的動作

足斡寶椿，搭椿，蹬椿，膝椿。

蹬必踢的動作

足斡蹬，膝蹬，步步隨，鶯穿柳。

有詩說：蹴鞠的精妙之處實在是令人難以獲得，在千百人中連一兩個人也很難找到。要想學到蹴鞠的精妙就必須拜名師請他傳授，要想學成的話就必須下苦功夫。

山岳正賽〔一〕

凡賽社迎神立案，必揀寬所，要有踢處，可不艮塲白打〔二〕。或寺觀廟宇宅院，須請本處手高有德江湖前輩商議，會中不可自專〔三〕。先備香爐花瓶紙馬三牲，請師燒紙，必請諸廟神祇、本家香火、目下社人、案前祖師、前亡後化〔四〕。

【注釋】

〔一〕山岳正賽：廟會上，圓社成員的定級大賽。圓社每年都會組織山岳比賽，考核蹴鞠藝人的等級。比賽時，由都部署、教正、社司組織評審團，對參加比賽的藝人進行評判，技藝高强者被授予『校尉』稱號，『得名旗下山』。

〔二〕凡賽社句：賽社迎神，舊時民間習俗。一年農事完畢後，逢田神誕日，群衆敲鑼打鼓，陳酒食以祭田神，相與飲酒作樂，并周游街巷，謂之迎神賽社。衹要是齊雲社準備香案，迎請清源妙道真君，必須選擇寬闊的場地，要有能踢球的地方。艮，或爲『限』字之誤。

〔三〕或寺觀句：手高有德，『手』當爲『年』字之誤。自專，自作主張，獨斷專行。

〔四〕先俻香爐句：紙馬，祭祀時用紙糊的黑白或彩色神像，祭畢焚化。神祇，泛指神靈。『神』指天神；『祇』指地神。

【譯文】

凡是舉辦山岳正賽設立迎神的香案時，一定要選擇寬敞的場所；要留有踢球的地方，可以進行不限場地的白打。或在寺觀，或在廟宇，或在宅院，需要邀請當地年高有德行的江湖前輩來商議決定，會社中人不能自作主張。要先準備好香爐、花瓶、紙馬、三牲等祭祀用品，請老師父燒紙，一定要

迎請各個廟宇裏供奉的神祇、齊雲社自家的神祇、祖師爺和已亡故的球社老前輩的神位。

案前模樣〔一〕

祖師清源妙道真君（部署住〔二〕）

仙師陸陽真人、合和童子〔三〕、招好郎君（疏案〔四〕）

齊雲會上前亡後化先生

【注釋】

〔一〕案前模樣：香案布置式樣。

〔二〕部署住：意思是説（祖師清源妙道真君）由部署奉神位。

〔三〕合和童子：圖案爲兩位小童在一塊，『荷』諧音『合』。

〔四〕疏案：意思是説具疏立神像。

【譯文】

香案布置式樣

祖師清源妙道真君（由部署奉神位）

仙師陸陽真人、合和童子、招好郎君（具疏立神像）

齊雲社中已經亡故的球社前輩

社中合用〔一〕

綵〔二〕白紅絹緑絹，或綾羅之數，結網職事旗，引腰旗，插帶紅纓，銅鈴，大小竹子二把，鋪陳鋪蓋，果盒臺盞、香爐紙燭。

【注釋】

〔一〕社中合用：球社中公用的物品。

〔二〕綵：「彩」的異體字，有彩色花紋的絲織物。

【譯文】

球社中公用的物品

球社中公用的物品有各式顏色的絲綢布料、結綢職事旗，引腰旗，插帶紅纓，銅鈴，大小竹子二把，鋪陳鋪蓋、果盒臺盞、香爐紙燭等。

江湖校尉到案〔一〕

凡諸郡先生到來，不與衆圓友見禮，先到聖前拈香拜畢，方見小節級，引見知賔之所，相待茶飯之後，社司部署問其姓名、仙鄉何處、師者何人、學識幾年〔二〕。學無前後，達者為先，十分全會者，仁義禮先行〔三〕。教正寫下名字，到來日約定撞案〔四〕，或拈香便撞案。收氣毬掛於案前。叅見會首，必用人事〔五〕。

至日就案宿歇，每日在案中帶挾子弟求待比賽，寃對打白〔六〕。初起頭用脚尖挑起，為僥人挾作過毬門，用膝一築過毬門〔七〕；如不過，撞在網上攧下来，着網人踢住，為僥色，僥色挾住，乃依傾在毬門所築去。左右軍同〔八〕。或賽三籌五籌，先拈卷子分先後，築去過数目多者赢〔九〕。正副七人，自後〔一〇〕那一邊，後毬門裡過来看何處落踢住為挾副，挾副踢與正副，正副踢與僥色，挾住，過毬頭右手立，傾氣毬在毬頭膝上築去。如挾副住踢，與正副，踢與僥色，僥色前挾住，與論首〔一一〕築住。僥色踢住，依前挑與論首築。

【注釋】

〔一〕江湖校尉到案：江湖校尉參賽須知。

〔二〕凡諸郡句：節級，本指宋時低級武職官員，此處指圓社中負責接待賓客的人員，凡參加比賽者，須經節級核定登記其身份與學藝的資歷等。知賔，與節級一樣，都是圓社中負責接待的人員。仙鄉，敬辭，用於詢問對方籍貫。

〔三〕學無前後句：全會者，指球技高强者。仁義禮，指踢球者的品德。

〔四〕撞案：球技考試。

〔五〕收氣毬句：會首，球社首領或賽會主持人。人事，指禮品。

〔六〕至日句：求待，等待。冤，當爲「覓」字之誤。打白，當爲「白打」。

〔七〕初起句：「頭」前似脱一「球」字。球頭，指一方的球隊隊長。僥人，即下文的「僥色」（《三錦・毬門社規》作「驍色」）。「僥」，當爲「蹺」字之誤，即蹺色，亦作蹺球、色挾、次球頭，是挾球并向球頭（隊長）供球的隊員。與文中的挾副、正副，均爲根據隊員在球場上的不同分工之稱呼。為，當是「與」字之誤。作，當爲「住」字之誤。後面句中「着網人踼住，為僥色」「踼住為挾副」的「為」均是「與」字之誤。

〔八〕如不過句：攧，跌，摔，掉。着網人，「着」當爲「看」字之誤，看網人。乃，當爲「仍」字之誤。依，當爲「前」字之誤。門，當爲「頭」字之誤。築，射門。左右軍，古代蹴鞠比賽時對陣的兩方，或稱分布於球門兩邊的球隊。周密《武林舊事》卷四載「左軍」「右軍」（亦稱「左朋」「右朋」）各十六人，隊員名目有球頭、蹺球、正挾、頭挾、左竿網、右竿網、散立等。《三錦・毬門社規》裏詳細記載了蹴鞠比賽的規則，關於左右軍築球：「左右軍同。或賽三籌，或賽五籌，先拈卷子分前後築過數多者贏。正副七人，直候那一邊。築過，從毬門裏過來，看落何處。踼住，却踼與挾副，挾副踼與正副，正副踼與驍色，驍色挾住，過毬頭來與球頭。如正副踼住，却踼與驍色，驍色挾住，去毬頭令築。與驍色踼住，便與毬頭築過。」

〔九〕或賽句：三籌五籌，三局五局。一籌，即一局。卷子，指拈鬮的鬮。贏，原爲「嬴」，誤。

〔一〇〕後：當爲『候』之誤。

〔一一〕論首：球頭。

【譯文】

江湖校尉參賽須知

凡是諸郡先生到來，不與衆圓友見禮，先到香案前上香祭拜，方可以與小節級見禮。由小節級把他引領到接待的住所，款待茶飯之後，圓社裏的社司和部署詢問他的姓名、籍貫、師承、學球經歷。學球没有先學與後學的區別，踢球技藝高超的爲先。在完全掌握踢球奥妙的人中，又以能够行仁義禮的爲先。教正寫下外郡到來圓友的名字，次日和他約定撞案的時間，或者是當天等他在香案前上完香之後就進行撞案。撞案成功之後，把氣球掛在香案前。參見會社首領，一定要送上禮物。從這一天起就在香案前住宿歇息，此後每天要帶領踢球子弟練習踢球，等待比賽。正式比賽的規則如下：開始的時候球頭用脚尖把球挑起傳給驍色，驍色挾住球，用膝一踢過球門。如果球没過，而是撞在球網上掉下來，站在網邊的球員就要把球踢住傳給驍色，驍色挾住球，再次用膝築球過球門，左右兩隊都是這樣。或者是賽三局，或者是賽五局，由雙方賽前協商，以踢過球門球數多者爲贏。每隊都是正、副球員共七人，各自站在規定的位置。球從對面穿過球門過來，本方球員要看好球往哪個地方下

落，把球踢住傳給挾副，挾副把球踢給正副，正副踢給驍色，驍色挾住球，把球經過球頭的右手傳到球頭的膝部，由球頭用膝部把球築向球門。如果是挾副接住了球，就把球踢給正副，正副把球踢給驍色，驍色上前把球挾住，把球傳給球頭，球頭用膝把球築住。如果驍色接住了球，也要像上述那樣把球傳給球頭，使球頭用膝築球（過球門）。

正賽天下子弟官〔一〕

左右軍各不許雜踢，踢住亦輸。不許入步使拐，退步使搭。如打三間膁厮圈子，合闊四三尺，四間四尺，已上至八間闊八尺〔二〕。如九尺九間，亦上八尺以上，不許堆增〔三〕。每間闊〔四〕小步。左軍右軍踢住，左軍圍遇左軍踢使輸一籌〔五〕；如使雜踢得活，亦輸一籌。止許拐搭踢住。右軍左軍踢〔六〕，左〔七〕右軍圍外，使拐搭那〔八〕左軍兩籌踢，使不輸，不行，使雜踢得活，亦無輸贏〔九〕。

【注釋】

〔一〕正賽天下子弟官：踢球子弟必須懂得的規定，即參賽子弟比賽須知。本段文字錯訛較多，兹録《事林廣記・戊集》『三錦』條相關内容於下，以資校讀。『白打社規：右班踢在左班圍内，左班踢脱輸一籌。雜踢得活，亦輸一籌。但只許拐搭踢住，若出圍下住，復入圍内打，對班贏兩籌。若對班踢住贏兩籌。若是對班踢脱輸三籌。』『白打場户：如打三間賺，絲圍子各闊三尺，四間闊四尺；以上至八間闊八尺，如九間至十三間，止得闊八尺，不許加增。每間闊四小步。兩班並要合千人親看下，頭踢喝籌。左班踢出班圍外，右班出圍便踢下住，贏右班一籌，踢脱兩無輸贏。一，左右班各不許使雜，踢住亦輸。不許入步拐，不許退步拐。』

〔二〕如打句：打三間賺，踢三間場子。厮，當爲『絲』字之誤。厮圈子，即絲圍子。四三尺，『四』當爲衍字。已上，『已』當爲『以』字之誤。

〔三〕如九尺句：九尺，二字似衍字。亦，當爲『以』字之誤。堆增，增加。

〔四〕闊：後似脱一『四』字。

〔五〕左軍右軍句：遇，當爲『外』字之誤。使，當爲『住』字之誤。

〔六〕踢：後似脱一『住』字。

〔七〕左：似衍出此字。

〔八〕那：當爲『挪』字之誤。

〔九〕贏：原爲『羸』，誤。

【譯文】

參賽子弟比賽須知

左右兩隊都不許使用雜踢，如果用了雜踢，即使把球踢住也算輸。不許入步用拐、退步用搭，如果是比賽用腿踢三間距離的球場，那麽球場寬度應是三尺；如果是踢四間距離的場子，寬度就是四尺；踢八間距離的場子，寬度就是八尺；如果是九尺寬度的場子就踢九間的球，除此之外，球場寬度在八尺以上就不能再按照這個規律繼續加增寬度了。每間的寬度是（四）小步。左軍開球，右軍把球接住成功踢回左軍半場，如果左軍在球場内（將球踢脱），就算左軍輸了一籌；如果左軍使用雜踢把球救回，也算左軍輸一籌。祇允許用拐和搭等動作把球踢住，纔算左軍此球不輸。右軍開球，左軍接球，如果左軍右軍使用拐、搭、挪的動作在圍場之外把球救回，左軍這兩籌球就不算輸。如果右軍也使用雜踢把球救活，那這一回合就算雙方不分勝負。

撞案社規〔一〕

一立案職事之意，係敬奉神明，不得易慢輕守。職事管案，不許抛離，至晚酌獻了畢，安神下宿，方許從便。如有私幹，即問同上職照應前行。遠則拘回職旗、花號；違逐點名號，則儀罰〔二〕。一職事為社官子弟，對案不許議祖、蹺色裸躰、穢言喧閙、醉酒賭博争競，是非直別直，不許僭令亂房，遠則繫鼓出去〔三〕。一社官子弟職事人，凡簿書點唤，不許以他事推托，不得逞狂壓衆，違者逐出来。社官子弟早叅請知客，引見主會，神前職事請禮畢，方許撞案。酌酒獻毬，須要不犯社規，方許上牌面收賽。〔四〕一如遇官員子弟撞案，先拈香就案對神前仔議觧數。閑客自踢十一踢，或逞脚百十箇，方許入一挟色。閑無師子弟，并私行敢習不賽。〔五〕

詩曰：

上肩供送至下肩，擡就輕輕使一膁。

三踢便能成一十，書為上簿得抽拈。

【注釋】

〔一〕撞案社規：開賽前職事人員的職責。

〔二〕遠則拘回句：遠，當指因個人事務遠行。職旗花號，指山岳大賽時授予的職事旗。達，後似脱一『則』字。儀，當爲『議』字之誤。

〔三〕職事句：躰，『體』的異體字。別，前似脱一『曲』字。僣，古同『僭』，僭，超越本分。

〔四〕社官子弟句：主會，主持人。牌面，告示。

〔五〕如遇句：挟色，球員角色名稱。閑，後似脱一『人』字。閑人，指没有拜師的子弟。遠，當爲『違』字之誤。繫，當爲『擊』字之誤。

【譯文】

開賽前職事人員的職責

設立神案供職人員的本意，是爲了敬奉神明，不許玩忽職守，管理神案的供職人員不許抛下神案離開，等到晚上酹酒祭獻完成，使神明安然就宿之後，方纔允許職事人員自由活動。如果有私事要

辦，就要請求一同供職的職事人員多加照應，纔能前去辦私事。如果遠行，就要收回職事旗；如違反社規，就除去名號并討論對其施行處罰。

神案供職人員是球社正式的子弟，對着神案不許議論祖師，不許衣衫不整、赤身裸體，不許説污言穢語大吵大鬧，不許酗酒、賭博，不許争論是非曲直，更不許僭越命令到處亂走，違反者將擊鼓逐出。

球社正式子弟擔任神案職事者，凡是遇到賽會服務的書信傳唤，不允許以有事爲借口推脱不幹，不得逞狂欺壓衆人，違者逐出會場。神案職事子弟要一早恭請球社待客人員引見要會面的撞案人員，等神案前的一系列祭祀禮儀完成後纔允許他撞案。在祭祀酌酒和獻球過程中參賽人員不得違犯社規，方可張榜公示允許他下場進行考核比賽。

如果是遇到官員的子弟來撞案，先讓他拈香對着神案詳細説出他要展示的各種解數。如果他的水平達到了閑客的程度，就踢十一場或者是自由展示脚法踢百十個球，方纔允許他擔任球隊的正副挾或者驍色等重要位置球員。如果他是没有拜師的子弟，以及私下偷學的不能讓他下場比賽。

有詩説：左肩頂球到右肩，輕輕抬腿踢起來。三次就能踢十種花式，寫在單子上可以抽拈。

仁義禮智信〔一〕

無仁者，不可同行，行則有踈，踈則有惡〔二〕。
無義者，不可同商，商則有損，損則有害〔三〕。
無禮者，不可同居，坐久則醜，醜則有毒〔四〕。
無智者，不可同謀，計中有拙，拙則有敗〔五〕。
無信者，不可同談，談則有悮，悮則有脱〔六〕。

詩曰：

似蹴流星侵漢空〔七〕，如懸寶鏡在雲中。
步側目觀輕慢下，拐搭分明疾快風。

又：

一築高兮一築低，粉牆側畔似星移。
雖然錦繡文章巧，占斷風流第一奇。

上項踢数並係官塲直截減輕。

【注釋】

〔一〕仁義禮智信：圓社中交友的原則。此爲中國人之美德，可見古時圓社非常注重社員的道德規範，亦可看出儒家思想的影響。

〔二〕無仁者句：仁，仁德。踈，古同『疏』，不亲密、關係遠。惡，容易壞事。

〔三〕無義者句：義，講義氣。商，古同『商』。商，商事，共事。損，損德。

〔四〕無禮者句：禮，文明、講禮貌。醜，露出醜態。毒，傷害，殘害。

〔五〕無智者句：智，有智慧，有智謀。謀，謀劃。拙，拙劣，粗劣。敗，失敗。

〔六〕無信者句：信，講誠信。悮，同『誤』，誤事。脱，做事輕率。

〔七〕漢空：天空。漢，銀漢，銀河。

【譯文】

仁義禮智信

没有仁德的人，不能和他同行，如若同行必會疏遠，如果疏漏就會導致惡果。

不講義氣的人，不能同他共事，如若共事必會損德，進而有害個人良心操守。不遵禮數的人，不能與他相處，相處若久必會露醜，進而損害謙恭禮讓之心。没有智慧的人，不能同他謀事，如若謀事必定拙劣，計謀拙劣就會導致失敗。不講誠信的人，不能與他商談，如有協議必會延誤，終致做事輕率難以成功。

有詩説：踢球踢得高似一脚把流星踢到天上，球又像一面寶鏡從雲中落下。側移脚步凝神注目輕輕出脚將球接住，然後用拐、搭等動作將球踢起疾快如風。

又有詩説：一球築得高來一球築得低，球在粉墻側邊似流星般移動。華麗的文章雖然十分巧妙，蹴鞠占斷風流是時尚運動中的第一。

以上踢球的數目都是官場踢法的直接記載但有所减少。

齊雲社三場八字總法〔一〕

此八字包藏活法盡矣：懇，疾，輕，底，毒，拗，響，慢。

内有四字，皆無人用。犯〔二〕之尋之，自然妙處可取。

【注釋】

〔一〕齊雲社三場八字總法：指齊雲社踢球要領總訣。

〔二〕犯：發生，指探索運用其中没有人用的那四個技巧。

【譯文】

齊雲社踢球的三場八字

這八個字包含藴藏了全部的靈活踢球方法：慤，疾，輕，底，毒，拗，響，慢。裏面有四個字，都是没有人使用的，如果能仔細探尋、用心領會，自然有奥妙之處可以取用。

官場側脚踢蹬〔一〕

賺辤授論，則當對比，出論自合朝東。

迎頭拐：論還中側右脚，身倒下左拐。

出髩拐：論泛右髩落，那左步下左拐。

合扇拐：論右那開右〔二〕，使左，那左使右拐。

鴛鴦拐：先下左拐，再下右拐。不可高。

背劍拐：論泛左肩後落，使左拐後出右肩。

急料拐：下一右拐過頭，再使一搭過，所尋出論。

畫眉拐：下左使面如畫一般。

十字拐：先右拐後白〔三〕左，使左拐從後出。

疊二拐：不問左右一拐過頭，再一拐過頭出。

日上三竿拐：不問左右，是一邊連三拐出論。

連拐：左肩右〔四〕落，那開左脚，後使右拐。

稍拐：右肩後落，轉身使左拐。

鯉魚板拐：一拐一膝一蹬，搭出論。

鳳翻拐：右拐下，後使左搭出論。

聽拐：下左拐所〔五〕眼覷右，下右拐覷左。

鞦韆拐：論搭從来，使膝相迎，起脚論至下搭。
槌搭：論来先使脚尖論至方下。
夜叉极搭：論落左拐，眼開邪觀〔六〕，左使右搭。
請搭：用手請禮下搭。
擔搶搭拐：稍拐用高起出論。
和尚投井：高来用兩手作圈，下雙躡蹬。
實躡：或使臥實正面方用或騎。
一字搭：右脚從左邊劃，下左搭。
花肩：左肩放下白住，右肩放下白住搭放〔七〕。
展搭：左脚以〔八〕 右邊劃，下左搭。
㝱拍：當心拍住急低頭，伶俐便搭。
驍搭：先用肩相迎，後低頭使膝，左右一般。

【注釋】

〔一〕官場側脚踢蹬：官場規定的幾種踢球動作，即『解數』。據本書『那碾側脚訣』條『那

碾分明入步，側脚須當退步」句，『那碾』爲『入步』意，文中與左、右連用時，常簡稱『那』；『側脚』爲『退步』意，多處簡稱『側』。本段文字的題目，《蹴踘圖譜》作『官場下作』，即官場的規定動作。共有三十二個動作，比此段文字多五個動作，而且動作名稱及動作描述亦有出入。如『出髩拐』作『入鬂拐』；『急料拐』作『急斜拐』；『鳳翻拐』作『鳳翻身』；『迎頭拐』的描述爲：『論居中來，師右脚向左脚跟後，却用左拐下。』『出鬢拐』的表述爲：『論過右來，將左髩迎入，下右拐使搭出論。』本條在本書抄録文字中有較多衍漏錯訛，不少動作須借助《蹴踘圖譜》纔能準確理解。

〔二〕那開：那，同『挪』。開，當爲衍字。

〔三〕白：當爲『向』字之誤。

〔四〕右：當爲『後』字之誤。

〔五〕所：係一衍字。

〔六〕邪觀：斜視，斜眼看。

〔七〕放：當爲『收』字之誤。

〔八〕以：當爲『從』字之誤。

【譯文】

用腿膝踢球應當是左右都用，出球時應該是面向東方。

迎頭拐：球來落胸前要退右脚，順勢側傾身體起左拐踢球。

出鬢拐：球踢高到右鬢處下落，要上左脚用左拐踢球。

合扇拐：球從右落，右脚入步使左拐，左脚入步使右拐。

鴛鴦拐：先用左拐踢（球自面前過），再用右拐踢（出）。球不要踢太高。

背劍拐：球從左肩後落下，用左拐接踢，球從右肩上出。

急料拐：用右拐將球踢過頭（向身前），再用搭踢，將球傳出。

畫眉拐：用左拐將球踢起從面前過，如同畫（眉）一般。

十字拐：先用右拐踢向左，再用左拐踢，用左拐從身後踢出。

疊二拐：不分左右，先一拐將球高踢過頭，再接一拐踢球過頭出。

日上三竿拐：不分左拐右拐，在一邊連踢三拐後將球踢出。

連拐：球從左肩後落，左脚入步，隨後用右拐踢。

稍拐：球從右肩後落，轉身用左拐踢。

鯉魚板拐：先用拐踢，次用膝接，再用蹬踢，最後用搭將球踢出。

鳳翻拐：用右拐將球踢起，（轉身）後用左搭將球踢出。
聽拐：用左拐踢球眼睛向右看（頭歪向右），用右拐踢球眼睛向左看（頭歪向左）。
鞦韆拐：（對方）用搭將球踢來，先提膝相迎，抬起脚等球落下時再用搭踢起。
槌搭：球來，先立起脚尖（相迎）；球落，再用搭踢。
夜叉板搭：球來落在左拐的位置，雙眼向（左後方）看，（左移步）用右脚搭踢。
請搭：用雙手作相請之意（等球落），球來用搭踢起。
擔槍搭拐：即用稍拐將球高高踢出。
和尚投井：球從高處來（直直下落），用兩手（臂）圍成圈，球從圈中落用雙躡蹬接踢。
實躡：或使卧魚兒（正面來球方可使用），或使正騎。
一字搭：右脚從左邊劃出（如寫一字意），下左搭踢球。
花肩：先左肩放下攝住球、後右肩放下攝住球、再用搭踢出。
展搭：左脚從右邊劃出，用左搭踢球。
胸拍：球來，用胸口停球，（球落）急低頭用搭將球踢出。
驍搭：先用肩迎球，再低頭用膝築球，左右相同。

古十踢訣〔一〕

肩如手中提重物，用背慢下急回眸，拐要合膝折腰取，搭用伸脚不起頭，控時必使雙睛顧，捺来肩尖微皆輳〔二〕，拽論且於身先倒，右膝左手露微高，胷拍〔三〕使了低頭現，膁䏶遠近着人驍。

詩曰：

當時𨈬袖更垂肩，運動渾如陸地仙。

莫道齊雲無好處，金門〔四〕曾受帝王宣。

【注釋】

〔一〕古十踢訣：《事林廣記·戊集》作『肩背拍拽捺控膝拐搭膁總訣』，《齊雲軌範》作『古十踢决法』，《戲毬塲科範》作『古十踢决法』。諸篇文字上都略有不同。

〔二〕微：『微』的異體字。輳：四周向中間聚合、聚集。

〔三〕胷拍：胸部停球的動作，見本書『官塲側脚踢蹬』『諸踢法』條。胷，『胸』的異體字。

〔四〕金門：代指金殿。

【譯文】

古十蹋訣

雙肩要下垂就如手中提着重物，用背停球時要借勢緩冲急回眸。

用拐蹋球時膝要内合腰要彎折，用搭蹋球時脚要前伸頭要微低。

控球時定要雙目凝神仔細觀察，捺球時肩頭要聳起微微向上湊。

用拽蹋時身體先要向一邊傾倒，順勢提右膝抬左手動作配合好。

用胸部停球時一定要低頭看球，使膁蹁不管遠近須蹋到人身邊。

有詩説：記當時低垂衣袖沉雙肩，蹋起球來好似地上神仙。不要説蹴鞠没什麼好處，曾受宣召到金殿爲皇帝表演。

下脚〔一〕

風流運動要歡生，昂頭不巧尖入髩，使朝天鞋襪靴帽，并八字錦膝並氣要並均〔二〕。使頭偷十字拐，如鳳摇頭；肩孤微穩，翻身轉項燕歸巢。白襟牙成變作肩樁，花肐膝最好看，似揸嚾兒巧，堪觀處似鮑老肩撓，鶻勝游，争似花脚銀剪刀股賽過雙繡帶〔三〕。於中風範，須臾遠項，粉鉗兒喝采工夫，迤逞翻身；佶棹拐叠字圖行家能踢，鎖腰拐子弟能施〔四〕。論来高使花肩刺肩偷扎，論来低虚躡實躡雙蹬躡，論来淺使魁搭磨搭招所搭，論来深使正騎背騎斜飛騎；論来時要四厢不拗背，打論後要遠近着人。最要認得親，更要不得輕，寧可僥處脱，不可醜而活。

【注釋】

〔一〕下脚：即踢球。文中『鳳摇頭』『燕歸巢』『花肐膝』『鮑老肩撓』『鶻勝游』等均爲花樣踢法，即『解數』。本題目，《事林廣記·戊集》作『下脚文』。《事林廣記·戊集》文字跟這段

文字略有不同。今參王明蓀《東京夢華録》（中華書局一九八二年版）句讀抄録於此：『幾回運動戲耍歡生，昂頭取巧，額尖入鬢更朝天，直下便宜，鞋又脱靴并八字，頻蹺搕膝，氣要崧匀。使偷頭十字拐，纏脚面鳳番身，肩孤微穩，番成轉頭燕歸巢。白捺纔停，變化背妝花肐膝，最好是搕羅兒巧，無過是鮑老儇肩，猶勝花脚根，争似剪刀股，豈如雙綉帶，於中風範，須臾繞項粉鉗兒，喝采工來，捻指番成急料拐，鎖腰拐行家拍踢，纍孛圖浪子難施。論來得高，使花肩、和肩、偷比肩；論來得低，使虚蹬、躡蹬；論來得淺，使魆搭、麽搭、招頭搭；論來得深，使正騎、背騎、斜飛騎。論踢時，四厢不背，論打後遠近着人。膝高三丈二，賺打十三間，脚頭數萬踢，解數百千般。』

〔二〕風流運動句：歡生，得到樂趣。朝天，朝天子。八字錦膝，指右膝八字要分開。並氣要並均，第二個『並』係衍字。據《事林廣記·戊集》『下脚文』條來看，本句錯訛較多，句意難解。

〔三〕使頭句：肩椿，用肩頂。肐膝，膝蓋。搕嚾兒巧，蹴鞠的動作名稱。搕，取。嚾，古同『唤』，呼唤，喧嘩。花脚銀，『花脚跟』之誤，蹴鞠動作名。

〔四〕於中風範句：須臾，極短的時間，片刻。遠項，由『望其項背』引申，形容球技非凡，讓人看得眼花繚亂。粉鉗兒，踢球的一種花樣。迤𨑨，此形容動作連貫。𨑨，同『邐』。

【譯文】

下脚

踢球作爲一項時尚潮流的運動，踢的時候一定要踢得歡快，要昂頭以額鬢巧頂，接着是頭頂脚踢，左右膝要八字分開，不管來球是緩還是急都要用勁輕鬆均匀。踢了個頭頂十字拐就像是鳳摇頭，用肩微頂轉身變成燕歸巢，白捺停住踢起成了肩樁。花肐膝美似飛雀兒，最好看的是鮑老肩，鶻胜游像是花脚根，剪刀股好比雙綉帶。此中的奥妙衹有個中人知，是差不得一點分寸的，粉鉗兒踢起來赢得喝彩，翻轉身便成佶棹拐，疊字圖行家會踢，鎖腰拐子弟能施展。球來得高可以使肩上的動作，球來得低可以用脚停住再踢。球來得近可以用脚面的動作去踢，球來得遠則移步向前用各樣雜踢。球來時要身體站直，眼觀四方，傳出去的球要能够到位，遠近合宜。踢球最重要的是看準來球，出脚要輕，寧可按動作要領踢脱了球，也不要違反規定用不標準的姿勢把球救活。

又訣〔一〕

一要以鼻為界，二要在左使左，三要在右使右，四不得拗背，五不許夾氣〔二〕，六不要背塲膝，七不要四廂不顧，八要遠近着人，九忌風大不踢，十忌醉後不踢。

纔下塲踢，須要接住氣毬，與同塲人言帶挾一揖。先小踢，次後官塲，高而不遠；或打二，次小踢，比〔三〕打花心諸雜踢，然後拽開白打，收罷再踢，謝帶挾作揖。

【注釋】

〔一〕又訣：《事林廣記·戊集》作『齊雲社規』，内容較此多，今摘録部分於下：『先小踢，次官場，次高而不遠，或打二，或落花流水，或打花心，或皮破，或白打放踢，并不許小踢。踢罷与衆云：重承帶挾。各一揖。並要依此規矩。故云天下圓。』

〔二〕夾氣：指與球友慪氣爭鬥。《圓社錦語》：『夾氣，相爭。』

〔三〕比：當爲『或』字之誤。

【譯文】

又訣

一是要以自己的鼻梁爲中界（區分左右），二是球在身體左側就要用左側肢體踢球，三是球在身體右側就要用右側肢體踢球，四是踢球時不能彎腰曲背，五是踢球時不許與圓友相爭，六是不要背身用膝踢球，七是不要眼睛不看四周，八是踢出去的球要遠近適當能够踢到别人面前，九是禁止在風大的時候踢球，十是禁止喝醉酒後踢球。

剛下場踢球的時候，要先接住氣球，與同場圓友説一聲『帶挾』，然後作揖。踢球時要先小踢，然後再踢官場，再踢高而不遠；或者是先踢二人場户中的『打二』，然後再小踢，或者踢九人場户『打花心』和諸多雜踢，然後再進行白打比賽。這些完成後可再踢。踢完球後要向衆圓友作揖感謝他們提携幫帶。

訣曰〔一〕

肩垂手中提重物，用背慢下急擡頭。捺使肩開坐腰取，胷拍使之急低頭。拽時且要身先倒，牢把雙眸〔二〕只在腰。左膝右肩□〔三〕肩左，右膝左拐折左脚。搭来身倒那後步，膁膝去後急擡頭。四廂不背〔四〕方為美，千古流傳豈易休。

詩曰：

六片香皮製作毬，工夫全在脚尖頭。
長安紫陌繁華地，遊徧天涯卒〔五〕未休。

又：

臉淺根深掠草長，頭圓底闊更何妨。
鯉唇鯽肚瓜根弔，占斷風流第一場〔六〕。

【注釋】

〔一〕訣曰：與前文『古十踢訣』、《事林廣記·戊集》『十踢總訣』條基本相同，都是説十種基礎動作要領。

〔二〕雙眸：雙目。

〔三〕右肩：後擬補出一『復』字。

〔四〕不背：背不拗。

〔五〕卒：最終。

〔六〕本詩當爲關於氣球的謎語，前兩句描繪『氣球』的形狀，『臉淺』『頭圓』『底闊』，第三句寫球中的氣囊形狀及用細繩扎起。草長，爲壓韵而顛倒字序，即『長草』。弔，『吊』的異體字。

【譯文】

訣曰

雙肩要下垂就如手中提着重物，用背停球時要借勢緩衝快抬頭。捺球時肩頭要聳起腰要微下沉，用胸拍停球時一定要低頭看球。用拽踢時身體先要向一邊傾倒，一定要用雙眼牢牢盯住腰間球。

左膝將球頂起到右肩（再）到左肩，球從右膝頂起使左拐再使搭。用搭時要向前移步趕上倒身下搭，用膁、膝將球踢出時都要抬頭挺身協調用力。眼看四厢背不拗這纔符合圓社要求，蹴鞠運動流傳千載怎能輕易斷絶。

有詩説：六片香皮製作成氣毬，踢球功夫全在脚頭上。踢球人在都城繁華勝地到處交游，走遍天涯海角也未曾停止。

又有一首詩説：它的面目（五官）很淺（幾乎看不出），它的根基很深是在長草中，它雖然頭圓肚子大（運動起來）却没有什麼妨礙。它還長着鯉魚一樣的圓唇、鯽魚一樣鼓鼓的肚子，嘴巴用細繩扎起來，用它來玩的游戲獨占風流天下第一。

閑客相見〔一〕

閑客相見莫相輕，多少工夫演得成。
打挾温存添氣力，傳揚到處社家親。

【注釋】

〔一〕閑客相見：圓社的幫閑球員見面。

【譯文】

閑客見面

與幫閑踢球之人見面的時候不要輕視他，因爲他可能精通踢球的功夫。與他一同踢球的時候態度要温和謙恭并且要及時請他吃酒席，這樣他就會到處宣揚踢球的好處。

訣緊要

遠不可撇，近不可毒，打拐不要驚〔一〕，返膝不要慌。寧踢一踢是，莫踢千踢忙，能教僥而死，莫着齷齪牢〔二〕。

【注釋】

〔一〕不要驚：指沉着冷靜。

〔二〕寧踢句：僥而死，指動作標準却没接到球。齷齪牢，此指動作不標準却接住了球。齷齪，本意是『髒』，此指動作不標準。

【譯文】

緊要訣

雙方距離過遠不能用撇，距離太近不能踢刁鑽急速的球，用拐時沉着冷靜心不驚，用膝時意氣平和不慌亂。寧可按動作要求扎扎實實踢一脚好球，也不要着急隨隨便便踢上一千脚。即使踢脱球動作也要標準，這要勝過用不標準的動作把球踢牢。

一人場户解数必用〔一〕

三截解数〔二〕

下截解数：先那搭一對脚頭，一對轉官，一對實躍，一對虚躍，一對側躍，一對剪騎，一對側騎，一對鳳啣珠，一對正騎，一對鵝插食，一對脚面住，一對葉底桃，一對復還毫。

中截解数：一對两棒巧，一對膁踏，一對燕歸巢。

上截解数：一對呀金領，一對接叠髩，一對畫眉，一對風擺荷，一對鶯落架，一對佛頂珠，一對野馬跳澗，一對十字繡帶，一對節節高收住。

詩曰：

占斷風流之戲，無過蹴踘之娱。

能令剛氣潛消，頓使芳心軟美〔三〕。

【注釋】

〔一〕一人場户解数必用：一人場户時必須踢的三截解數。解数，指踢球的動作套路或動作組合。

〔二〕三截解数：《蹴踘圖譜》没有總標題，衹有上、中、下截解數，動作比上一段文字要多，上截是三十一個，中截是七個，下截是十八個。動作名稱也有所不同，如『實躡、虛躡、側躡』作『實捻、虛捻、側捻』；又如『燕歸巢』是上截解數不是中截解數。

〔三〕能令句：潛消，無意中漸漸消除。軟美，柔和美好，内心喜悦。

【譯文】

一人場户中必踢的解數

一人場户中必踢的有三截解數，即下截解數、中截解數、上截解數。

下截解數：要先移步搭球，（使左、右脚先後）踢下列動作，即脚頭（顛球）、轉官、實躡、虛躡、側躡、剪騎、側騎、鳳銜珠、正騎、鶺插食、脚面住、葉底桃、復還毫（後接踢中截解數）。

中截解數：要（用左、右膝及左、右膁等先後）踢兩棒巧、膁踏、燕歸巢（後接踢上截解數）。

上截解數：要（用左、右肩及頭等部位）踢呀金領、接疊鬢、畫眉、風擺荷、鶯落架、佛頂珠、野馬跳澗、十字綉帶等動作，最後用節節高收住。

有詩說：百戲中最時尚潮流的游戲，沒有能超過蹴鞠的。蹴鞠能令剛戾之氣潛移默化地消失，立刻使人的心裏感覺柔和美妙。

一套蹍〔一〕

一對實蹍，一對鳳啣珠，一套膝踏，一套瞞蹍，一套繡帶，一套白住，一套入鬌，一套歸巢，一套朝天子，一套活解数。

詩曰：

當時舯袖更垂肩，運動渾如陸地仙。
莫道齊雲無好處，金門曾授帝王宣。

【注釋】

〔一〕本書『成大套數』條中『一套蹍』含『一對實蹍，一對虛蹍，一對雙實蹍，一對雙虛蹍，

一對寶椿，一對瞞脚躡』，與此處有所不同。

【譯文】

有詩説：當時低垂衣袖沉雙肩，踢起球來好似地上神仙。不要説蹴鞠没有什麽好處，曾受宣詔到金殿爲皇帝表演。

圓社錦語〔一〕

孤一，對二，春三，宣四，馬五，藍六，星七，卦八，遠九，收十，鮮数一，勘賺二，轉花枝三，火下四，小出尖五，大出尖六，落花流水七，斗底八，花心九〔二〕，全場十。

【注釋】

〔一〕圓社錦語：《蹴踘圖譜》作『錦語』，即圓社行業用語。『錦』是自美的説法。『錦語』數量衹有四十五個，比這裏的『圓社錦語』所列數量少，但有幾個錦語是『圓社錦語』所無，即

『健色，氣球。足目，飽。下網，裏衣。下馬，與』，可補其缺。另《説郛》（《蹴踘圖譜》是《説郛》的節録本）輯録當時流行的隱語共一百三十餘事，皆以通語爲之注釋。如『聽拐，耳；夾脬，有錢；拐搭，靴鞋；蔥管，陽物』。清翟灝《通俗編·識餘》云：『宋汪雲程《蹴鞠譜》有所謂錦語者，亦與市語不殊，蓋此風之興已久。』清末錢南揚《漢上宧文存·市語彙抄》云：『試將全書考查一下，未收之市語尚不少。如開賺、圓會、哨水、齊雲、野圓、出汗、不出汗、部署、校尉、茶頭等。可見本篇并不完備。』

〔二〕九：底本爲『八』，誤。

【譯文】

略

坐蹬十三解未寫〔一〕

打韃添物，添氣喫食，宿氣中酒，夾氣相争，单脬無錢，聽拐耳，夾脬有錢，拐搭靴鞋，葱

管陽物，字口陰物，入氣吃飯，脬聲言語，達氣聲氣，膜串不中，朝天巾帽，侵雲長高，表婦人，用脬如使，噴噀下雨，喝囉叫喚，下剛大名，無下剛裏，補踢幹事，綿脚牙齒，順行隨，逆了顛倒，穿塲失禮，水表，入網無房，上手得，下手不得，大泰毒行，折皮行動，細褪飢了，足脉醉了，五角村，入步来，膁辟去，水脉酒，脉透醉，受論肯，糟表無用，光表和尚，老表道士，調脬尿，網兒衣，漲水杂，嵌角瞎，遭数或，撞烟黑，粉皮白，侵粗床，膈表耐，踢脱死，虎掌手，旋道眼，矚戲看，掣脬坐，脬兒女，插脚坐入，刀馬脚，折皮動行，滚（浴）浴，圓好，不正歪，上網上蓋，出惡性起，用表使女，攢老軍人，蒼老老婦，鎖腰絲環，打奠吃茶，水表娼妓，孤老老官人，貢八使人，敦殺坐地，者粗猪肉，嗟表少女，五角表村婦人，雲厚多人，盤子塲兒，白打遠去，稍拐後，歪不好，毬粗羊肉，斗粗牛肉，浮粗鵝鴨，江戲魚，線粗鷄，搭上前，左拐左邊，右拐右邊，打喚請人，冲撞罵人，仙橋鼻，粉合兒口，玉欄干手，数珠肚，胞頭卵，饘頭米，聚網傘，鸞字書信，花市早，夾胞有錢，奠閑茶錢，花陰午，蹴踘梢晚，雲散無人，撥雲見日明人，烏龍擺尾了畢。

詩曰：

身動輕摇如自舞，踢時模様逞妖嬈。

垂肩嚲袖千般巧，叠脚粧腰萬種僥〔二〕。

【注釋】

〔一〕坐蹬十三觧：疑爲『坐蹬十三場』之誤。未寫：即除十人場户的錦語之外還有十三場踢法的錦語没有寫。冷學人《江湖隱語行話的神秘世界》（河北人民出版社一九九一年版）評價《蹴鞠譜》中《圓社錦語》，『是集輯釋隱語行話一百三十餘條，悉以通語注隱語』。

〔二〕僥：疑爲『嬈』字之誤。

【譯文】

有詩説：身體輕輕摇動如同跳舞，踢球時的樣子十分妖嬈。垂肩放袖之際便有千般機巧，或叠脚或椿腰有萬種俊俏。

場户

子弟下塲要明禮，不失其家数。如遇寺觀亭臺衙院之所，校尉請踢氣毬，答言美踢，不可應着滕〔一〕；如校尉可應着滕二字。再請須下塲，先取氣毬在手，未許扎衣，起對上手過泛者言『先生帶挾』，對下手茶頭者言『衝撞少罪』，方對衆人〔二〕友言『請踢氣毬』。將氣毬撇與下手，然後扎起衣服，先以小踢使滕膝拐搭。凡校尉看子弟脚頭生熟，如子弟脚頭熟者，也要説話，然後有打。務要量塲户寬窄、高低遠近；不可毒，不可使冷泛冲毒〔三〕。如若子弟脚生纔學踢者，校尉務以二踢帶挾，不許冷毒，常有切忌。若是點圓褪氣，或校尉，或茶頭，或年高有德老者，先將氣毬點圓，與諸子弟言：請褪氣。如明日有子弟哨水，諸子弟答言：来日足脉〔四〕。如明日無有哨水者，諸位答之：净入絡〔五〕。

《金臺李氏戲作讚圓詩》〔六〕：

蹴踘皮圓自古傳，百般博戲我為先。

交朋到處加和氣，會友逢場意欲謙。
能作〔七〕子弟時間笑，善誘王孫眼下歡。
唐人每稱發汗散，宋賢異名化食丹〔八〕。

【注釋】

〔一〕着牗：馬上就踢。

〔二〕人：當爲『圓』字之誤。

〔三〕冷泛冲毒：指球踢得太急太快。

〔四〕足脉：宋代圓社蹴鞠行謂醉。本書『圓社錦語』條：『足脉，醉了。』此處指吃飽喝足。

〔五〕入絡：入網。

〔六〕金臺李氏戲作讚圓詩：金臺李氏戲作贊美蹴鞠的詩。戲作，帶有自謙的意思。

〔七〕作：應爲『令』之誤。

〔八〕發汗散、化食丹：本爲藥名，以此稱蹴鞠運動能强身健體，帶有詼諧意味。

【譯文】

場户

子弟下場踢球要明白球場禮儀，不要違反蹴鞠家規矩禮數。如果在寺觀、亭臺、衙院這些場所，有校尉請踢氣球，要回答『美踢』，不可以用『着膁』來應答；如果被邀請者也是校尉，可以用『着膁』兩字來回答。兩次受邀就必須下場踢球。先把氣球拿在手中，此時不可扎衣，先對上手的過泛説『請先生您多幫帶』；對下手的茶頭説『如有衝撞，請不要怪罪』，然後纔對衆圓友説『請開始踢氣球吧』。這纔將氣球用手抛給下手球友，然後扎起衣服，先用小踢使膁、膝、拐、搭等動作。這時校尉就要借機觀察子弟脚頭踢球動作是生疏還是熟練，如果子弟脚頭踢球動作熟練，也要先跟他説話指導，然後再開始踢球。務必要看好場户的寬窄、高低和遠近；不能把球踢得刁鑽難接，不能使用冷傳疾衝用力過猛的動作。如果子弟脚頭動作較生疏，是剛開始學踢球的，那麼校尉務必要用兩人對踢來幫帶他，不許踢冷不防的球和角度刁鑽的球，這些要求要牢牢記心中。如果是用酒點氣球裉氣，就要請校尉，或是茶頭，或是年紀大有德行的老人家，先把氣球用酒沾點，對衆子弟説：『請裉氣。』如果第二天有子弟安排酒席，衆子弟就要回答説：『明天盡情飲酒至醉。』如果第二天没有請吃酒席的，衆子弟要回答説：『請把球放入網袋中收好。』

《金臺李氏戲作贊圓詩》：蹴鞠這種球類活動自古流傳，千百種游戲當中以蹴鞠爲先。靠踢球到處交朋結友添和氣，圓友相逢球場上態度要謙讓。能讓圓社子弟歡笑悠閑游戲，使王孫公子享受當下的歡欣。唐朝時人們稱蹴鞠爲發汗散，宋時的賢士改叫它爲化食丹。

須知〔一〕

古之齊雲，義禮無忘于聖賢之所置也。原神人用於軍壘，操集武士，智戰蚩尤。後貴公子得此，消閑永日，運動肢節，善使血脉調和，有輕身健體之功，勝華陀五臟之戲〔二〕。雖費衣而達食，亦滅强而欺村。昔軒轅置下禮，後有唐憲帝西川二郎習戲，唐玄宗裁號香皮，趙太祖稱為小舞，宋上皇曾賜玉衣〔三〕。陸陽仙行遊蜀地，見其奢華富貴，聚傑少年之輩，取其高名齊雲社會，傳於江湖，一團和氣〔四〕。有德能人，閑家逸士，踢到巧處，身生妙異；全身解数，踢搭伶俐，打短撇蹦，掩筭使智。膝高三丈二，賺打十三間，脚頭十萬踢，解数百千般；有十三塲氣毬，有塲户，有白打，有官塲，有比賽；踢踢要有名，皆為所呼；有

蹴送彩門，有迎神賽社。昔皆公子王孫，吾兄我弟〔五〕，場中席上，等輩齊肩；出入金門，駕前承應，賜為校尉之職。子弟習學，全仗明師開發，發之家数，不犯社規；輕師盗學，不知奥玅，被人談笑。得教法者如反掌之易，師不明者如登天之難。

【注釋】

〔一〕須知：圓社子弟應該懂得的知識。

〔二〕原神人句：神人，指軒轅黃帝，係假托。軍壘，軍營。臟，當爲『禽』字之誤。五禽之戲，東漢醫學家華佗繼承古代導引養生術，依據中醫學陰陽五行、臟象、經絡、氣血運行規律，觀察禽獸活動姿態，用虎、鹿、猿、熊、鳥等動物形象、動作創編的一套養生健身功法。

〔三〕昔軒轅置下禮句：是説蹴鞠早在軒轅黃帝時期就用來訓練兵士，并制定了踢球的禮法和規矩，後來唐憲宗李純時期的灌口二郎熟悉蹴鞠游戲，唐玄宗李隆基又裁皮製成充氣的球，宋太祖趙匡胤稱之爲蹴鞠舞，宋徽宗趙佶還曾將玉衣賜給踢球勝利者。以上概述蹴鞠發展歷史，司馬遷的《史記》中即有戰國時期齊國臨淄的『蹋踘』活動。到漢代比賽已有關於裁判的記載，東漢文學家李尤《鞠城銘》云：『蹴鞠方墻，仿象陰陽；法月衡對，二六相當；建長立平，其例有常；不以親

疏，不有阿私；端心平意，莫怨其非。鞠政猶然，況乎執機！』到了唐代，鞠内填充毛髮改爲動物膀胱内充氣，仲無頗曾作《氣球賦》描述壯觀的賽場。宋代將球門設立兩端改爲球門設在場地中央，兩隊攻一門。

〔四〕陸陽仙行遊句：蜀地，今四川一帶。聚傑少年的『傑』，當爲『集』字之誤，或『傑』字前脱『英』或『豪』字。社會，此處指志同道合者結成的小團體。

〔五〕吾兄我弟：此句前似脱『今則』二字。此即『昔皆公子王孫，今則吾兄吾弟』。

【譯文】

須知

古時的足球，其禮節規矩是由聖賢制定的。它原本是神人軒轅黄帝用於軍營之中，來操練士兵，智勝蚩尤的。後來貴族子弟學會它，用它悠閑度日，運動肢體，蹋球能够很好地調和血脉，有輕身健體的功效，勝過華佗用來調和五臟的五禽戲。蹋球雖然損耗衣服但能够促進食欲，也能够蓋過豪强的威風。昔時軒轅黄帝設下蹋球禮儀，後來唐憲宗時期的西川二郎熟習其戲，唐玄宗將球的規格加以裁定稱之爲『香皮』，趙太祖稱之爲『小舞』，宋朝的先皇曾賜給蹋球人玉衣。陸陽仙遍游蜀地，看到它可使人奢華富貴，於是聚集俊杰少年一起從事蹋球行業，并給它取了美名叫作『齊雲社會』，

其聲名逐漸流傳於江湖。圓社的一團和氣會聚了許多有德能之人和閑家逸士。踢球人踢到巧處，身上能夠表演出許多巧妙的變化；展現出全身的解數，但見圓社子弟踢搭靈活利落，或打短球，或撇長球，或使出隱蔽性很强的假動作來踢球。用膝可築三丈二的球門，用膁可踢十三間的圍院，脚頭顛球能踢十萬踢，精通的解數多達百千種；踢球的形式有十三場、場户、白打、官場、比賽等，每一踢都有名目，踢法也與其名相稱；有蹴送彩門，有迎神賽社。一起踢球之前他們都是公子王孫，一同踢球之後他們與我稱兄道弟，無論是在場上踢球還是在宴席上吃酒，他們都與我們踢球人等輩齊肩平起平坐；踢球人可以出入皇宫内苑，在皇帝駕前伺候踢球，賜封校尉之職。子弟要想學習踢球，全靠明師用心點撥開示其法，教導蹴鞠家禮數規矩，就能使子弟避免違犯圓社行規；而輕視師承偷學踢球的人不知道其中的奥妙，會被人談論取笑。得到師承教導的人學習踢球就易如反掌，不明師法的人學習踢球就難如登天。

主張〔一〕健色

健色者，俗呼氣毬，圓社號健色，北方言行頭，南方言氣毬。熟硝黄革，實料輕裁；密縫裁成，侵葙不露線角，嵌縫深梨花可觀，虎掌堪戲，側金盞縫短難

縫，六葉桃樣兒偏美；斗底銀錠少圓，五角葵花多病〔二〕。得知者切莫勤劳，用之者必須計較。水傷痴重，乾則輕狂，亦要氣脉調和，方纔踢作穩當。人知者少，不知者多〔三〕。古之健色重十四兩，足目〔四〕四虎，除三指運連〔五〕，頻頻照點，乾則損表。踢住不亂戲，入網不可踢。

《初學入社詩》：〔六〕

入社須知有社規，錦衣常帶氣毬泥。古今四海風流事，惟有齊雲獨占魁。

《謙讓詩》：〔七〕

入社當除人惡習，有如一腹總盤桓。出門四海皆兄弟，都在一團和氣間。

【注釋】

〔一〕主張：説法。

〔二〕梨花、虎掌、側金盞、六葉桃、斗底、銀錠、五角、葵花：均爲宋時鞠（氣球）的名稱。多

病，多毛病，有缺憾。

〔三〕水傷句：痴重，此處指球增加了重量。輕狂，輕浮，輕薄，此處指球的重量輕。

〔四〕目：當爲『司』字之誤。

〔五〕運：同『動』。

〔六〕這首詩强調圓社社員要遵守社規，刻苦練習球技；社員之間友好相處，這正是球德之所在。

〔七〕這首詩强調圓社社員要揚善除惡，勤學苦練，并且注意尊重對手。

【譯文】

説健色

健色，俗稱氣球，圓社中叫它健色，北方叫作行頭，南方叫作氣球。將黄牛皮硝製成熟，把這些硝好的牛皮裁成片；用針綫把它們細密縫起製成球，綫脚不能外露，要把皮子相嵌形成的縫邊窩到裏面。梨花球看上去很美，虎掌球最耐踢，側金盞因縫較短縫製難度很大，六葉桃兒様子特别美觀，斗底、銀錠兩種球圓度不够，五角、葵花兩種球毛病較多。知道這些球的不可選用，但用到這些球的一定要仔細考量。球如果被水浸染就會很重，如果太乾燥就會太輕，祇有乾濕度適中并且充氣適當，踢

起來纔會穩當。這些事知道的人很少，不知道的人很多。古時的球，重十四兩，用四種名字帶『虎』字的球，踢時常要用第三指將水點在球的表面，因爲太乾燥會損傷球皮。踢完球不能拿球亂踢亂玩，球放入網袋以後就不能再踢了。

《初學入社詩》：加入圓社就必須知曉圓社的規矩，要勤學苦練錦衣上常沾染氣球上的泥土。古今四海之内的時尚潮流之事，衹有踢球能夠獨占鰲頭。

《謙讓詩》：加入蹴鞠這一行就要除去自身惡習，好像腹中總有正氣在環繞。圓社子弟出門在外能做到四海之内皆兄弟的原因，都在氣球這一團和氣裏。

拐格〔一〕

毬從肩側落，安排丁字脚〔二〕。
腰折膝相連，十拐九箇着。

【注釋】

〔一〕拐格：用拐踢球的動作要領。

〔二〕丁字脚：即八字步。

【譯文】

用拐踢球的動作要領

球如果從肩膀一側落下，兩脚要成八字步站立。彎腰同時提膝抬腿，這樣用拐踢球十能中九。

搭格〔一〕

下搭莫眼高，膝直要起腰。
板尖身挺腹，休做脚跟挑。

【注釋】

〔一〕搭格：用搭踢球的動作要領。

【譯文】

用搭踢球的動作要領

用搭踢球時眼不要看得太高，膝蓋伸直同時腰向上起。脚尖要綳住腹部要挺，不要做成脚跟勾起挑球的動作。

十踢〔一〕

肩、背、捺、拍、拽、控、膝、拐、搭、膁。

【注釋】

〔一〕十踢：十種基本踢法。《事林廣記·戊集》作『肩背拍拽捺控膝拐搭總訣』。

【譯文】

十種基本踢法

肩、背、捺、拍、拽、控、膝、拐、搭、膁。

諸踢法〔一〕

膁

左右兩膁：脚脛骨裏膁上打與下首，須直着踢出踢法。

騎馬膁：毬落右拐，却轉使膁，從頭過出與下首。須喝〔二〕過。

左右攝拍膁，左右分膁，左右魆膁，入步膁。

【注釋】

〔一〕諸踢法：諸多踢法，各種踢法。

〔二〕喝：呼喊。

【譯文】

各種踢法

膁

左右兩膁：用小腿脛骨「膁」這個位置踢球給下首，須要用直着踢出的踢法。

騎馬膁：球落在右拐的位置，不用拐踢而用膁踢，從頭上踢過去傳給下首球員，球踢過頭時要喊一聲。

此外還有：左右攝拍膁，左右分膁，左右�膁，入步膁。

膝

左右兩膝，左右完膝，左右控膝，左右擺膝，左右嗑膝，左右攝膝，砑鼓膝，走馬膝，秋千膝，入步膝，偷步膝，拆皮膝，左右旋膝，勒馬膝，花膝。

上馬膝：先使左膝，用右膝到歸右八字使。

急料膝：左拐使起，轉身用右膝，毬從右肩出。

膝孤：住衆膝尖上住〔一〕。

【注釋】

〔一〕膝孤句：住，前似脱一『踢』字。衆，當爲『在』字之誤。

【譯文】

膝

左右兩膝，左右完膝，左右控膝，左右擺膝，左右嗑膝，左右攝膝，砑鼓膝，走馬膝，鞦韆膝，入步

膝，偷步膝，拆皮膝，左右旋膝，勒馬膝，花膝。

上馬膝：先用左膝築球，再用右膝築起，接着使右八字。

急料膝：先用左拐踢起，再轉身用右膝築球，讓球從右肩上出。

膝孤：在膝尖上停球。

拐

左右两拐，两逼拐，两捽拐，不瞅拐，入步拐，披肩拐，两脇下拐，鎖腰拐，搞根拐，两煞拐，徹拐，錯認拐。

两听拐：毬落右拐，回頭看左。

左右梢拐：毬落右肩後落，轉身向左使左捎右出；毬從右拐来，使使右〔一〕。

背劍拐：論来右邊拐下，却横眼看左，毬左拐落，却使左拐從右肩尖出。

雙背劍拐：拐踢起從左肩出，就入步復使左拐，從右肩出。

鎖腰拐：右拐從腰下過，入步回頭，輕下右拐。

招疊拐：論来拐上，轉步後拐，使氣毬左腿上流下去。

鴛鴦拐：却不退步，左〔二〕使左拐，次下右拐。

合扇拐：先退步右脚，下左拐；次退左脚。

二郎擔劍〔三〕：先使左拐過，後即使右步歸右，使拐直從右肩出。

番身急料拐：下住左拐，便側身使右拐，從肩後出。

錠拐：毬從右肩後〔四〕轉入步，回轉輕下左。

流星拐：右拐使過，左拐認親，使蹬搭出論。

【注釋】

〔一〕左右梢拐句：左使左梢，『梢』後似脱一『拐』字。毬從右拐來，便使右，前一個『右』，當爲『左』字之誤；『使右』後似脱『梢拐』二字。

〔二〕左：當爲『先』字之誤。

〔三〕二郎擔劍：一種踢球的姿勢。

〔四〕錠拐句：後，後似脱一『出』字。輕下左，『左』後似脱一『拐』字。

【譯文】

拐

左右兩拐，兩逼拐，兩捽拐，不瞅拐，入步拐，披肩拐，兩脅下拐，鎖腰拐，搞根拐，兩煞拐，徹拐，錯認拐。

兩聽拐：球落右拐處（使右拐），回頭向左看。

左右梢拐：球從右肩後落下，向左轉身使左稍拐將球向右踢出；球從右拐位置處來，就使右稍拐踢出。

背劍拐：球從右邊落用右拐，眼要看向左；球從左邊落用左拐，眼要看向左，球從右肩上踢出。

雙背劍拐：（右）拐踢起球從左肩上出，就上步再用左拐，球從右肩上踢出。

鎖腰拐：右拐踢球從腰部繞過，上步回頭，輕輕用右拐踢。

招疊拐：球落下來用拐踢起，轉步（倒步）後再使拐，讓球從左腿上滚下來。

鴛鴦拐：脚不要後退，先用左拐踢，接着用右拐踢。

合扇拐：先退右脚，用左拐踢球；再退左脚（用右拐踢）。

二郎擔劍：先用左拐踢球過（肩），接着挪右脚移到右邊，使拐直上將球從右肩上踢出。

翻身急料拐：球落下停左拐上，再急側身使右拐，將球從肩後踢出。

錠拐：球從右肩後落，轉身上步，回轉身輕使左拐踢。

流星拐：使右拐將球踢過（肩），用左拐找球，再使蹬搭將球踢出。

搭

左右两搭，左右弹搭，左右拗搭，左右抄搭，入步搭，剪搭，左右分搭。

秋千搭：先下搭收，却似膝認親放，直使一搭，正做〔一〕起論。

�搭：先起膝垂脚，後下搭〔二〕。

大側搭：論来靴頭落，直放膝腿出，頭垂便起〔三〕踢出論。

【注釋】

〔一〕正做：後似脱『面搭』二字。

〔二〕�搭句：後下搭，『後』後似脱『抬脚』二字。

〔三〕便起：後似脱一『搭』字。

【譯文】

搭

左右兩搭，左右彈搭，左右拗搭，左右抄搭，入步搭，剪搭，左右分搭。

鞦韆搭：使搭踢球，却先虚用膝來迎球，放直腿用搭正面踢出。

�搭：先提膝垂脚，待球落時用搭踢。

大側搭：球來落在靴尖上，徑直提膝抬腿將球踢起，脚尖略向下垂隨即抬起用搭將球踢出。

八字

左右八字，左右拗八字，摘步八字。

板楼

左右两板樓，左右側板樓。

蹬

虛蹬：脚跟着地，起脚尖，毬打脚頭。

左右两蹬，左右斜蹬，左右碾蹬，走馬蹬，流星蹬，两拗蹬，不瞅蹬，左右飛蹬，鎖腰蹬，雙虛蹬，探水蹬，引蹬。

【譯文】

八字

左右八字，左右拗八字，摘步八字。

板樓

左右兩板樓，左右側板樓。

蹬

虛蹬：脚跟着地，脚尖抬起，球來落在脚尖上。

左右兩蹬，左右斜蹬，左右碾蹬，走馬蹬，流星蹬，兩拗蹬，不瞅蹬，左右飛蹬，鎖腰蹬，雙虛蹬，探水蹬，引蹬。

抄

左右两抄，左右聽抄，左右入步抄，摘脚背抄，走馬抄。

【譯文】

抄

左右兩抄，左右聽抄，左右入步抄，摘脚背抄，走馬抄。

躡

左右躡，不瞅躡，瞞脚躡，左右拐躡，拍板躡，引脚躡，拜躡，左右一字躡，雙脚躡，卧魚兒。

實躡：論来一尺，脚退脚，直刼踏地，毬打脚面搭起〔一〕。

側躡：認實躡論，脚側在地，毬来打側處。

虚躡：脚跟着地，起脚尖，毬打脚頭出論。

【注釋】

〔一〕實躡句：脚退脚，前一個『脚』疑爲『刼』。直刼踏地，『刼』疑爲『脚』。

【譯文】

躡

左右躡，不瞅躡，瞞脚躡，左右拐躡，拍板躡，引脚躡，拜躡，左右一字躡，雙脚躡，卧魚兒。

實躡：球來一尺，一脚退另一脚後，後退脚踏在地上，球落下打在脚面上用搭踢起。

側躡：照實躡的方法踢球，將脚（内側着地）外側立起，球來打在脚外側。

虚躡：脚跟着地，脚尖抬起，球來打在脚尖上踢（彈）出。

肩

左右兩肩，斜肩，側肩。

花肩：先起左肩并左脚，却使右肩；如小踢用肩過與下首，虚臺〔一〕至膁。

急料肩：論在左急退右步，轉身便使有肩，緩拶背上出。

山字肩：先使左肩，次使右肩，使額頭拶〔二〕出。

花肩使右肩：先起左肩，後退右肩〔三〕，左脚出。

鮑老肩：先使左肩，次使右肩。

偷側肩：論來過三尺，左右肩上急轉頭退步，左〔四〕右肩出。

刺肩：急退左脚，右手微高，左脚尖放低，右肩腋如挾物，迎頭刺左肩。

【注釋】

〔一〕臺：當爲『抬』字之誤。

〔二〕拶：壓緊。

〔三〕後退右肩：『後退』後似脱『步使』二字。

〔四〕左：當爲『在』字之誤。

【譯文】

肩

左右兩肩，斜肩，側肩。

花肩：先起左肩築球左脚（向右）并步，再用右肩築球；如小踢可用肩將球過泛給下首，虛抬腿作一個用膁踢球的動作。

急料肩：球在左側急退右脚，轉身使右肩，球緩落背上再聳肩將球彈出。

山字肩：先用左肩築球，次用右肩築起，再使額頭將球頂出。

花肩使右肩：先用左肩築球，再退步用右肩築起，球落用左脚踢出。

鮑老肩：先用左肩頂球，再用右肩頂球。

偷側肩：球來高三尺，落左肩或右肩上，急轉頭退步，用右肩或左肩將球頂出。

刺肩：急退左脚，右手微抬高，左脚尖放低，右肩腋下如同夾着東西，迎頭用左肩頂球。

粧

急料粧：毬来左拐下拐，左搭上轉身，右粧從左肩上出。

寶粧：如搭脱滑，使靴頭粧起。

埋頭直[一]：論在右搭上，用右脚面一削，使毬過方打。

膝下粧，白粧。

【注釋】

〔一〕直：『直』当爲『粧』字之誤。

【譯文】

粧

急料粧：球來用左拐踢起，用左脚搭踢時轉身，用右粧將球從肩上踢出。

寶粧：像用搭踢球不小心使球滑脱一樣，用靴頭把球粧起。

埋頭粧：球落在右搭上，用右脚面一削（使球略旋轉），球過脚面再用粧踢起。膝下粧，白粧。

繡帶

裏外繡帶：左右脚面挑起，上〔一〕腰上外下。全身繡帶：挾住從肩起，滚落至膝下，脚頭挑起。左右一般。

【注釋】

〔一〕上：指將球踢起至腰上。

【譯文】

綉帶

裏外綉帶：用左脚面或右脚面將球挑起，球踢向腰部外側落下。

全身綉帶：停住球，讓球從肩部起（沿身體）滚到膝蓋下，再用脚頭挑起。左側、右側都一樣踢法。

足斡〔一〕

左右足斡，碾足斡，拗足斡，單足斡，不瞅足斡，鎖腰足斡，畫眉足斡，入步足斡，跳足斡，圓光足斡，披肩足斡，提抱足斡。

【注釋】

〔一〕斡：運轉，旋轉。《蹴鞠圖譜》作『足幹』。

【譯文】

足斡

左右足斡，碾足斡，拗足斡，單足斡，不瞅足斡，鎖腰足斡，畫眉足斡，入步足斡，跳足斡，圓光足

幹，披肩足幹，提抱足幹。

拍

胷拍：當心拍住，急低頭下蹓。

【譯文】

拍

胸拍：胸部停球，球落下急低頭用脚接蹓。

雜蹓

拽：左右兩肩下拍住，次用身略倒。

正背：論来高三尺微上在頂上，急轉右脚，使背上下〔一〕直起。

倒當：論来膝頭。

正騎：毬来面前，直落得膝深，起右脚用脚搭騎住，跳〔二〕起撥出一邊。

鳳啣珠：脚面住，借力輕在脚尖住。

燕子歸巢：論来高一尺，頭認毬落在頭，急低頭起两就住。並無步活〔三〕。

【注釋】

〔一〕下：前似脱一『落』字。

〔二〕跳：當爲『挑』字之誤。

〔三〕燕子歸巢句：頭認毬，『頭』前似脱一『以』字。落在頭，『頭』後似脱一『上』字。

【譯文】

雜踢

拽：用左肩（下）或右肩（下）停球，再將身體略傾倒。

正背：球來高三尺，輕蹴上頭頂，急轉右脚，使球落背上再直身起球。

倒當：球落膝頭。

正騎：球來面前落在膝側，抬起右脚用脚將球搭騎住（用脚將球夾在膝側似騎馬狀），跳起，將球撥到一邊。

鳳銜珠：球停脚面，借力使球滚至脚尖上停住。

燕子歸巢：球來高一尺，以頭尋球使球落在頭上，急低頭連起兩次再將球停住。兩脚不要移動。

控〔一〕

枯樹盤根，葉底桃，金鷄獨立，獅子嗑牙，一聲響，嗑囉兒，錯認拐，差安頭，一擔月，腰迸，左右披肩搭，左右鎖腰搭，金鈎掛，鴛鴦拐，佛道難，烏龍擺尾，白入脚面，野猿投井。

【注釋】

〔一〕控：本條提及的詞語，均爲蹴鞠解數名稱。

【譯文】

略

成大套數〔二〕

一套躡

一對實躡，一對虛躡，一對雙實躡，一對雙虛躡，一對實樁，一對瞞脚躡。

一套躂

左右躅拾躂，左右脚面住躂，膁躂，拐躂。

一套鳳啣珠

左右拍住鳳啣珠，左右鵓插食鳳啣珠，左右繡帶鳳啣珠，左右挑起一尺落

下鳳啣珠蹻拾。

一套騎

一對正騎，一對上正騎，朝天子正騎，一對拗騎，一對剪騎，朝天背騎。

一套白住

蹻拾白住，兩捧巧白住，三捧巧白住。

一套疊脚

轉官疊脚，左右疊脚，左右雙疊脚。

一套踏着火

蹻拾踏着火，繡帶兒踏着火，三棒巧踏着火。

一套脚面住

左右脚面住，左右膝孤脚面住，左右下珠簾脚面住。

一套繡帶

左右挾上繡帶，左右肩外繡帶，面前十字繡帶。

一套挾

左右呀金領，左右大過橋，左右飛挾，左右錯認拐。

一套入髩

左右摺疊髩，左右飛髩，左右透髩，左右拗髩，左右十字髩。

一套燕歸巢

朝天燕歸巢，斜插花燕歸巢，三跳澗燕歸巢，燕歸巢飛上朝天，放下脚面住

飛起燕歸巢。

一套朝天

仙人過橋，綽水燕，畫眉兒，風擺荷，野馬跳澗，劈破桃，套玉環，掛玉鈎。

一套旱水磨

𨇜〔二〕拾脚頭，脚面住旱水磨，鳳啣珠旱水磨，鵝啼食旱水磨，繡帶兒旱水磨。

【注釋】

〔一〕成大套數：《蹴踘圖譜》作『成套解數』，祇有十一套，比此處少三套：碴着火、脚面住、旱水磨。每套解數的具體動作亦有不同，如『一套躡』中祇有五個動作，没有寶椿；『一套朝天』中每個最後都有『朝天』二字；『一套挾』中最後都是『挾』。

〔二〕𨇜：古同『趨』。

【譯文】

成大套數

一套躡包括一對實躡、一對虛躡、一對雙實躡、一對雙虛躡、一對寶椿、一對瞞脚躡。

一套踖包括左右蹺拾踖、左右脚面住踖、膁踖、拐踖。

一套鳳銜珠包括左右拍住鳳銜珠、左右鵝插食鳳銜珠、左右綉帶鳳銜珠、左右挑起一尺落下鳳銜珠、蹺拾。

一套騎包括一對正騎、一對上正騎、朝天子正騎、一對拗騎、一對剪騎、朝天背騎。

一套白住包括蹺拾白住、兩捧巧白住、三捧巧白住。

一套疊脚包括轉官疊脚、左右疊脚、左右雙疊脚。

一套踖着火包括蹺拾踖着火、綉帶兒踖着火、三棒巧踖着火。

一套脚面住包括左右脚面住、左右膝孤脚面住、左右下珠簾脚面住。

一套綉帶包括左右挾上綉帶、左右肩外綉帶、面前十字綉帶。

一套挾包括左右呀金領、左右大過橋、左右飛挾、左右錯認拐。

一套入鬢包括左右搯疊鬢、左右飛鬢、左右透鬢、左右拗鬢、左右十字鬢。

一套燕歸巢包括朝天燕歸巢、斜插花燕歸巢、三跳澗燕歸巢、燕歸巢飛上朝天、放下脚面住飛起燕歸巢。

一套朝天包括仙人過橋、綽水燕、畫眉兒、風擺荷、野馬跳澗、劈破桃、套玉環、掛玉鈎。

一套旱水磨包括蹹拾脚頭、脚面住旱水磨、鳳銜珠旱水磨、鵝啼食旱水磨、綉帶兒旱水磨。

那碾側脚訣〔一〕

那碾分明入步〔二〕，側脚須當退步，務要隨身倒步，不可亂那動脚。如踢氣毬，只可説，不可踢，若踢動下塌都不是。須得明師開發，親手撇出，氣毬一踢〔三〕：若踢休想塌户上尋出一踢来。如泛左〔四〕右膁上来，就將右脚向右邊去，却使左膁：如泛在左膁上来，那左脚向左使右膁：如左上泛短，先入右脚，却使左脚踢搭：如右上泛短，先入左脚，後使右脚〔五〕搭：如右上泛深，急用左脚向後尋右：如左上泛深，使右脚向後，却使左脚踢搭：如右脚上泛深澗，使左脚去右脚根後過去，使右踢搭：如左脚上泛深澗，必使右脚去左脚跟後過，

左脚使左踢。或抄，或拏两踢，或蹬，或鎖腰，或披肩，四家氣毬要低美躁擦，以高為易，以低為難，内中千般奥妙，萬般驍蹊，中間多有説話〔六〕。

【注釋】

〔一〕那碾側脚訣：移動出脚的要領。《蹴踘圖譜》作『那偎側脚訣』，内容基本相同，文字略有不同。

〔二〕入步：上步。

〔三〕如踢句：只可説，意思是説衹可聽老師講説。不是，不對。撇，拋。

〔四〕左：『左』後似脱一『在』字。

〔五〕脚：『脚』後似脱一『踢』字。

〔六〕如左脚句：抄，指等球彈起時再踢。鎖腰，宋代蹴鞠行稱絲環。本書『圓社錦語』條：『鎖腰，絲環。』此處當指鎖腰拐。明代李詡《戒庵老人漫筆》：『鍬蘿塔，逆流水，勒馬膝，側肩扎。鶻蹋枝，蹬鎖腰，雙背肩拐，黄鶯落架。』披肩，球從肩部往下滚落。躁，行動敏捷。驍蹊，詭譎，離奇，奇巧。驍，當爲『蹺』字之誤。説話，『話』，當爲『法』字之誤。

【譯文】

踢球步法要領

踢球步法要領那踧指的是上步，側脚指的是退步，必須要隨身倒步脚隨身動，不可亂走亂移。如果想學好踢球，必須要由師父講明要領再下場踢球，不可自行學踢，否則到場中一舉一動都是錯的。要有明師指導踢法，親自用手抛出氣球讓子弟學踢；如果僅靠自己踢球，休想自己在場上就能領悟、掌握這些要領。如果球踢到右膁位置上，就要把右脚向右横移一步，却用左膁來踢球；如果球落到左膁位置上，這時就把左脚向左移抬右膁踢球；如果球落在左前方離身體較遠處，右脚就上前趕一步，使左脚踢搭；如果球落在右前方離身體較遠處，左脚就上前趕一步，接着用右脚踢搭；如果球從身體右上方落身後，這時急用左脚向後（退步，却使右脚）尋球（踢搭）；如果球從身體左上方落身後。這時要向後移右脚，却用左脚來踢搭；如果右脚將球踢到右側偏後離身體較遠位置，可以移左脚從右脚跟後過去（成交叉步），接着起右脚踢搭；如果左脚將球踢到左側偏後離身體較遠位置，一定移右脚從左脚跟後過去（成交叉步），接着起左脚用左搭。接着或使抄踢，或拿兩踢，或蹬踢，或使鎖腰拐，或使披肩，這四種踢法都講究高落低接行動敏捷，踢高球更容易，踢低球更困難，這中間有千般奥妙萬種奇巧，内裏自有訣竅。

禁踢〔一〕

左足斡望下，順風拐望下，兩踢望上，頭踢望上，左膝望下，左板楼望下，左膝望上，右肩望下，右抄望下，右八字望下。

【注釋】

〔一〕禁踢：不准踢的十種踢法。禁踢，《蹴踘圖譜》作『禁踢訣』，有十一條，比此處多一條『左抄望下』。

【譯文】

禁踢動作

禁止用右足斡踢與下位，禁止用順風拐踢與下位，禁止用兩踢踢與上位，禁止第一次傳球就踢與

下位，禁止用左膝頂球與下位，禁止用左板樓與下位，禁止用左膝踢與上位，禁止用右肩頂球與下位，禁止用右脚停球與下位，禁止用八字傳球與下位。

校尉職事〔一〕

都部署〔二〕，教正〔三〕，社司〔四〕，知賓〔五〕，正挾，副挾〔六〕，解蹬〔七〕，驍毬〔八〕，挾色〔九〕，主會〔一〇〕，守網〔一一〕，節級〔一二〕，蹺色〔一三〕，會桿〔一四〕，都崔〔一五〕，左軍，右軍〔一六〕，出尖〔一七〕，斜飛〔一八〕。

【注釋】

〔一〕校尉職事：《蹴踘圖譜》作『毬門人數』，職事名稱基本相同。而『教正』作『校正』，可以看出《蹴踘圖譜》係誤。校尉職事，宋時圓社和球隊的人員職稱。名稱不同，各站的位置不同，在比賽中的職責自然也不一樣。文獻記載，比賽時，左軍與右軍均設『球頭』『正挾』『副挾』『蹺球』『守網』等角色，就如現代足球比賽中也有前鋒、前腰、後腰、後衛、守門員等分工。每個球員按

照自己的不同位置，承擔不同的任務。

〔二〕都部署：部署，宋元時期文學作品當中多爲武術教頭或賽會的主持人。本書中指蹴鞠比賽中的主持人或主裁判。

〔三〕教正：圓社中都部署的助手。

〔四〕社司：主管社内事務。

〔五〕知賓：負責球隊對外聯繫和接待。

〔六〕正挾、副挾：又分别稱之爲『頭挾』『挾副』，是蹺球的助手，同時也負責防守，接住對方攻來之球。比賽時兩隊分别位於球門兩側，稱爲左、右朋。左朋球頭（隊長）把球踢過球門，右朋的正挾或副挾用手臂把球挾在腰間，然後傳給本隊球頭，球頭再踢過門至左朋。

〔七〕解蹬：球隊隊員。

〔八〕驍毬：驍，應爲『蹺』字之誤。其職責是爲球頭送出合適的球，相當與現在的二傳手。

〔九〕挾色：球隊隊員。

〔一〇〕主會：與社司共同負責社内事務。

〔一一〕守網：守網人。

〔一二〕節級：協助知賓負責對外接待。

〔一三〕蹺色：球隊隊員，負責挾球并向球頭供球。

〔一四〕會桿：負責比賽安排等事務。桿，當爲『幹』字之誤。
〔一五〕都崔：負責比賽安排等事務。崔，當爲『催』字之誤。
〔一六〕左軍、右軍：本指左、右兩隊，此處可能指兩隊的球頭。
〔一七〕出尖：球隊隊員。
〔一八〕斜飛：球隊隊員。

【譯文】

略

校尉撞案〔一〕

江湖閑家遠來，必沾校尉之名。自古齊雲，占風流為第一；箇中圓社，須義氣以為先。既叨〔二〕三錦之家風，必播四方之聲譽。如遇明師，或是祖傳，得開發者，豈不知有撞案社規？若撞案供单子，呈與部署。至日，教正社門〔三〕看

過，或脚頭〔四〕，或鮮数，或十一踢，或成套数，或上截滚弄。如脚頭須要每一邊一百，左右合二百踢；不許高低，要一聲響；不許雜脚頭，惜脚頭靠〔五〕山。如十一踢，亦要依单子上十一踢，各有名，不一無拘只要依单子。如打鮮数，一〔六〕依单子上数目，不可前為後，不可差訛〔七〕。十一踢盡開于後。撞案許三次踢脱者不賽。撞過者，每日案前帶挾子弟運動，次日旋〔八〕選，取校尉定對白打争籌〔九〕，方見本事高低。

【注釋】

〔一〕撞案：『圓友如赴外地投奔其他圓社，也自有規矩。抵達後，并不是先與當地圓友行見面禮，而是「先到聖前拈香拜畢」，也就是説先到圓社供奉的祖師爺像前焚香祭拜。然後「方見小節級，引見知賓之所，相待茶飯之後，社司、部署問其姓名，仙鄉何處，師者何人，學識幾年」，再接受球技考試，叫作「撞案」。』（虞雲國《水滸尋宋》，上海人民出版社二〇二〇年版）

〔二〕叨：承受。

〔三〕門：當爲『司』字之誤。

〔四〕脚頭：指用脚顛球。

〔五〕靠：當爲『如』字之誤。
〔六〕一：全。
〔七〕差訛：差錯。
〔八〕旋：很快，就可。
〔九〕争籌：争勝。籌，指競賽中得勝的籌數。

【譯文】

校尉撞案安排

行走江湖的閑客到來，一定要有校尉的頭銜。自古至今，蹴鞠就獨占風流爲娛樂活動之首；圓社子弟，都把義氣放在第一位。這樣既能傳承發揚圓社的家風，又能將圓社的名聲傳播到四方。如果閑客遇到明師教導，或者是祖傳的球技，得到蹴鞠真傳的，怎能不知道撞案社規？如果要撞案，他要先供上單子，呈交給部署。到撞案那天，教正和社司看過（單子），或踢脚頭，或踢解數，或踢十一踢，或踢成套解數，或踢上截滚弄。如果是踢脚頭，必須每隻脚踢一百下，左右兩脚共計二百踢；球踢起來要一般高下，不能有高有低；二百踢要一聲響，每一踢脚撞球的聲音都相同；不允許脚頭有雜亂多餘的動作，以脚頭的基本功扎實爲貴。如果是踢十一踢，也要按照單子上寫的來踢，每一踢都

有名目，這十一踢動作順序不作限定，祇要按照單子上的先後即可。如果是踢解數，就要完全按照單子上寫的解數的數量、名目來踢，不能前後次序顛倒，也不能有差錯。十一踢盡開列於後。撞案有三次機會，如果三次都踢脱了球的就宣告撞案失敗，不再參加後續比賽。撞案成功的人，每天要在神案前帶領子弟踢球，第二天就要選出校尉，定出對陣雙方通過白打爭勝負，以此來定本領高低。

官塲入門

凡習官塲先打熬，脚頭躅拾要踢上三五百，後學官搭〔一〕。要着搭，要平起，一搭做論，纔打膁踤出論；如無官搭，便打膁踤出論，少一踢，須要口明〔二〕。次習官塲拐，此拐要平，此拐要穩，然後脚要撇膁踤〔三〕。官塲拐與小踢拐不同，官塲膁踤與小踢膁踤不同。膁踤須要撇，過要遠近着人，不要過頭，不要壓左，不要短了，要有轉道〔四〕。官塲多有禁忌，下踢有名。

【注釋】

〔一〕凡習官場句：打熬，指練好踢球的基本功，也就是脚功。踘拾，此處指顛球。官搭，官場中用搭踢球的動作。

〔二〕要着搭句：做論，指一脚將踢球到位。做，後似脱一『着』字。膁辯出論，指用小腿和膝部踢球。口明，説清楚，説明白。

〔三〕然後脚要撇膁辯句：脚，似爲衍字。膁辭，後似脱『出論』二字。

〔四〕膁辯須要句：過頭，指踢得高了。壓左，向上首踢球。短，指踢得近。

【譯文】

官場入門

凡學踢官場先要打熬磨煉，脚頭顛球要能顛上三五百下，然後纔能學習官場踢法中的搭踢動作。用搭踢球要準，腿要平起，用搭踢起球來過渡，接下來纔用膁辭將球踢出；官場中如果少了這一下搭踢，就打膁辭將球踢出，這就少了一踢，這一點要講清楚。再學官場踢法中拐的動作，官場拐起拐要平，用拐要穩，然後脚纔能使膁辭（將球踢出）。官場踢法中的拐與小踢中的拐不同，官場踢法中的

賺辭與小踢中的賺辭不同。（官場中的）賺辭需要經過撇踢練習，要不管遠近要能踢到球友身旁，高踢不過頭，不可向上首踢球，也不要踢太近，要經過做球過渡。官場踢法有很多禁忌，每一踢都要有名堂。

官塲論

明官塲者，立須己正，動莫身傾，出論挺腰，顧盼待論，丁步相迎〔一〕。来時看善惡順情，去後覷遠近入文〔二〕。用拐幇平，椿當正直，使肩微挟，使〔三〕搭低垂。膝深受論莫低衝，賺辭出論須平起。脚頭有準，諸雜方行，披肩搭大縚過正面相尋，鎖腰拐輕敲出右邊收拾〔四〕。鞦韆平帶蹺膝高抬，背劍拐十字拐頂上高傾，拗畫搭一字搭地面捲起〔五〕。虛實躡低毒便使，摺疊拐偏斜尋右落〔六〕。論從左来便宜辨左勢，向右来要脚分右。壁下淺當搭論深用拐，不可右用右攔，左將左占。受論則當時常出論，自合朝東〔七〕，供論未穩，三踢五踢何妨；下

位乘急，一踢兩踢莫去。難分爾汝，全要口明〔八〕。略從拗背，必至一脱；功夫到處，學力便知〔九〕。那時方使急踢慢抬頭，此際不怕善惡。入脚兩〔一〇〕肩，莫令亂起，脚當立牢，側脚分明入步。緊徤〔一一〕稍能，何謂難乎？試將此論而行之，便是真心指實訣。

【注釋】

〔一〕明官塲者句：立，後似脱一『身』字。己，似爲衍字。出論，出球。待論，等球。

〔二〕來時看善惡句：善惡順情，球來時的輕重緩急。覷，看。入丈，當爲『人力』之誤。

〔三〕便：當爲『使』字之誤。

〔四〕脚頭有凖句：諸雜，指雜踢的各種脚法。披肩搭大縮過，指披肩搭將球踢到身體正面。敲出，踢出。收拾，收斂，收藏。此指等待來球接踢。

〔五〕鞦韆平帶句：帶，當爲『繞』字之誤。頂上高傾，指球高過頭頂。

〔六〕低毒：指球來得低而急。右：似爲衍字。

〔七〕壁下淺句：壁下淺，指球來得低。壁，似爲衍字。論深，指球來得高。受論，接球。自合朝東，似衍文。

〔八〕供論未穩句：供論，指控球。下位，下家，指本隊的接應隊員。爾汝，你我。
〔九〕略從句：脱，指將球踢失。學力，指基本功。
〔一〇〕兩：當爲『用』字之誤。
〔一一〕健：當爲『隨』字之誤。

【譯文】

官場論

懂得官場踢法的人，站立時身體要端正，移動時身體也不可傾斜；將球踢出時要挺腰使力，等球時要雙眼緊盯（皮球），球來時兩脚要站成丁字步相迎。球踢來時要看清來勢輕重緩急順勢接踢，球踢出時要看距離遠近權衡用力。用拐踢球時脚要擺平，用椿踢球時脚尖要豎起，用肩頂球時肩要挾起，用搭踢球時脚要低垂。球來落膝近旁時不要直接用膝向低處撞球，用膁辭將球踢出時腿要平起。脚上有準頭，纔能踢雜踢。披肩搭平踢出正面相迎，鎖腰拐輕敲到右邊接住，鞦韆搭平起蹺膝高抬，背劍拐、十字拐球高過頂，拗畫搭、一字搭貼地踢起。球來低急便使虚躡、實躡，折疊拐球偏斜向右落。球從左來用左勢相迎最便宜，球向右來要用右脚將球來接下。球落得低要用搭踢起；球過身後用拐踢，不可右來用右擋，左來用左踢。接球時就應想到怎樣將球踢出，（自應面向東方），過渡球不

到位，再踢三下五下也不要緊；下家尚未站好，不要着急一脚兩脚就把球踢過去。官場上難辨你我，需要開口提醒。如有拗背，必會踢脱；功夫下足，一試便知。那時纔能使急踢慢抬頭的技法，到這水平就不怕來球迅疾難接了。上步用肩，不要亂使，脚要立牢站穩，退步、入步要分清。按這些要領就能踢好球，又有什麽困難呢？用這些來教導子弟，便是真心指導踢球的訣竅了。

官場踢作〔一〕

躅拾脚頭，左右足斡，寶椿，步步隨，迓鼓膝，或勝有，兩相宜，鶯穿柳，復還京，掛金鈎，三跳澗，燕歸窩，倒拖鞭〔二〕。

【注釋】

〔一〕官場踢作：官場的規定動作。本處内容涉及多部位踢球動作，從動作先後順序看，似爲組合動作。

〔二〕三跳澗、燕歸窩、倒拖鞭：元代鄧玉賓《村里迓古·仕女圓社氣球雙關》套曲：『那裏管

汗濕酥胸，香消粉臉，塵拂蛾眉，由古自抖搜着精神倒拖鞭、三跳澗。滴溜溜瑶臺上，鶯落架、燕歸巢。』

【譯文】

官場的規定動作

用脚頭起球、顛球，左、右足斡，寶椿，步步隨，迓鼓膝，或勝有，兩相宜，鶯穿柳，復還京，掛金鈎，三跳澗，燕歸窩，倒拖鞭。

一套五花騎

蹹拾脚頭上挾，放下正騎，上左挾，放下正騎，上入右髫，放下正騎，上左髫正騎〔一〕，上朝天，放下剪騎，剪出跳起躡收住。

【注釋】

〔一〕上左髩正騎：依其他句式推斷，『髩』後當脱『放下』二字。

【譯文】

一套五花騎

用脚將球踢起，用（右）肩挾住，讓球落下使正騎；將球踢起用左肩挾住，讓球落下使正騎；將球踢起到右鬢，球落下使正騎；將球踢起到左鬢，球落下使正騎；將球踢起到頭頂，球落下使剪騎，跳起撥球用躡停住。

解数訣法〔一〕

下截〔二〕（蹹拾、雙脚、脚頭、单脚）

一對脚面住：蹹拾起平膝泛，着脚面成住。

一對兩棒搞〔三〕：蹘拾起膝，上下蹘拾。
一對三棒搞：蹘拾起膝，上下賺至脚頭。
一對半捲簾：蹘拾跳〔四〕上，膝就流下，又蹘拾正騎，蹘拾起平膝泛，放下騎住脚面啣起，又蹘拾。
一對剪騎：蹘拾跳泛平起，使右脚疊在左脚後啣住，又蹘〔五〕。
一對疊脚：蹘拾右泛起，將右脚蓋左脚尖，着泛雙跳起。

中截〔六〕

一對鶯落架：左挾下左膝，膝下左脚頭，右挾下右膝，膝下右脚頭。
一對玉欄干：右挾滚至左手指下左脚頭挑起，上左挾至右下。
一對繡帶：右挾下右脚頭，脚頭挑起，上左挾下左脚頭。
一對十字繡帶：右挾下左脚頭，脚頭〔七〕上左挾下右脚頭。
一對膝踏：蹘拾挑起上左膝，將右脚跟踏住，依前至右〔八〕。

上截〔九〕

一對轉山字：右挾住腦後過，至左挾住，再腦後過〔一〇〕右挾住。

一對大過橋：右挾上朝天過，下左挾住，再起朝天過下右挾住。

一對拗挾：右挾上右髩住，却下左挾住，再起左髩住下右〔一一〕。

一對拗髩：右挾上左髩住，放下左挾住，再起右髩放下右挾住。

一對摺疊髩：右髩過〔一二〕左髩，往來三五次。

一對五花兒：又名寸寸金。

一對三點金：右挾上朝天住下左挾，左挾上朝天住下右挟，朝天住右腦後邊下左挾，上朝住往左腦後邊下右挾。

朝天仙人過橋：朝天至鼻凹住。

掠水燕：朝天至鼻尖就住上。

劈破桃：朝天至口就〔一三〕上。

斜插花：朝天至右額角，往来三五次。

風擺荷：朝天上頭角，往来三五次。

一對十字髩：右挾上右髩往腦後過下左挾，左挾上左髩往腦後下右挾。

一對透髩：右髩轉往後腦過左髩，往来三五次。

一對飛挾：右挾捽起腦上過左挾，左挾捽起過右挾，利〔一四〕腦四五寸高。

一對飛髩：右髩捽起落左髩，左髩捽起落右髩，高捽一尺好着〔一五〕。

一對野馬跳澗：右髩捽起下朝天，朝天捽起下左髩，左髩再起依先。

五花騎：蹹拾上右挾放下正騎，脚面唧起蹹拾；蹹拾起上左挾放下正騎，唧起蹹拾。起上右髩，放下正騎，唧往蹹拾上左髩放下正騎，唧往蹹拾。蹹拾上朝天，放下正騎，唧下蹹拾上朝天；或節節高收，或燕歸巢收。

【注釋】

〔一〕解数訣法：成套動作要領。

〔二〕下截：腿脚部分。

〔三〕兩棒搞：搞，當爲『敲』字之誤。以下的『三棒搞』之『搞』亦同。

〔四〕一對半捲簾，踘拾跳：依其他句式推斷，『跳』似爲衍字。以下『一對剪騎』中的『踘拾跳』，『跳』亦似爲衍字。

〔五〕一對剪騎句：依其他句式推斷，句中最後一字『踘』後脱一『拾』字。

〔六〕中截：背腰部分。

〔七〕頭：當爲『挑』字之誤。

〔八〕依前至右：『右』後似脱一『膝』字。

〔九〕上截：肩頭部分。

〔一〇〕過：當爲『至』字之誤。

〔一一〕一對拗挾句：住下右，『右』後似脱一『住』字。住，當爲『過』字之誤。

〔一二〕過：當爲『至』字之誤。

〔一三〕就：當爲『住』字之誤。

〔一四〕利：當爲『離』字之誤。

〔一五〕着：當爲『看』字之誤。

【譯文】

解數訣法

下截

（包括蹹拾、雙脚、脚頭、單脚等踢法）

一對脚面住：將球踢起與膝平，球落下在脚面上停住。

一對兩棒敲：將球踢起到膝上，（用膝）上下顛球。

一對三棒敲：將球踢起先用膝頂球、次用膁踢、再用脚頭踢球。

一對半捲簾：將球踢起，就膝上滾落，用脚頭踢起用正騎，再踢起與膝平，球落騎住再將球從脚面滾動至脚尖，踢起。

一對剪騎：將球踢起，用右脚疊在左脚後將球銜住，再將球踢起。

一對疊脚：右脚將球踢起，用右脚蓋在左脚尖上，使泛雙動作跳起。

中截

一對鶯落架：球從左肩上落左膝，從左膝落左脚頭；球從右肩上落右膝，從右膝落右脚頭。

一對玉欄干：球從右肩滚動至左手指，再落左脚頭上挑起，至左肩上滚動至右手指（落右脚頭）。

一對綉帶：球從右肩上落下至右脚頭，用（右）脚頭挑起，球上左肩再落左脚頭。

一對十字綉帶：球從右肩上落下至左脚頭，用（左）脚頭挑球上左肩落下至右脚頭。

一對膝躂：將球踢起挑上左膝，用右脚跟（將球）躂住；按此踢法再至右膝踢。

上截

一對轉山字：球從右肩滚動從腦後過，至左肩停住；再（從左肩）滚動經腦後至右肩停住。

一對大過橋：用右肩頂球從頭頂過，落左肩停住；再用左肩頂球從頭頂過，落右肩停住。

一對拗挾：用右肩頂球上右鬢上停住，落下使左肩接住；再用左肩頂球上左鬢上停住，下右肩（接住）。

一對拗鬢：用右肩頂球上左鬢上停住，落下用左肩接住；再使左肩頂球上右鬢上停住，下右肩接住。

一對折疊鬢：球從右鬢滾動至左鬢，再從左鬢滾動至右鬢，往來三五次。

一對五花兒：又名寸寸金。

一對三點金：右肩頂球至頭頂停住再下左肩，左肩頂球至頭頂停住再下右肩，（右肩頂起）再上頭頂停住從右腦後邊滾至左肩，（左肩頂起）再上頭頂停住從左腦後邊滾至右肩。

朝天仙人過橋：球從頭頂滾動至鼻凹處停住。

掠水燕：球從頭頂滾動至鼻尖上停住。

劈破桃：球從頭頂滾動至嘴上停住。

斜插花：球從頭頂滾動至右額角，再從右額角滾動至頭頂，往來滾動三五次。

風擺荷：球從頭頂滾動至額頭，再從額頭滾動至頭頂，往來滾動三五次。

一對十字鬢：球從右肩滾動至右鬢，經腦後滾過至左肩，再從左肩滾動至左鬢，經腦後滾過至右肩。

一對透鬢：球從右鬢角轉經腦後滾動至左鬢，往來三五次。

一對飛挾：右肩甩球從頭上過到左肩，左肩甩球（從頭上過）到右肩，球距離頭頂四五寸高。

一對飛鬢：右鬢甩球落在左鬢上，左鬢甩球落在右鬢上，甩球的高度爲一尺（最）好看。

一對野馬跳澗：用右鬢甩球起來落頭頂上，頭頂甩球落在左鬢上，左鬢再依前面踢法起球。

五花騎：將球踢起上右肩，球落下用正騎踢，球落脚面銜住顛起；踢上左肩落下用正騎，脚面銜

住再顛球。球踢起上右鬢，落下使正騎，脚面銜住球踢起上左鬢，落下使正騎，銜住球再顛起。球踢起上頭頂，落下使正騎，脚面銜住再踢起上頭頂，接踢節節高或燕歸巢結束。

白打社規〔一〕

凡白打部署、教正定下校尉高低，不許傍人膜串〔二〕，更不許争鬧。定對了畢，或三籌兩籌五籌十籌，或打三五七間；三小一籌，準大一籌〔三〕。次日教正喝籌，社司記數，若賽過者得名旗下山〔四〕。古人云：膝高三丈二，膁打十三間。三間膁辥有三間圍院〔五〕，五間七間各有圍院尺寸。定辭尉三對，有三對的利物；五對五籌利物；或自要白打者不拘，亦有利物名旗〔六〕。白打止忌〔七〕拐搭下論，出論不使旗頭轉身，不可無官搭。打三間膁辭三尺圍院，五間五尺圍院，皆出于教正定奪也。若無定例，亦憑前輩老先生分付，無敢有拘者。先要紅絹一丈二尺，做旗兩面，與社司兩面書寫對聯。名旗贏者，得名旗下山，輸者

無旗下山。

名旗一聯：風月揚湖海，齊雲冠古今。

【注釋】

〔一〕白打社規：兩人對踢的比賽規則，包括組織過程。《事林廣記·戊集》與此文字較大不同。《戲毬場科範》與《事林廣記·戊集》基本相同。《蹴踘圖譜》中無『白打社規』。白打，不用球門，主要是踢高、踢花樣。

〔二〕傍人膜串：傍，古同『旁』。膜串，宋代蹴鞠行稱不中。本書『圓社錦語』條：『膜串，不中。』

〔三〕定對了畢句：定對了畢，指校尉核定等級、分組定對比賽以後。了畢，結束。籌，指取勝的籌數。三、五、七間，指比賽場地絲圍子的間數。三小一籌，準大一籌，第一個『一』疑爲衍字；第二個『一』似與『大』顛倒，應爲『一大』。

〔四〕次日教正句：喝籌，唱籌，裁判判罰得失分。名旗，錦旗，類似於『認證證書』，贏者得名旗下山，輸者無名旗下山。下山，出場，離開。

〔五〕圍院：絲圍子。一般白打場户，在圓形場上進行，中間攔有十字形絲圍子。分左右班對

踢，『右班踢在左班圍内，左班踢脱，輸一籌；雜踢得活，亦輸一籌。但祇許拐搭踢住，若出圍下住，復入圍内打，對班贏兩籌；若對班踢住，贏兩籌。若是對班踢脱輸三籌』。

〔六〕定辭尉三對句：辭尉的『辭』字，當爲『校』字之誤。五對五籌利物，根據上下文意，『對』後當脱一『有』字，『籌』，應爲『對』字之誤。利物，奬品。

〔七〕止忌：當爲『隻以』之誤。

【譯文】

白打社規

凡舉行白打比賽，由部署和教正根據校尉水平高低定對比賽，一旦確定不許他人更改，更不許争論吵鬧。確定好對陣雙方之後，再確定比賽是賽三籌、兩籌還是賽五籌、十籌，確定比賽是打三間、五間還是打七間；明確小籌三籌相當於大籌一籌。第二天比賽由教正來唱籌，由社司來記數。若通過比賽就可以得到名旗下山。古人説：『用膝築球踢三丈二的球門，用膁打十三間的圍院。』打三間膁辭就要有三間的圍院，打五間、七間也各有相應的圍院尺寸。如果確定了三對比賽的校尉，就要準備三對奬品；如果定下五對校尉就要有五對奬品。如果有人自己要踢白打也不受限制，同樣要準備好奬品和名旗。白打祇禁止拐後用搭接球，踢出球時不能使旗頭轉身，不能没有官搭的動作。是打三

間賺辭三間圍院，還是打五間賺辭五間圍院，都由教正定奪。如果沒有定例，也全聽從前輩老先生吩咐，不要有所違背。比賽之前先要準備一丈二尺紅色絹帛，做成兩面旗子，把旗交給社司兩面書寫對聯。贏了比賽的，可以得到名旗下山，輸了比賽的沒有名旗下山。

名旗一聯：風月揚湖海，齊雲冠古今。

白打輸贏〔一〕籌論

都署事〔二〕老先生中坐，教正次坐，用銀盆一面，安在正中桌上，手執籌錢〔三〕，小錢作小籌，大錢作大籌，輸贏放一錢放于盆內，亦要社司衆友同看明白，為証籌数。校尉分作兩廂，各占地分，施禮入圍，付與健色請了議論，先發賺辭，就地上滾去與對面先打三論，然後爭籌。

【注釋】

〔一〕贏：當爲「贏」字之誤。下面「輸贏籌數」中的「贏」亦同。

〔二〕都：都署事，應即『都部署』。
〔三〕籌錢：蹴鞠比賽時用銅錢作計分籌碼，小錢作小籌，大錢作大籌。

【譯文】

白打計分安排

都部署老先生坐在中間，教正坐在一邊，把一面銀盆放置在桌子正中間，部署手拿計籌用的銅錢，小錢爲小籌，大錢爲大籌，每輪贏一球都要把一枚錢放進盆内，并且要讓社司和衆圓友一同看清楚，讓他們作比賽雙方得失分的見證人。校尉分作兩邊，各自站好位置，互相施禮後進入場地，都部署把比賽用球交給一方，講明規則。這邊先踢球從地上滚去給對方，雙方先踢三個球熱身，然後開始進行争籌比賽。

輸贏籌数〔一〕

一論着圍院有灰〔二〕不下者輸一小籌，踢脱輸一大籌。

着圍無灰〔三〕　下住輸一小籌，踢脱輸一大籌。

打入圍無轉道輸一小籌，踢脱輸一大籌。

一膁辭不到者輸一小籌，踢脱輸一大籌。

失圍〔四〕　出論輸一小籌，過頭不到輸一大籌。

出論壓左輸一小籌，不到輸一大籌。

左論偷右下輸一小籌，踢脱輸一大籌。

迎頭下論〔五〕　輸一小籌，踢脱輸一大籌。

轉身趕趂〔六〕　輸一小籌，踢脱輸一大籌。

下搭重使拐輸一小籌，踢脱輸一大籌。

無官搭〔七〕　出論輸一小籌，踢脱輸一大籌。

下身占身〔八〕　輸一小籌，踢脱輸一大籌。

入步拐輸一小籌，踢脱輸一大籌。

面正〔九〕　膁辭輸一小籌，有差輸一大籌。

騎頭出論〔一〇〕　輸一小籌，不到有差輸一大籌。

退步下搭輸一小籌，踢脱輸一大籌。

使雜踢下輸一小籌，踢脱輸一大籌。

入圍不下輸一小籌。

【注釋】

〔一〕輸贏籌数：兩人對踢進行比賽時的記分標準與方法，共十八條。《蹴踘圖譜》中衹有十二條，比較本段文字少六條。

〔二〕有灰：指踢出的球碰到了絲圍子。灰，當爲『法』字之誤。以下『無灰下住』中的『灰』亦同。

〔三〕無灰：指踢出的球在絲圍子邊没法接踢。

〔四〕失圍：指出了絲圍子。

〔五〕迎頭下論：指球没踢到位。

〔六〕轉身趕趂：指轉身踢球没踢到位。

〔七〕無官搭：指没用官搭踢球。

〔八〕身：當爲『論』字之誤。

〔九〕正：當爲『對』字之誤。
〔一〇〕騎頭出論：指停球後再踢。

【譯文】

得失分計籌規則

踢出的球碰到圍障無法接踢輸一小籌，踢脱輸一大籌。
踢出的球接近圍障無法接踢輸一小籌，踢脱輸一大籌。
球雖踢入圍院但没經過傳遞過渡輸一小籌，踢脱輸一大籌。
用腿膝踢球没有踢到位輸一小籌，踢脱輸一大籌。
在場地外將球踢回者輸一小籌，球高過頭又不到位輸一大籌。
踢出的球太低無法接輸一小籌，不入圍院者輸一大籌。
向左邊踢的球突然踢到右邊輸一小籌，踢脱輸一大籌。
迎面用頭頂球輸一小籌，踢脱輸一大籌。
轉身追球踢輸一小籌，踢脱輸一大籌。
下搭之後再使拐者輸一小籌，踢脱輸一大籌。

没有使用官搭動作就將球踢出輸一小籌，踢脱輸一大籌。
球落身上沾身時間過長輸一小籌，踢脱輸一大籌。
入步使拐輸一小籌，踢脱輸一大籌。
正面用腿膝踢球直出輸一小籌，踢錯動作輸一大籌。
停球後再踢輸一小籌，踢不到位輸一大籌。
退步用搭輸一小籌，踢脱輸一大籌。
使雜踢動作接球輸一小籌，踢脱輸一大籌。
球踢到圍障上下不來輸一小籌。

子弟入門〔一〕

如子弟下塲，有得開法〔二〕者，有打熬到踢好者，有師不明不知内中之禮義者，下塲先看立作謙讓請踢氣毬，更看拽扎口俊樣子，摘步那展要知禁踢口明，不可占塲，不可行乾散〔三〕。如有事幹，不可下塲；如無幹方可名鞋寬肚，飽心

無事〔四〕。或要先散，必用禮物與先生言：『小子有少幹，不及陪侍，有小禮與先生糶汗衫。』然後對衆子弟言：『諸位自在慢踢。』一揖而退。如無急事，等衆人點圓同散。如子弟設宴哨水，踢罷將健色放于面前酒桌上，或捧于手内，東人〔五〕執盞斟酒，先于衆賓處言『諸位少罪，先生點圓』，將健色向前。校尉接酒在手，對衆弟子言『諸位帶挾』，就平〔六〕口上點，點罷，還酒東人，然後于席尊處把酒三盞。酒後各將出錢物放在氣毬上褪氣；或酒東不勞衆友所費，本家自放禮物，與校尉褪氣。校尉接氣毬在手，將酒順行，一人一盃，酒在面前，言『諸位帶挾』，就桌點圓，飲了。又在下手如此順行，須轉一遭，到先生面前，亦言帶挾點之。將字口望後褪氣了畢，方纔唱曲行令、嗑牙頑耍〔七〕。如未褪氣，不可嗑牙，若有嗑牙唱曲，有犯規矩。

【注釋】

〔一〕子弟入門：意思是初學者須知。本段及以後文字在其他幾部古籍中都没有。

〔二〕法：當爲『發』字之誤。

〔三〕下場句：摘，當爲『側』字之誤。展，應爲『碾』字之誤。禁踢，『踢』後似脱一『要』字。乾散，指提前離開球場。

〔四〕如有事句：名，當爲『换』字之誤。肚，當爲『衣』字之誤。飽，當爲『安』字之誤。『無事』後似脱『下場』二字。

〔五〕東人：指設置宴席者，即東家。

〔六〕平：當爲『字』字之誤。字口，宋代蹴鞠行中稱『女陰』。《圓社錦語》：『字口，陰物。』此處指用於充氣的動物膀胱的充氣孔。

〔七〕將字口望後句：褪氣了畢，即放氣完畢。關於氣球的充氣和放氣，可見元人李壽卿《月明和尚度柳翠》雜劇第三折談及蹴鞠，以詼諧之口吻的細緻描述：『（旦兒云）母親，將過氣球來，我和師傅踢一抛兒咱。（卜兒云）下次小的每，將過氣球來者。（做取氣球科）（正末云）柳翠，這個唤做甚麽？（旦兒云）師父，這個唤做難當的。（正末云）怎生唤做難當的？（旦兒云）師父，這裏面有個表，這個爲三添氣。郎君子弟要難當作耍呵，吹一口氣，添上些水潤這表，傾了那水，再吹一口氣，拴了這葱管兒，便難當作耍。去了抛索兒，褪了那口氣，便難當作耍不的了也。』葱管兒，充氣的細管。抛索兒，纏綁氣管的細繩。唱曲行令，嗑牙頑耍：唱曲子，行酒令。嗑牙，談笑鬥嘴，消磨時間。

【譯文】

子弟初學須知

如果子弟下場踢球，其中有得到名師指導的，有千錘百煉球技高超的，也有師法不明不知踢球的各種禮義規矩的，因此到場中要先觀看他們的站位和站姿，是否謙讓地請踢氣球，再看他們拽扎、言辭和動作姿勢，再看他們的退步、入步，是否知道禁踢動作以及能否喊出名堂。不能長時間占場子不讓別人踢，不能直接離場冷去乾散。如果有事去辦，就不要下場踢球；如果沒有事要辦纔可換上好鞋和寬鬆的汗衫，心無掛礙（下場踢球）。如果有人要先行離場，必備禮物送給先生說：『我有點小事要辦，不能陪您踢球了，略備薄禮給先生您漿汗衫用。』然後對一起踢球的衆子弟說：『各位好好踢着。』一揖之後方可退場。如果沒有急事要辦，就等衆圓友點圓之後同散。如果有子弟設宴席款待大家，踢完球後就把球放到面前的酒桌上，或者捧在手中，做東的人拿起酒壺斟酒，先向衆賓客説『諸位不要怪罪，請先生點圓』，然後把球遞向前。校尉接酒在手，對衆弟子説『多謝諸位提携幫帶』，就往球的充氣孔上點酒，點完之後，把酒還給做東之人，然後在酒席最尊貴的位置上喝三杯酒。喝完三杯酒後，衆人各拿出所備錢物放在氣球上褪氣；或者做東之人不勞衆圓友破費，自己準備好禮物放在氣球上，送給校尉褪氣。校尉接氣球在手，按順序逐一敬酒，一人一杯，敬酒到人面前時説

『多謝各位提携幫帶』，在桌上點圓，把酒喝乾。再由下家依此順行，也須敬酒一遭，到先生面前，也要説『多謝提携幫帶』再點圓。把氣孔打開向後放氣完畢，這纔可以唱曲子行酒令，談笑玩耍。如果没有點圓褪氣，就不能隨便説笑，如果有談笑唱曲的，就違反了圓社的規矩。

子弟上街蹴毬門〔一〕

至日辦下脝錢，與校尉，過階〔二〕伏侍帶挾。人中顯貴，鬧裡奪尊，人前僥倖〔三〕出衆。有過街錢多得氣毬踢。香錢寫在校尉每日帶挾，用精神築毬門〔四〕。辦下網，買下旗花錢，先關旗花，得先蹴毬門，後關後蹴〔五〕。寫下姓名，次一次二，就鬮旗花上名，不可亂蹴。每人三蹴，如不過撞着網，插花飲酒鼓〔六〕響。不着網、不過者，鼓不響，無花無酒。三次撞網，三次插花飲酒；三蹴無過者，每一人再蹴兩蹴；如又無過者，每人再蹴一蹴，必要蹴過。收拾氣毬，送子弟回下處〔七〕。蹴過子弟，當日倫酒食草酌，或設席面，或次日專辦席面相待，衆圓友將禮物出，送江湖校尉，此是社中之家数。蹴毬門正挾過泛，如泛不好，不

可將膝踢，只可使雜踢望下〔八〕；若使膝築，亦當一築也，不可不知。

【注釋】

〔一〕子弟上街蹴毬門：教導子弟練習踢球射門。上街，有『去街市』之意。

〔二〕階：當爲『街』字之誤。

〔三〕僥俊：僥，當爲『驍』字之誤。驍俊，勇猛矯健出衆的人物。

〔四〕香錢寫在句：此處指錢鈔用於請校尉指導練習踢球門。寫在，後似脱『旗花上』等字。築毬門，指踢單球門，校尉要指導子弟將球踢過球門上方的『風流眼』。

〔五〕辦下網：《蹴踘圖譜》『圓社錦語』條：『下網，裹衣。』此處或與『表裏』同義，指贈送校尉的衣料（禮物）。旗花，上寫子弟姓名及次序號碼，類似現代體育比賽中的號碼布。

〔六〕皷：古同『鼓』。

〔七〕下處：臨時住處。

〔八〕望下：指將球傳給下首球員。

【譯文】

子弟上街蹴球門

到那天，子弟要備好錢鈔送給校尉，校尉就會在上街踢球時特別提携照顧，（使他）在人中顯貴，在鬧裏奪尊，在人前展示出衆的才能。交上街錢的就有機會多踢球，用錢的作用就是讓校尉每天都提携照顧，提起精神來教踢球門。置辦好禮物，交錢買下旗花，先戴上旗花的能先蹴球門，後戴上旗花的衹能後踢。（按照交錢順序）在旗花上寫下姓名，標上第一、第二（等序號），按旗花上序號踢球門，不能亂了順序。每人有三次踢球門的機會，如果球没過球門却撞在球網上，可以頭上插花、飲酒一杯并擊鼓慶賀；没有撞着球網也没有過球門的，不擊鼓，也不能插花飲酒；三次都撞上球網的，三次都可以插花飲酒。三次踢球門都没有過的，每人可以再踢兩次；如果還有没踢過球門的，每人再踢一脚，一定要踢過纔行。踢完之後，收拾氣球，送子弟回住處。將球蹴過球門的子弟，當日備辦酒食小酌，或是設筵席，或是在第二天專門擺席面請客，這時參加的衆圓友都要拿出禮物來送給江湖校尉，這是圓社的規矩。練習射門時由正挾傳球過泛，如傳球不到位，不要倉促用膝蹴球門，衹可以用雜踢把球傳給下首（傳一輪再射門）；如果用膝築球，無論過與不過都算一次射門，這不能不知道。

子弟出衆〔一〕

凡做子弟，到外郡州府，如過圓社運動處，或亭臺寺觀，傍觀閑看閑家，必綽起氣毬請踢，不可回『着賺』，恐人談論。子弟知踢搭，明師開發快〔二〕踢，可回『着賺』二字，常言只可回『美踢』。必請解衣，不可村下塲便踢〔三〕，立於下首，將氣毬對衆子弟言：請踢氣毬。不可離盤子請踢氣毬。對上言：『先生帶挾。』對下首〔四〕：『衝撞少罪。』將氣毬撇於下首，次方扎衣。將氣毬與校尉抛賺〔五〕，先以善賺〔六〕行一二次，後使雜踢。踢罷，不可先散，不可占盤首，必等點圓同散，名齊雲。要與先生抛錢裩氣，次日望圓友回席哨水，此乃禮也。

【注釋】

〔一〕子弟出衆：是説弟子到外地踢球。以此段文字第一句意思推測，衆，疑爲『郡』，即『子

弟出郡』。

〔二〕快：當爲『教』字之誤。

〔三〕村下場便踢：指粗俗地一下場就踢。

〔四〕首：當爲『言』字之誤。

〔五〕抛膁：指校尉抛球教踢。

〔六〕善膁：指擅長的踢法。

【譯文】

子弟出外須知

凡是做蹴鞠子弟的，到外郡州府的時候，如果經過球社運動的地方，或者是亭臺寺觀，在一旁觀看的話，必定有人請你踢氣毬，這時不可以回復『着膁』這兩個字，恐怕被別人議論。如果子弟知曉踢搭的奥妙，經過明師的教導，可以回復『着膁』二字，一般情況下衹可以回復『美踢』。回復之後對方一定會請你解衣下場踢球，這時不能一下場就踢，要站在場上衆球友下首，拿着氣球對衆球友説：『請踢氣球。』不可以離開自己的站位請大家開球。要對上首球友説：『請先生您多幫帶提携。』對下首球友説：『如有衝撞請勿怪罪。』把氣球抛給下首球友，然後纔開始紮束好衣服，把氣

球交給校尉抛球。先用擅長的踢球動作踢一兩個回合，然後再使雜踢，踢完之後不能先行散去，不能占據場中的上首位置，必須等到點圓儀式結束後一同散去，這叫作『齊雲』。要給先生財物作爲襯氣錢，第二天還要指望球友回請宴席，這是球社的禮節。

添氣禮〔一〕

校尉請衆曰：『請添氣。』餘答曰：『足目。』

【注釋】

〔一〕添氣禮：給球充氣時的禮節。

【譯文】

添氣禮

校尉對大家説：『請添氣。』衆人回答説：『一定添足。』

抛蹴

在盤不必論低高，莫把行頭〔一〕便自抛。休問學前并學後，須當謙讓兩三遭。

【注釋】

〔一〕行頭：指比賽用球。

【譯文】

抛蹴

球場上不管本領高低，都不能拿球自抛自踢。無論球場上資格多老，謙讓的話一定要説兩三遍。

絶標

半拽羅衫意氣豪，柳邊花下興陶陶〔一〕。調和榮胃〔二〕牢筋骨，肥不風癱〔三〕瘦不癆〔四〕。

【注釋】

〔一〕柳邊花下句：柳邊花下，形容景色美麗。陶陶，和樂的樣子。

〔二〕榮胃：中醫學名詞。當爲『榮衛』。胃，當爲『衛』字之誤。『榮』是個通假字，通『營』，所以『榮』即『營』，『榮衛』即『營衛』。這是一詞兩物，榮是榮氣（營氣），衛是衛氣。這是人體兩種不同狀態的物質，指氣血、精氣。

〔三〕風癱：即癱瘓。

〔四〕癆：《正字通》作『今人以積勞瘦削爲癆病』。

【譯文】

絶標

扎衣踢球意氣風發，柳邊花下興致高昂。踢球可以調和氣血，運動筋骨，使肥胖之人不致中風，瘦弱之人不致得癆病。

謝盤子禮〔一〕

踢罷氣毬，諸圓社友俱將鮮卸衣冠穿着，普集〔二〕在盤子上，圓揖曰：『重承帶挾。』方去點圓。

【注釋】

〔一〕謝盤子禮：離開球場時的感謝禮節。與拜師禮、上場禮、點圓禮等都是圓社的社規，這些

禮節重要之處就是尊師重道，圓社的一項職責就是維護這些禮節的執行，讓圓社子弟懂得文明禮貌。

〔二〕普集：集中，集合。

【譯文】

謝盤子禮

踢完球，大家將衣服穿戴整齊，集合在球場上，行一個圓禮，說：『多承關照。』然後一齊去行點圓禮。

點圓禮〔一〕

校尉點士〔二〕口，餘者在席上點。點者曰：『承帶挾。』餘曰：『謝帶挾。』

小踢用第四指〔三〕點。

【注釋】

〔一〕點圓禮：散場後的聚會（飲酒謝師）禮。

〔二〕士：當爲『字』之誤。

〔三〕第四指：即無名指。

【譯文】

點圓禮

校尉用酒點在球嘴上，其餘的人把酒點在席上。校尉説：『多承大家提携幫帶。』衆人回答：『多謝您的提携幫帶。』如果是非正式的小踢，點酒時需用無名指。

褪氣

校尉曰：『請褪氣。』餘曰：『入絡〔一〕。』方可散嗽〔二〕盡樂。

【注釋】

〔一〕入絡：將球放入網兜。絡，盛裝氣球的網袋。

〔二〕散嗽：説話，説笑。

【譯文】

褪氣

校尉説：『請褪氣。』衆人説：『球入網。』這纔可以盡情玩樂。

齊雲理賦〔一〕

夫氣毬者，儒名蹴踘，社曰齊雲。乃晋〔二〕世壯士習運之能，王朝英傑遊戲之學，士夫所喜，子弟偏宜。能令血氣調和，頓使身心軟美，雖費衣而達食，最

滅强而欺村。體生肥胖，敬此而舉履如飛；年乃隆高，頻踢則身輕體健。雖無閨閣情懷，亦有名園賞樂，多訪良朋賢客。乃知健色之名，豈鮮玄機〔三〕之妙？一團真氣，包藏太極〔四〕之分；當場運動，如盤中之走珠；世有百藝，無過蹴踘之為先。占斷風流第一，習必欲精，須盡出群〔五〕之學；曉宜廣達，方為圓社之魁。偏宜清明天氣，寒食時光，二三侶伴，聚英賢之老郎〔六〕；两两賓朋，集豪傑之子弟。美哉奇哉，彩門高掛，翠網絲懸，紛紛如星奔碧漢〔七〕，依稀似月落青天。公子王孫，吾兄我弟，等輩齊肩，或傍舞榭歌臺，或向花前酒館。輕寒輕暖，宜薄羅初試之春衫；乍雨乍晴，稱烏紗新裁之短帽。金門常入，紫禁曾宣，美景良辰，賞心樂意，春光浩蕩，柳絮飄飛。一来一往，使遊客駐馬停鞭；一上一下，令士女〔八〕呆觀失笑。衣沾輕汗，襪染香塵，此乃飽食暖衣之餘閑，滅强欺村之模範。留心者尚鑒于兹。

詩曰：

風流自古號齊雲，壓强欺村果出羣。
豪傑貴公偏見愛，一團和氣勝如春。

詩曰：
打鞬容易又言難，少則寬時多則堅。
堅則損力寬難踢，九箇元陽〔九〕氣自然。
詩曰：
世間圓社盡豪英，飽食豐衣獨占能。
更有一般高貴處，王孫公子做賓行〔一〇〕。
詩曰：
運動身延宜似舞，場中顯貴果然標。
垂肩嚲袖千般巧，閑處争先萬種僥〔一一〕。

【注釋】

〔一〕齊雲理賦：圓社的文章。
〔二〕晋：當爲『昔』字之誤。
〔三〕玄機：神妙的機宜。

〔四〕太極：我國古代哲學上指宇宙的本原，爲原始的混沌之氣。此處形容氣球的構造之中蘊藏着很多哲理和無盡的奧妙。

〔五〕出群：超群。

〔六〕老郎：老球友。

〔七〕碧漢：碧天銀漢，此處指天空。

〔八〕士女：同『仕女』。此處指貴族官僚家庭的閨中女子。

〔九〕元陽：此指給氣球充氣多少的計量單位。南宋范成大《問天醫賦》：『元陽之氣，可斤可兩。』九個元陽，指給氣球充氣要達到九分滿。南宋江少虞《皇朝事實類苑》：『須用九分着氣，乃爲適中。』

〔一〇〕賓行：作爲朋友同行，指在一起交往。

〔一一〕僥：當爲『驍』字之誤。

【譯文】

齊雲理賦

踢氣球，儒生文人把它叫作蹴鞠，踢球人自己叫作『齊雲』，乃是從前軍士練習的一項技能，在我

朝是英杰游戲的一門學問，士大夫很喜歡它，踢球子弟很偏愛它。它能使血氣調和，使身心柔和美好。雖然有些耗損衣服但是能够增進食欲，最能去除人的逞强高傲之心和粗野魯莽。身體肥胖的人踢它可以變得健步如飛，年紀大的人常常踢它可以變得身輕體健。雖然没有在閨閣中談情説愛的樂趣，却能在有名的園子裏賞景玩樂，能够多多結交走訪良朋好友。僅知徤色之名，豈解玄機之妙？氣球裏面的一團真氣好似宇宙的太極狀態，在場上踢球，猶如珠玉滚動在盤中。世間有百種技藝，没有比得過蹴鞠的，蹴鞠堪稱百藝中時尚潮流的第一名。學習蹴鞠如果一定想要達到精通的程度的話，必須先學盡人情世故的學問，知曉的事情要越多越廣，這樣纔能成爲踢球人中最杰出的人。最適合在清明、寒食時節，與兩三個同伴一同召聚球技高超的老球友和豪杰子弟，掛起彩門和球網，在街上射球門爲樂。衹見氣球被踢到空中如星辰奔向銀河，球下落的樣子好似明月落青天。無論是公子還是王孫，都與球友們稱兄道弟等輩齊肩。踢球的場所或者是在舞榭歌臺旁邊，或者是在花前酒館面前。踢球時的天氣或者是輕暖、輕寒之時，正合適穿上用薄羅製成的春衫，或者是在下雨、晴天之時，正好試一試新裁縫好的烏紗短帽。踢球人經常出入皇宫内苑，也曾被宣召到皇帝殿前。在美景良辰之中，踢球人賞心樂意，享受着浩蕩的春光，伴隨着飄飛的柳絮。氣球一來一往，引得游人駐馬停鞭觀看；氣球一上一下，令官宦家的女子看得呆呆入神，不時失聲發笑。踢球人衣衫上沾染着微汗，鞋襪上落上了灰塵，踢球這項運動可以説是暖飽之後的休閑之事，是磨滅强横之人戾氣的模範。留心

於踢球的人可以借鑑於此。

有詩説：時尚潮流之事自古都要稱道踢球，踢球人的風頭最出衆，去除人的逞强高傲之心和粗野魯莽。貴族子弟最爲偏愛這項運動，氣球裏的一團和氣勝似春日。

有詩説：給氣球充氣説容易也容易，説難也難，氣充少了球就太過寬軟，氣充多了球就太堅硬。球太堅硬踢起來會費力，球太寬軟踢起來又不容易做動作，充氣九分最適宜。

有詩説：世間踢球人都是英雄豪杰，他們靠踢球能够豐衣足食，還有一處高貴的地方就是，王孫公子都當他們作貴賓。

有詩説：運動起來身體延展好似跳舞，在球場上顯示他們寶貴的踢球技藝果然標準美妙。但見他們垂下肩膀、放下衣袖踢出千般機巧，在清閑無人的地方争相展示他們矯健的身姿。

蹴踘圖

六片香皮六錠銀，一輩人能一輩人。
中含萬象乾坤氣，蹴踘原来莫等倫〔一〕。

詩曰：
天下風流事，齊雲第一家。
轅皇留在世，不許等閑誇。
詩曰：
每日閑博戲，終朝挾弹〔二〕遊。
不入圓社會，到老不風流。
詩曰：
蹴踘真堪羨，風流奪翰林〔三〕。
聰明豪傑士，豈肯惜千金。
詩曰：
面淺帮平瘦，根窩掠草塲。
頭圓唇要緊，底闊更無妨。

【注釋】

〔一〕莫等倫：無與倫比。

〔二〕每日句：博戲，游戲。挾弾，手持彈弓，此處指閑游。

〔三〕翰林：本指唐玄宗時從文學侍從中選拔優秀人才，充任翰林學士，專掌内命由皇帝直接發出的機密的文件的人，此處指球場上的杰出者，受人仰慕。

【譯文】

蹴鞠圖

六片球皮六錠白銀，踢球人的本領一代高過一代。氣球裏邊藴含着天地萬象之氣，蹴鞠這項運動就是這樣無與倫比。

有詩説：天下風流儒雅之事，踢球堪稱第一家。它是軒轅黄帝流傳於世的運動，等閑之人是没有資格去評價它的。

有詩説：每日閑來玩耍百戲，整天拿着彈弓四處閑游，但即便是這樣，如果不加入踢球人的行列，就算到老也不能算作是時尚潮流的會玩之人。

有詩説：蹴鞠這項運動真是讓人羡慕，它風流儒雅的程度甚至超過了翰林學士。因此聰明之人、豪杰之士爲了它不惜千金。

有詩説：蹴鞠雖然面淺幫平而瘦，但它的根窩扎在草場。形狀圓圓的，兩片唇緊閉，可是在踢球

人的脚下却能踢出萬千花樣。

案前詞

軒轅起置號齊雲，社祖西川妙道君。□□親自裁成就〔一〕，萬古流傳作翫珍〔二〕。江湖客□聽原因，今朝出〔三〕嶽見其真。来到聖前必撞案，誠將實藝向前呈。

人間歡樂塲，富貴齊雲會，王孫曾作伴，公子厮追隨〔四〕。六片香皮，暗隱着陰陽氣，包藏着混沌機〔五〕。血周流通泉貴〔六〕五臟調均保養元氣也。曾在銅駝巷北〔七〕，追遊在金鼓楼西，一團和氣逢知己，緑柳叢陰翠繞圍〔八〕，衣沾粉汗袴〔九〕染香泥。你看那俊丰標的校尉，撇掩裝嚚；巧模樣的茶頭，側身倒躲；俏形骸的子弟，换步那移〔一〇〕。一對拐踢打如雷，兩隻脚揪捉如飛，那圓兄那鑿

膝桶子膁，平擡去得疾，小百里誰為超羣出衆、堪人美，滅强欺村有意氣，都是些四海英豪五陵輩，逞些怪踢，可笑那有本事的丹青、下不得筆〔一二〕。

【注釋】

〔一〕□□親自裁成就：據本書『須知』條『唐玄宗裁號香皮』，此處疑脱『唐宗』二字。

〔二〕翫珍：珍貴的玩物。

〔三〕出：當爲『山』字之誤。

〔四〕人間歡樂場，富貴齊雲會，王孫曾作伴，公子廝追隨：係元明間佚名曲《一枝花・圓社》句，衹是最後一句『廝追隨』，《一枝花・圓社》作『笑追陪』。

〔五〕六片香皮，暗隱着陰陽氣，包藏着混沌機：係元明間佚名曲《一枝花・圓社》句。混沌機，與上面《齊雲理賦》中的『太極』義同。

〔六〕貴：當爲『潤』字之誤。

〔七〕曾在銅駝巷北：依照下句『追遊在金鼓西』，『曾』後似應有『歡樂』二字，上下句形成對偶。銅駝巷，又名『銅駝街』『銅駝陌』，爲漢代洛陽的一條街，是少年子弟經常游玩的地方。《太平御覽》卷一五八引晉陸機《洛陽記》：『洛陽有銅駝街，漢鑄銅駝二枚，在宮南四會道相對。

俗語曰：「金馬門外集衆賢，銅駝陌上集少年。」』 金鼓樓，當是供富貴子弟游樂的地方。

〔八〕 緑柳叢陰翠繞圍：詞序顛倒，當爲『緑柳叢陰繞翠圍』。

〔九〕 袴：同『褲』，又作『絝』。但古代的褲（袴）與現在的褲不同，古代的褲子没有褲襠，有襠的叫探，袴是套在腿上禦寒的。

〔一〇〕 你看那句：標，格調、風度。撇掩裝囂，指踢球的假動作。形骸，形體、身材。那移，挪步移動。

〔一一〕 一對拐踢句：可見元明間佚名曲《一枝花・圓社》（明郭勛《雍熙樂府》）：『添歡出衆偏人美，滅强欺村有異奇，是一代四海五陵輩，你看他賣弄些巧踢，施逞些貴體，縱有萬兩黃金，有妙手丹青也下不得筆。』 兄，當爲『光』字之誤。 鏊膝，鄧玉賓《仙吕・村里迓古・仕女圓社氣球雙關・寄生草》：『挑尖兒快似點鋼槍，鏊膝兒緊似連珠炮。』 五陵輩，指五陵少年。 此係用典。漢代皇帝每立陵墓，都把富家豪族和外戚遷至附近居住，最著名者爲五陵：漢高祖長陵、惠帝安陵、景帝陽陵、武帝茂陵、昭帝平陵。 唐代也有五陵，即唐高祖、太宗、高宗、中宗、睿宗。 後來人人常以五陵指代豪門貴族聚居之處或指代豪門貴族的子弟、富豪子弟。 丹青，人們常把繪畫稱爲丹青，此處代指繪畫高手。

【譯文】

案前詞

軒轅黃帝發明創造了蹴鞠，號稱齊雲，踢球人的祖師是西川清源妙道真君。唐代皇帝親自把氣球裁製成功，氣球自此作爲珍貴的玩具世代流傳。江湖來的客人，請靜聽原因。因爲衹有今天順利通過山岳正賽的考核，纔能顯示出你踢球的真本領。來到聖人神案前必須要進行撞案，請你毫無保留地把你的踢球真本領呈現在神案前。

人世間的歡樂場所無過於富貴的齊雲之會，王孫公子都與踢球人作伴相隨。氣球的六片香皮，暗中隱含着陰陽之氣，包藏着混沌之機。踢球能够使人血脉流轉匯通，貴在使人五臟之氣調和均勻，這是保養元氣。踢球人經常在繁華富貴的場所踢球，憑借氣球那一團和氣到處結交知己，游走在緑柳叢中和翠花園院。他們衣服上沾染汗水，褲子上沾染泥土，你看那驍俊的校尉，不斷使出假動作，那模樣靈巧的茶頭，側身倒體地凌空踢球，那身材俊俏的子弟，不斷換步挪移。但見他們使出一對拐，踢球的聲響好似驚雷，兩隻脚運動如飛，看那使出的圓光、鑿膝和桶子膁，脚平抬踢球，球去得飛快，這凌厲的動作，百里之内的人誰有能做到？當真是超群出衆，令人贊美不已，風頭能够磨滅豪强、欺壓村霸，意氣風發。他們都是些四海英豪、豪門貴族子弟之輩，發揮他們高超的球技故意踢出一些不常見的高難度動作，使那些有本事的畫師都下不了筆！

附録　類書載蹴鞠文獻五種

附録一　三錦

據元椿莊書院刻《新編纂圖增類群書類要事林廣記・戊集》整理

圓社摸場

四海齊雲社，當場蹴氣毬。作家偏著所，圓社最風流。況是青春年少，同輩朋儔，向柳巷花街翫賞，在紅塵紫陌追遊。脱□搨來，憑眼活認真爲有準，杈兒扶住，惟口鳴識踢乃無憂。右搭右花跟，似烏龍兒擺尾；左側左虚扢，似丹鳳子摇頭。下住處全在低美，打着人惟仗推收。使力藏力，以柔取柔。集閑中名爲一絶，決勝負分作三籌。俺也，絲鞋羅袴，短帽輕裘，襟沾香汗濕，襪污軟塵浮。佩劒仙人時側目，攛梭玉女巧凝眸。粉鉗兒前後仰身，身移不浪；金剪刀

往來移步，步過頻偷。況乎奢華治世，豪富皇州，春風喧鼓吹，化日沸歌謳。歡笑對吴姬越女，繁華勝桑瓦潘樓。湖山風物，花月春秋，四聖觀柳邊行樂，三天竺松下優游。樂事賞心，難并四美，勝友良朋，無非五侯。心向閑中着，人於倬裏求，凡來踢圓者，必不是方頭。

又滿庭芳

若論風流，無過圓社，拐膁蹬躡搭齊全；門庭富貴，曾到御簾前。灌口二郎爲首，趙皇上下脚流傳，人都道齊雲一社，三錦獨争先。花前并月下，全身綉帶，偷側双肩，更高而不遠，一搭打鞦韆。毬落處、圓光、膁拐、双佩劍、側躡相連。高人処，翻身佶料，天下總呼圓。

又

十二香皮，裁成圓錦，莫非年少堪收；緑楊深処，恣意樂追遊。低拂花稍慢下，侵雲漢、月滿當秋；堪觀処、偷頭十字、拐舞袖、拂銀鈎。

肩尖并拐搭，五陵公子恣意忘憂，幾回沉醉，低築傍高樓。雖不遇文章高貴、分左右曾對王侯，君知否？閑中第一，占断是風流。

齊雲社規

以鼻爲界分左右，是在左使左，在右使右；側邊依拐，在肩使肩，在膝使膝，是搭使搭，當膁即膁；並要步活眼親，兩手如提重物，方爲圓社。

不許入步拐，不許退步搭，不許入步肩，不許退步背，不許入步蹦，不許入步膝，要四廂不背，用遠近着人，狂風起不踢，酒後不可踢。

纔下場，他人打論來，復接住氣毬，爲同踢人曰：厮帶挾。與在場人一揖。還膁絲与下手。

先小踢，次官場，次高而不遠。或打二，或落花流水，或打花心，或皮破，或白打放踢，并不許小踢。

踢罷与衆云：『重承帶挾。』各一揖。並要依此規矩。故云天下圓。

下脚文

幾回運動，戲要歡生；昂頭取巧，額尖入鬢，更朝天直下，便宜鞋又脱靴，并八字頻蹺搕膝，氣要崧匀。使偷頭十字拐、纏脚面、鳳番身，肩孤微穩；番成轉頭燕歸窠，白捺纔停，變化背粧、花肐膝，最好是搕羅兒，巧无過是鮑老儨肩，猶勝花脚根，争似剪刀股，豈如双綉帶；於中風範，須臾遶項，粉鉗兒喝采，工來撚指，番成急料拐、鎖腰拐，行家拍踢累，孛圖浪子難施。論來得高，使花肩、和肩、偷比肩；論來得低，使虚蹬、躡蹬；論來得淺，使鰍搭、麽搭、招頭搭；論來得深，使正騎、背騎、斜飛騎。論踢時，四廂不背；論打後，遠近着人。膝高三丈二，膁打十三間。脚頭教万踢，解數百千般。

肩背拍拽捺控膝拐搭膁總訣

肩如手中持重物，用背慢下快回頭。

拐要控膝蹲腰取，搭用伸腰不起頭。

控時須用双睛顧，捺用肩尖微拍高。
拽時且用身先倒，右膝左手畧微高。
脅拍使了低頭覷，何必頻頻問緑楊。

毬門

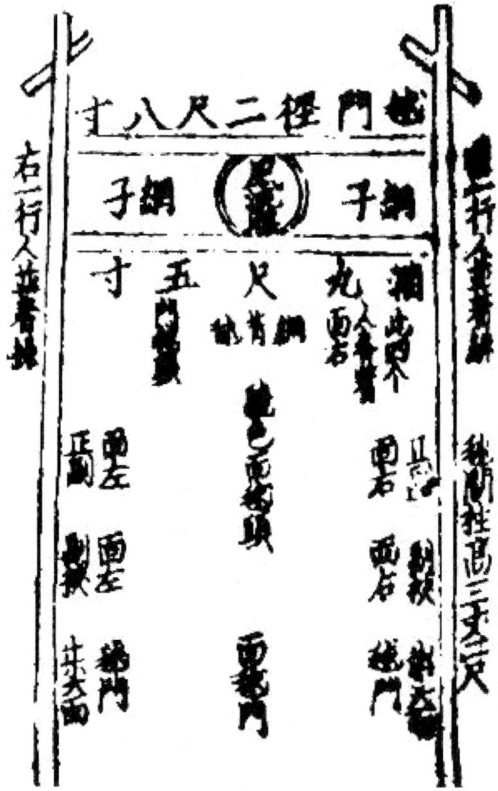

毬門社規

初起，頭用脚頭踢起与驍色，挾色至毬頭右手，立傾下毬頭膝上，用膝累起，一築過。不過，撞在網子攧下來，着網人踢住与驍色，驍色復挾住，仍前去頓在毬頭膝上築過。左右軍同。或賽三籌，或賽五籌，先拈卷子分前後，築過數多者贏。正副七人，直候那一邊。築過，從毬門裏過來，看落何処。踢住，却踢与挾副，挾副踢与正副，正副踢与驍色，驍色挾住，過毬頭來与毬頭。如正副踢住，却踢与驍色，驍色挾住，去毬頭令築。与驍色踢住，便与毬頭築過。

白打社規

右班踢在左班圍内，左班踢脱輸一籌。雜踢得活亦輸一籌。但只許拐搭踢住，若出圍下住，復入圍内打，對班贏兩籌。若對班踢住贏兩籌。若是對班踢脱輸三籌。

齊雲入門

白打場户

如打三間賺，絲圍子各闊三尺，四間闊四尺；以上至八間闊八尺，如九間

至十三間，止得闊八尺，不許加增。每間闊四小步。兩班並要合千人親看下，頭踢喝籌。左班踢出班圍外，右班出圍便踢下住，贏右班一籌，踢脱兩無輸贏。一，左右班各不許使雜，踢住亦輸。不許入步拐，不許退步拐。

兩人場户

每人兩踢名打二。拽開大踢名白打。一人单使脚名挑踢。一人使雜踢名厮弄。

三人場户

順行轉動名小官場。三人定立名三不顧。一人獨頭名出尖。

四人場户

大官場各左右東西一般遠近，名四不顧。如着撲打不過，拾起氣毬与賺絲人打論，若是上手賺絲不到，下手其餘人不踢，須要補一場。喝過還着撲，方是順轉。

五人名小出尖

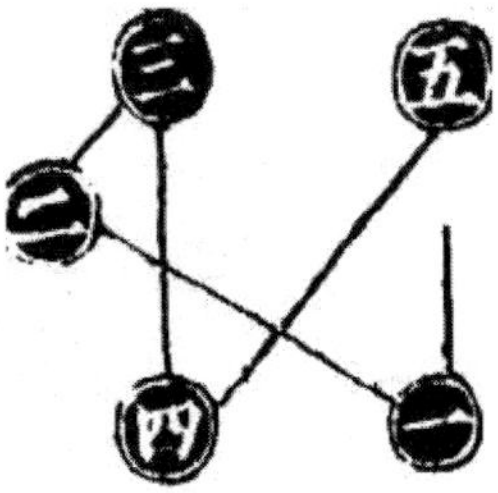

但要依次，一次二轉不許差移。

五人場户名皮破

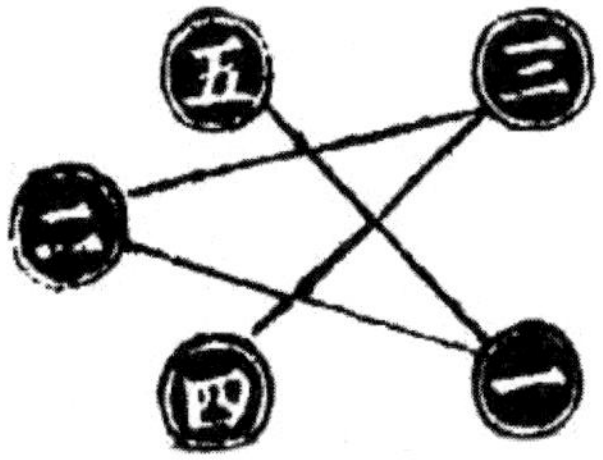

皮破只許五人，第一人打与第四人，第四人打与第二人，第二人打与第五人，第五人打与第三人。輪流隔一位，須是按節次。打論着人，自請賞罰聽便。

六人名大出尖

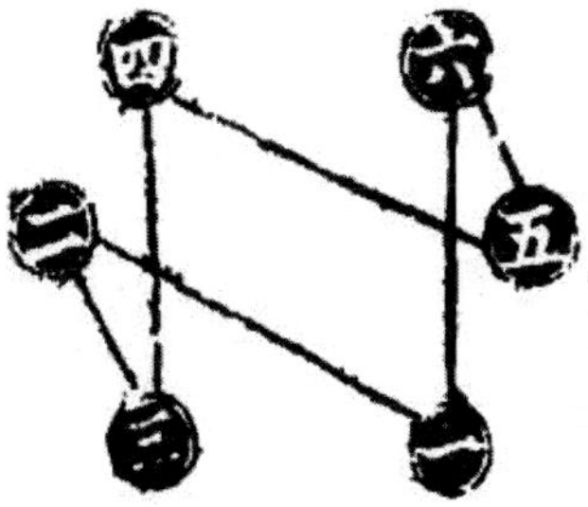

七人名落花流水

七人輪流，第一人打与下手，下手打与第三人，第三人轉身打与第四人，第四人打与第五人，第五人打与第六人，第六人打与第七人，第七人大打輪衆人頭上与第一人，下住，依前法數轉，方且周而復始。

踢花心

踢花心，對踢相似。花心多只許兩踢，轉身相与；四圍人只一踢打花心。只許十人止。

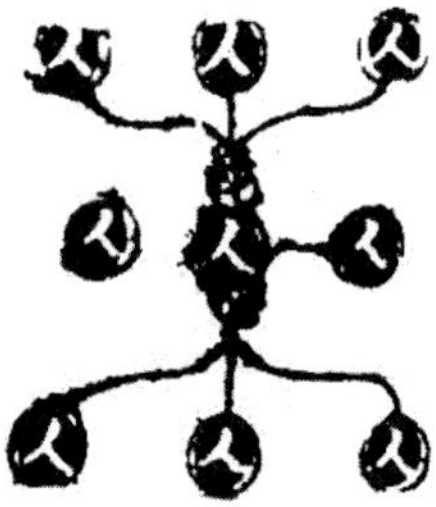

遏雲要訣

夫唱賺一家，古謂之道賺。腔必真，字必正，欲有激亢掣拽之殊，字有唇喉齒舌之異，抑分輕清重濁之声，必别合口半合口之字，更忌馬囂鐙子，俗語鄉談。如對聖案，但唱樂道山居水居清雅之詞，切不可以風情花柳艶冶之曲。如此，則爲瀆聖，社條不賽。筵會吉席，上壽慶賀，不在此限。假如未唱之初，執

拍當賀，不可高過鼻，須假鼓板攛掇，三拍起引子，唱頭一句，又三拍至兩片，結尾三拍煞，入序尾三拍巾斗煞，入賺頭一字當一拍，第一片三拍後做此出賺，三拍出聲巾斗又三拍煞，尾声總十二拍，第一句四拍，第二句五拍，第三句三拍煞，此一定不踰之法。

遏雲致語（筵會用）【鷓鴣天】

遇酒當歌酒滿斟，一觴一詠樂天真，三盃五盞陶情性，對月臨風自賞心。環列処，總佳賓，歌聲繚亮遏行雲，春風滿座知音者，一曲教君側耳聽。

圓社市語 【中呂宮·圓裏圓】

【紫蘇丸】 相逢閑暇時，有閑底打唤，瞞兒呵喝声聲嗽道賺厮，俺嗏歡喜。纔下脚，須和美，試問伊家有甚夾氣，又管甚官埸側背，筭人間落花流水。

【縷縷金】 把金銀錠打旋起，花星臨照我，怎彈避，近日閑遊戲，因到花市簾兒下，瞥見一個表兒圓，咱每便着意。

【好孩兒】生得寶粧蹺，身分美，綉帶兒纏脚，更好肩背，畫眉兒入鬢春山翠，帶着个粉鉗兒，更綰个朝天髻。

【大夫娘】忙入步，又遲疑，又怕五角兒衝撞，我没蹺踢。綱兒尽是扎圓底，都道鬆例要抛声，忒壯果難爲，真个費脚力。

【好孩兒】供送飲三盃，先入氣，道今宵打歇処，把人拍惜。怎知他水脉透，不由得你。咱門只要表兒圓，時復地一合兒美。

【賺】春遊禁陌，流鶯往來穿梭戲；紫燕歸巢，葉底桃花綻蘂。賞芳菲，蹴鞦韆，高而不遠似踏火，不沾地。見小池，風擺荷葉戲水，素秋天氣。正翫月，斜插花枝賞登高，佶料沙羔美。最好當場落帽，陶潛菊繞籬。仲冬時，那孩兒忌酒怕風，帳幙中纏脚忒捻膩，講論処，下梢團圓到底。怎不則劇。

【越恁好】勘脚并打二，步步隨定伊，何曾見走衮，你於我，我与你，場場有踢，没些拗背。兩个對壘，天生不枉作一對脚頭，果然厮綢密密。

【鶻打兔】從今後，一來一往，休要放脱些兒，又管甚攪閑底，拽開定白打膁厮，去有千般解數，真个難比。

【骨自有】

【尾聲】五花叢裏英雄輩，倚玉偎香不暫離，做得个風流第一。

附録二　蹴踘圖譜 據明刻本《居家必用》整理，臨淄足球博物館藏《蹴踘圖譜》校

毬門社規

初起，毬頭用脚踢起與驍色，驍色挾住至毬頭右手，頓在毬頭膝上，用膝築起，一築過。不過，撞在網上擷下來，守網人踢住與驍色，驍色復挾住，仍前去頓在毬頭膝上築過，左右軍同。或賽二籌，或賽三籌，先拈鬮子分前後。築過數多者勝。衆以花紅、利物、酒果、鼓樂賞賀焉。

毬門式

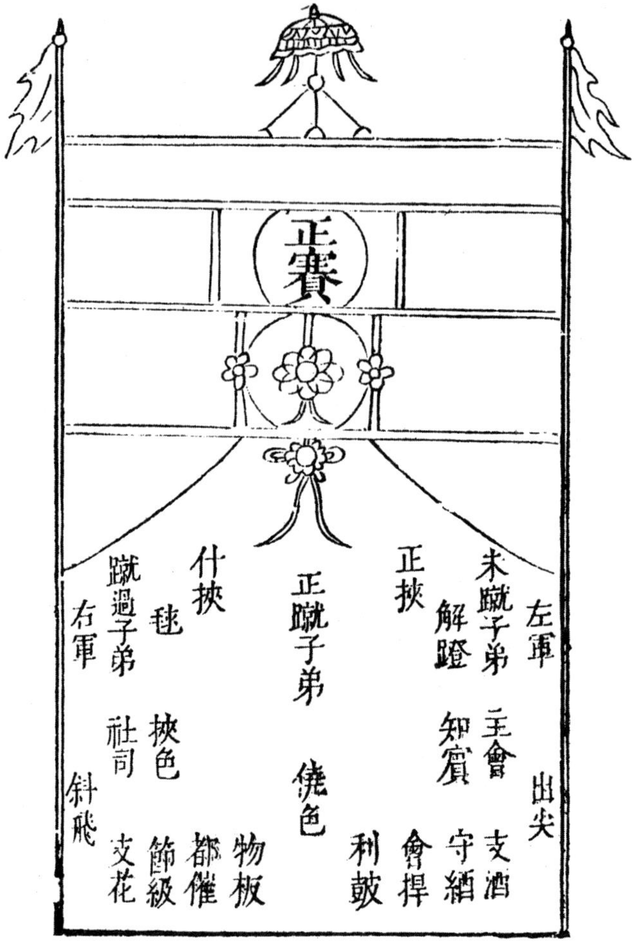
正賽
左軍
出尖
末蹴子弟
主會
支酒
解蹬
知賓
守網
正挾
會捍
利鼓
正蹴子弟
俵色
物板
什挾
毬
都催
挾色
節級
蹴過子弟
社司
支花
右軍
斜飛

毬門物色

職事旗　毬門彩　紅綠絹　插戴花
插戴旗　紅纓　銅鈴　銀盤
銀盞　香案　果盒　利物
排旗　引旗　幌索　網上傘

毬門人數

都部署校正　社司　知賓　正挾
副挾　解蹬　毬　挾色　主會
守網　節級　驍色　會幹　都催
左軍　右軍　出尖　斜飛

下場口訣

身如立筆（身欲直），手如提物（手欲垂），身用旋安（要宛轉），腳用活立（要

跳躍）。

一人場户

直身正立，不許拗背，或打三截解數，或打成套解數，或打活解數，一身俱是蹴踘，旋轉縱橫，無施不可。雖擅場校尉，千百中一人耳。

二人場户

每人兩踢名打二，曳開大踢名白打，一人單使脚名挑踢，一人使雜踢名厮弄，亦惟校尉能之。

三人場户

校尉一人，茶頭一人，子弟一人，立站須用均停。校尉過論與子弟，子弟用右膁與茶頭，須轉一遭方使雜踢，所謂抛下須當右者是也。又有順行轉動名小官場，三人定位名三不顧，一人當頭名出尖。自古及今罔能或易。其他如四人

場户名下火，五人場户名小出尖，六人場户名大出尖，七人場户名落花流水，八人場户名凉傘兒，九人場户名踢花心，十人場户名全場，俱是巧立名色，錯亂喧鬨，頗爲不經，兹並削去，不使淆諸譜焉。

健色名

六錠銀	虎掌	人月圓	古老錢
鎖子菊	葵花	不斷雲	曲水萬字
雲臺月	五角	六葉龍	旋羅虎掌
香烟篆	斗底	葉底桃	壘花虎掌
側金盞	龜背	鵓鴿頭	梨花虎掌
一對銀	一瓶花	十二月	兩朵雲

踢搭名色

内外賺	左右兩賺	入步賺

左右分膁　左右完膁　左右空膁
左右擺膝　左右兩膝　左右攝膝
迓鼓膝　左右旋膝　瞅子膝
入步膝　偷步膝　走馬膝
左右兩拐　兩逼拐　兩捽拐
兩聽拐　不瞅拐　左右攝泊拐
入步拐　左右捎拐　背劍拐
銷腰拐　披掛拐　兩脚下拐
鴛鴦拐　合扇拐　敲根拐
兩殺拐　兩右兩搭　左右單搭
左右拗搭　左右攝搭　入步搭
剪搭　左右分搭　左右八字
左右拗八字　摘步八字　左右兩拔摟
左右側拔摟　左右斜蹬　走馬蹬

左右偎蹬　兩抝蹬　提袍蹬　左右聽抄　走馬抄　滿脚捻　左右拐捻　寶捻　雙脚捻　斜肩　左右足幹　單脚幹　畫眉足幹　披肩足幹

流星蹬　不瞅蹬　鎖腰蹬　側脚背抄　左右捻　不瞅捻　側捻　引脚捻　左右兩肩　側肩　偎脚幹　不瞅足幹　入步足幹　提袍足幹

左右正蹬　左右飛蹬　左右兩抄　左右入步抄　虛捻　拍板捻　魚兒捻　拜捻　左右丁字捻　背肩　抝脚幹　鎖腰足幹　圓光足幹　鴛鴦足幹

打揎訣

打揎，添氣也，事須易而實難，不可太堅，堅則健色浮急，蹴之，損力。不可太寬，寬則健色虛泛，蹴之不起。須用九分着氣，乃爲適中。

下截解數

脚面住　脚頭　轉關　雙轉關

虛捻　側捻　滿捻　脚頭實捻

正騎　剪騎　側騎　鳳啣珠

叠脚　滿叠脚　挑葉　鵝插食

步步隨　滿樹花

中截解數

巧膝蹬　三捧敲　下珠簾　膝揸

踏揸　瞅子膝　孤注拐

上截解數

研金領　大過橋　抝髯　抝挾
摺疊髯　十字髯　透髯　三點金
斜插花　畫眉兒　五花兒　風擺荷
掉水燕　鶯落架　劈破桃　仙人過橋
燕歸巢　玉項牌　套玉環　掛玉鈎
玉闌干　綉帶兒　飛挾　十字綉帶
飛髯　繳腦　錯認髯　野馬跳澗
復還京　朝天子　節節高

成套解數

一套：實捻，虛捻，雙實捻，雙虛捻，滿脚捻。

二套：左右那實揸，左右脚面住揸，膁揸，拐揸。

三套：左右白住鳳唧珠，左右鵝插食鳳唧珠，左右綉帶鳳唧珠，左右挑起一尺落下鳳唧珠。

四套：一對正騎，一對挾騎，朝天正騎，一對拗騎，一對剪騎，朝天拗騎。

五套：搊拾白住，兩捧巧白住，三捧巧白住。

六套：轉闞叠脚，左右叠脚，左右雙叠脚。

七套：左右脇下綉帶，左右肩外綉帶，面前十字綉帶。

八套：左右砑金領挾，左右大過橋挾，左右飛挾。

九套：左右摺叠鬓，左右十字鬓，左右飛鬓，左右透鬓，左右拗鬓。

十套：朝天燕歸巢，斜插花燕歸巢，三跳澗燕歸巢，朝天子燕歸巢，放下脚面住飛起燕歸巢。

十一套：朝天仙人過橋，朝天掉水燕，朝天畫眉兒，朝天風擺荷，朝天劈破桃，朝天野馬跳澗，朝天套玉環，朝天掛玉鈎。

坐地解數

脚面住　左右㗐　砑金領　大過橋
掉水燕　風擺荷　五花兒　玉闌干
急三踢　仙人過橋　右左摺疊鬟
野馬跳澗

禁踢訣

左右幹望下　順風拐望下　兩踢望下
頭踢望下　右膝望下　右㗐望下
左擺摟望下　右肩望下　右抄望下
左抄望下　右八字望下

那偎側脚訣

那脚即是入步，側脚須當步穩，務要隨身倒步，不可亂那動脚。如踢氣毬，

只可說不可踢，若踢動一踢都不是，須要明師開發，親手撇出，教一踢有一踢，撇一踢得一踢。休想塲户上尋得一踢來，如泛在右膁上來，就將右脚向右邊，却使左膁。如泛在左膁上來，就將左脚向左，使右膁。如左上泛短，先入右脚，却使左踢搭。如右上泛短，先入左脚，却使右踢搭。如右上泛深，用左脚向後，却使右脚踢搭。如左上泛深，使右脚向後，却使左踢搭。如右上泛深闊，使左脚去右脚根後，使右踢搭。如左上泛深闊，使右脚去左脚根後，使左脚踢搭，或抄，或拿兩踢，或蹬，或鎖腰，或披肩，並以高爲易，以低爲難也。

取樣蹺踢側脚捷訣

那步迓鼓膝　側脚瞅子膝　側脚畫眉

那步圓光足幹　那步兩踢　側脚鎖腰

那步逼拐　那步八字　那步攝膝

那步滿脚捻　那步不瞅拐　側脚聽拐

那步走馬抄　那脚步步隨　側步披肩

那步走馬膝　　側脚脇下拐　　那步擺膝

官場下作

迎頭拐：論居中來，使右脚向左脚根後，却用左拐下。

入鬓拐：論過右來，將左鬓迎入，下右拐，使搭出論。

合扇拐：論從右過，側脚先使左拐，後用右拐出尋論。

背劍拐：論過頭出，使左拐，從右肩後出，使踢出論。

畫眉拐：左拐高起到面上過，如畫眉相似尋論。

急斜拐：下，若右拐過頭向前，後使搭論。

十字拐：先使左拐，後使右拐，如十字意。

叠二拐：不問左右，連兩拐尋論。

鴛鴦拐：先下左拐，面前過後，用右拐出。

日上三竿：不問左右，連三踢或三搭後尋論。

膁拐：論泛右來，脚向右使右拐，用閡搭出論。

捎拐：論泛背後落，身望前使拐頭上過，出論。

鯉魚潑利：下一左拐或右拐，一膝一蹬，以搭出論。

鳳翻身：論泛後落，轉身或下拐，或下搭，或蹬脚轉身。

聽拐：下左拐，頭歪望右，下右，頭歪向左，使耳聽。

秋千搭：先起膝高抬，伸脚使搭，尋出論。

招搭：先使脚尖相迎招，後用搭下尋論。

夜叉板搭：右拐論，側步去右邊，後使左搭，高起。

請搭：用兩手相請意，後下，或左搭，或右搭，尋論。

鎗拐：下一，或左拐，或右拐，直直起落，使搭出論。

和尚投并：論看高來直下，兩手作圍，使健色圍内下，雙捻。

實捻：正面論來低毒，使使捻下。

一字搭：右脚向左邊劃過右，如寫一字意後尋論。

磨搭：使脚如推磨一般，下搭尋論。

花肩：用左肩攝住，放下，使足幹，上右肩，下出論。

驍膝：使膝高起，下住，足幹再起膝上，放下尋論。
屏風拐：論泛濶左，那脚向左，下石拐，高起右上尋論。
跨口拐：正面泛來，不動脚，使搭下。
圓光拐：下一，左拐從頭上過，如圓光一般，右上尋論。
錯認拐：論泛右拐臨下，右脚那向右，使左拐下。
摺叠拐：左右上一般，或一邊，或兩邊，連三拐，四五拐，尋論。
騎住：認得泛眞，下正騎，剪騎，抝騎。

輸贏籌數

膁辭不到者輸一小籌，踢脱輸一大籌。
失圍出論輸一小籌，過頭不到輸一大籌。
出論壓左輸一小籌，不到輸一大籌。
左論偷右下輸一小籌，踢脱輸一大籌。
迎頭下右輸一小籌，踢脱輸一大籌。

轉身趕趂輸一小籌，踢脱輸一大籌。

下搭重四拐輸一小籌，踢脱輸一大籌。

無関搭出論輸一小籌，踢脱輸一大籌。

下論轉身輸一小籌，踢脱輸一大籌。

入步拐輸一小籌，踢脱輸一大籌。

騎頭出論輸一小籌，不到差輸一大籌。

退步下搭輸一小籌，踢脱輸一大籌。

錦語

解數（一），勘賺（二），轉花枝（三），火下（四），皮破（五），出尖（六），落花流水（七），斗底（八），花心（九），全場（十），健色（氣毬），打揎（添氣），添氣（吃物），夾氣（相爭），宿氣（中酒），朝天（巾帽），拐搭（鞋靴），單脬（無錢），夾脬（有鈔），脬聲（言語），幙串（多口），網兒（衣服），上網（上蓋），下網（裏衣），補踢（幹事），順行（跟隨），水脉（酒），足目（飽），脉透（醉），褪了（飢），攓動（行），上手（得），下馬

（與），入步（來），歪（不好），圓（好），入網（進屋），五角（村），遭數（老），踢透（死），虎掌（手），梢拐（後），嵌角（瞎），賺辭（去），插脚（向前）。

不踢訣

網兒裹，飲酒後，筵席前，氣毬表乾，有風起，泥水處，無子弟，燈燭下，無下網，見相識。

附録三　齊雲軌範（毬譜戲覽）

據明劉雙松刻《新板全補天下便用文林妙錦萬寶全書》整理

蹴踘家門

夫古曰蹴鞠者，儒名也；今曰齊雲者，俗名也。實晋時壯士習運之能，乃皇朝儫傑戲遊之學，士夫稱喜，子弟偏宜，能令剛氣潛消，頓使芳心歡美。雖費衣而違食，最欺村而滅内强。身雖肥盈，常習此氣如飛軍，乃高耆愛；斯能令友社架上無你衣我衣，囊中無我錢你錢，方可做圓社。如有學者，全在明師指

教，而踢不明法者，實千鈞之難；得法者，如反掌之易。凡教徒弟者有三不可教：一者村沙不常性，二者不聽師教不達圓情，三者人無禮樂失其信乎。此三者不可教也。一性格温柔為人常情，二身材雅俊，三達道務知進退，此三者可教也。

詩曰：

齊雲家數少人知，奥妙中間實是奇。
場中公子須然有，規矩家風識者稀。

圓社規場

四海齊雲社，當場蹴氣毬，作家偏愛惜，圓社最風流。况有青春年少，同輩明儔，向柳巷花街翫賞，在紅塵紫陌追遊。脱了搿來，憑眼活認真惟有準；毬兒挾住，惟口鳴識踢九無憂。左搭右花踢似烏龍擺尾，左側右虚捻似丹鳳摇頭。下住處全在低美，打着人惟仗誰收。使力藏力，以柔取柔。集閑中名為一絶，决勝負分作三籌。俺也，絲鞋羅襪，短襖輕裘，襟沾香汗湿，襪污軟塵浮。背

劒仙人時側目，攛梭玉女細凝眸。粉鉗兒前後仰身，身移不動；金剪刀往來移步，步過頭低。况乎奢華治世，豪富皇州，春風喧皷吹，化日沸歌謳；歡笑對吴姬越女，繁華勝楚館秦樓，湖山風物，花月春秋。四勝觀柳邊行樂，三天竺松下優游。樂事賞心，誰并四美；勝友良朋，無非五侯。心向閑中着，人於悼裏求，踢圓者必不是方頭。

滿庭芳

若論風流，無過圓社，拐𦢊蹬躡搭齊全；門庭富貴，曾到御簾前。灌口二郎為首，趙皇脚下流傳。人都道：齊雲一社，三錦獨争先。花前并月下，全身錦綉，偷側雙肩，更高而不遠。一搭打鞦韆，毬落處、圓光、𦢊拐，雙佩、側躡相連，高人處、翻身結伴天下總呼□。

滿庭芳

十二香皮，裁成圓錦，莫非少年堪收。緑楊深處，恣意樂追遊。低拂花梢

幔下，侵雲漢，月滿當秋。堪觀偷頭十字、拐舞袖、拂銀鈎。肩尖并拐搭，五陵公子，恣意忘憂。幾回沉醉，低築傍而高樓。雖不遇文章高貴、分左右曾對王侯。君知否？閑中第一，占斷風流。

初孛蹴踘法

夫蹴踘者，拐搭膁辭，踢毬之祖，其餘踢搭皆外而生也。拐搭膁辭既真，何患外踢而不生也？須要腰不曲，身背，脚不拗，不穿場，不失位，要格樣而美老期好矣。此法全在專心，急中用意，眼親步活，方知得也。又須量健色大小輕重，如勢開窄，鞋襪須整齊，衣冠齊楚，性格柔耐，容儀温雅，遜讓為先。不失規矩，方為圓社。

詩曰：

圓社江湖雅氣多，風流富貴是如何。
王孫公子來相踢，少年勤孛莫蹉跎。

齊雲社規

以鼻為界分左右，是在左使左，在右使右；側近衣拐，在肩使肩，在膝使膝，是搭使搭，當膁即膁；並要步活眼親，兩手如提重物。

初學决法

踢不如撇，撇不如説，説不如看，看不如决。

身要筆直，手如提石，心要旋安，脚要活立。

蹴踘决法

蹴踘不易，全在用計，左顧右盼，前進後退。

身要直不要軟，手要垂不要飛，脚要低不要起。

踢要膁不要膝，撇不動不要頻，身直立左右分。

十踢名

肩，背，拽，捺，控，膝，拐，搭，膁，尖。

古十踢决法

肩如手中持重物，用背慢下急回眸，
拐要合膝折腰取，搭用伸腰不起頭，
控時必使双睛顧，捺用肩尖微指高，
拽時且用身先倒，左膝右手畧微高，
䁥拍使之低頭覷，膁辞遠近着人僥。

初開膁立身之法（以鼻取中）

左膁右膁，右帶左尖，左右兩膝，兩拐全然。

詩曰：
風流蹴踘場，富貴齊雲會。
王孫曾作伴，公子咲追倍。

不打梁總决

來如毬打脚，去時脚持毬。搜尋兩個字，機関在裏頭。
肩尖對脚尖，輕擡便是賺。但踢三兩脚，王侯亦並肩。

踢法總决

打拐膝相連，側身步向前，摇頭丟後手，進退兩般邊。
膝去亦如賺，莫教手向前，側身須進退，分解兩邊懸。
脚頭名號尖，挺身脚頭灣，左右實脚定，三點最不難。
兩踏不是鈎，腰挺慢凝眸，脚頭朝外立，左右任遲俅。
毬從肩側落，安排丁字脚，閃腰把眼觀，拾拐九個着。

下搭莫眼高，休使脚頭尖，起膝要用直，拾踢九脚牢。
膁鈎下露膝，尖帶脚頭低，莫打垂頭拐，當場手莫飛。

十要緊

要明師，要口決，要打點，要開發，要朋友，要論滾，要精神，要穿着，要講明，要信實。

十不踢

筵席前，飲酒後，有風雨，泥水處，燈燭下，穿三青，無子弟，毬表破，心不暇，制服新。

十不可

不可輕師，不可欠礼，不可失信，不可是非，不可敖慢，不可逞鬪，不可賭博，不可盜學，不可淡朋，不可戲色。

官場十不許

不許入步拐，不許入步膝，不許退步拐，不許退步肩，不許賺下辭，不許直賺出，不許下搭拐，不許占身，不許轉身，不許拗背。

○小踢十禁

冷打左掩拐，頭拐更毒，右肩順下，右尖順下，右膝順下，兩踢泛上，右賺泛上，右拐左撇，順風拐，右披肩。

詩曰：

蹴踘盤中無盡言，消食健色得安然。
但逢道演神仙法，此妙千金不易傳。

毬門制度圖

左軍一行人並着緋，右軍一行人並着緑。

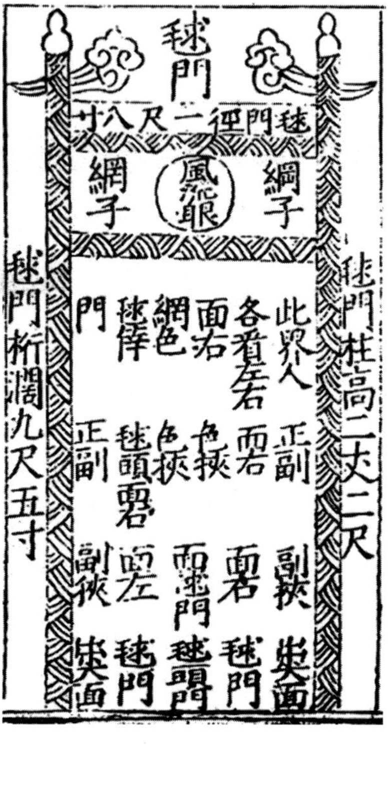

齊雲入門

稍拐，左搭，背後，立身，而前以鼻為中，稍拐，右搭。

各人立場方位

一人場名井輪，自打渾身解數。

蹬拐撚抄，卧魚，稍拐，畫眉，鎖腰，證拐，弹搭，雙捻，板摟。

稍拐，畫眉，鎖腰，踏拐，弹搭，不秋，肩，走馬膝，拐捻抄，卧魚。

二人塲名打二。兩人對立，各用左右膁一來一往三五百遭，不許雜踢；亦不許兩多勘膁；又一人來往，皆要兩踢，許褋踢，不可用善止毒踢者輸，名打二。

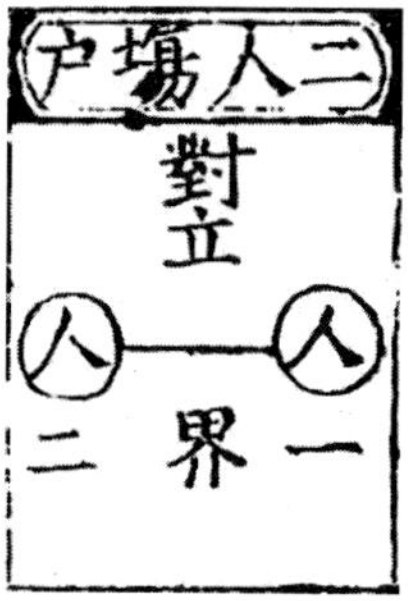

詩曰：

打二要毒親，來往一般勻。若要不踢脱，眼活脚頭頻。

三人塲名轉花枝。各依相立順行，子弟茶頭過泛週而復始，只許一踢到泛，無妨兩踢，不許泛上。

四人場名流星趕月，用大小健色二隻，不拘立作，以官場論，一來一往，週而復始，各依次序而轉。

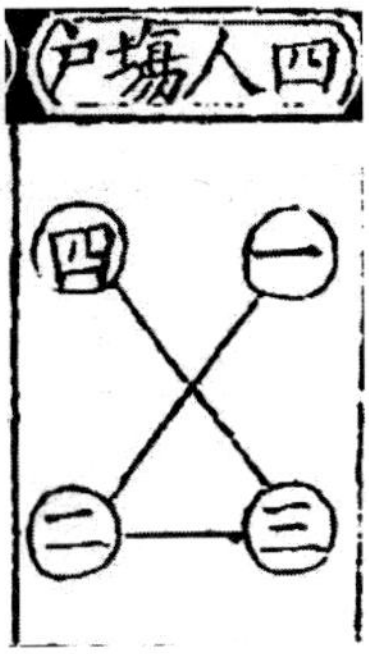

五人場名皮破，此場自古有之，用把持子弟或當場或小踢又兩踢，不泛上，亦忌禁踢。

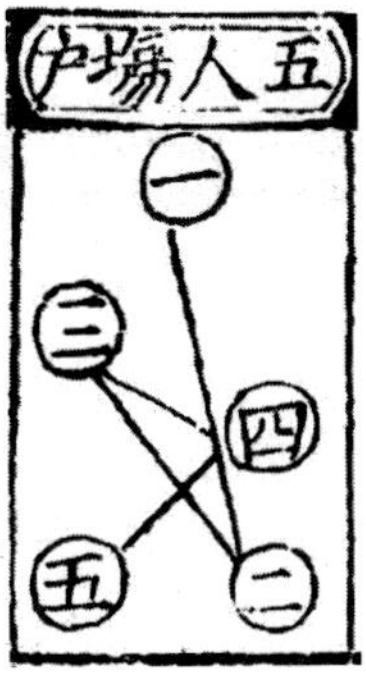

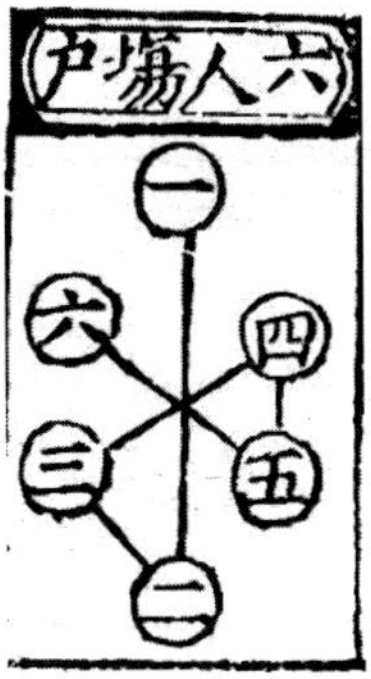

六人場名大出尖。四人近立約至三間長，不可轉動，皆立使大論，如相似可帶解數。

七人場名落花流水，弟一人打論於衆人頭上過，於弟二人依資次順下，皆是官場一樣，只要二人能者受論。

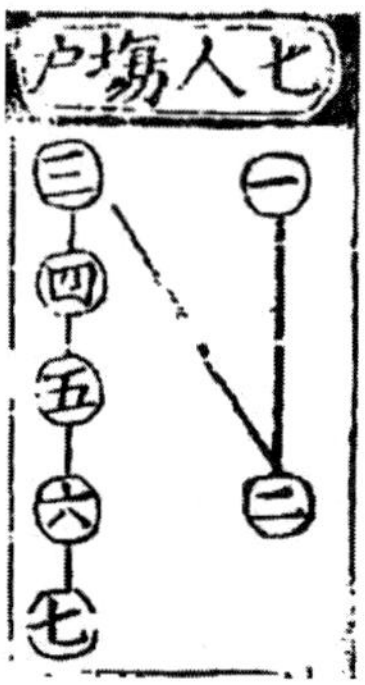

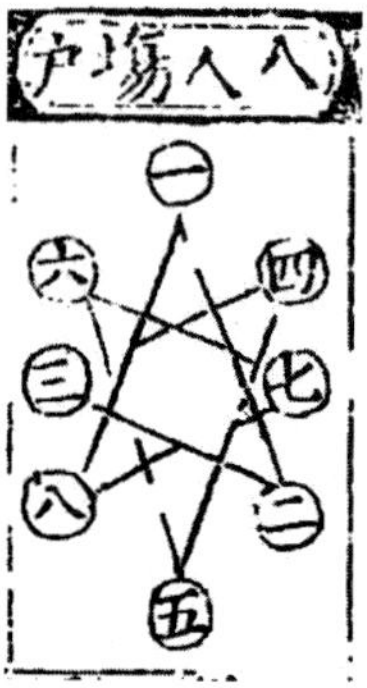

八人場名八仙過海，來往隔二位於皮破同，或小場，或官場，依資次序順行，不可亂褋。

九人場名踢花心，一人居中為心，八人皆在邊廂為花，依資次順轉，四邊皆跟花心。

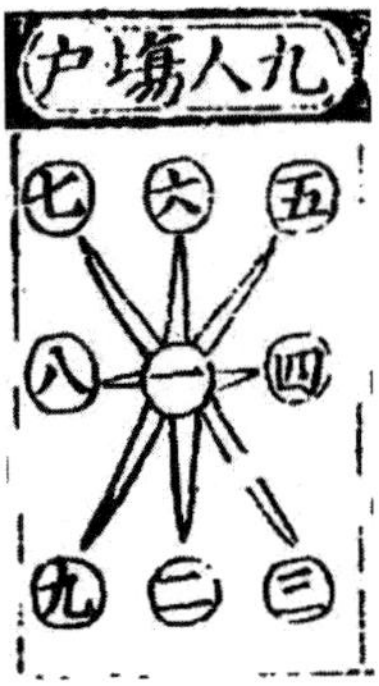

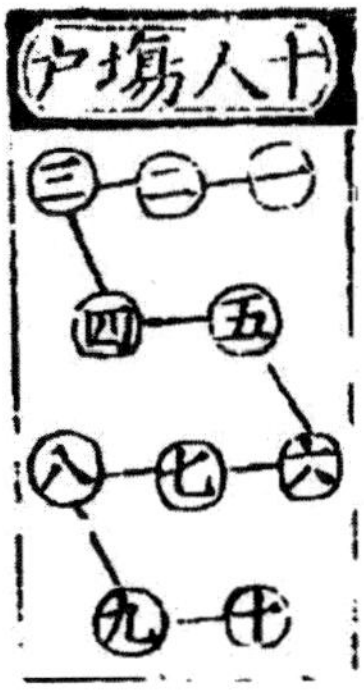

十人場名全論。䀰瓜此係全場論，不在十二踢之中。

如打三間膁絲圍子，各濶三尺；四間濶四尺以上，至八謝濶八尺。如九間至十三間止得濶八尺，不許加增。每間濶四小步，兩班並要合干人親看下頭踢喝籌，左班踢出班圍外，右班出圍便踢下柱贏右班一籌。踢脱兩無輸贏。左右班不許使雜，踢住亦輸；不許入步踢，不許退步拐。

鷓鴣天

巧過縫圓異樣花，輕身健体實堪誇，能令公子精神爽，引動王孫禮義家。真富貴，逞奢華，一團和氣遍天涯，漢王宋帝皆從習，占斷風流第一家。

附録四　戲毬

據明劉龍田刻《新刻古今玄機消長八譜》整理

蹴踘家門

夫古曰蹴踘者，儒名也；今曰齊雲者，俗名也。實晉時壯士習運之能，乃皇朝豪傑戲遊之學，士夫稱喜，子弟偏宜，能令剛氣潛消，頓使芳心歡美。雖

費衣而遺食，最欺村而滅强。身雖肥盈，常習此氣如飛軍，乃高耆愛；斯能令友社架上無你衣我衣，囊中無我錢，方可做圓社。如有學者，全在名師指教，而踢不明法者，實千鈞之難；得法者，如反掌之易。凡教徒弟者有三不可教：一者村沙不常性，二者不聽師教不達圓情，三者人無禮樂失其信乎。此三者不可教也。一性格温柔為人常情，二身材雅俊，三達道務知進退，此三者可教也。

詩曰：

齊雲家數少人知，奥妙中間實是奇。
場中公子雖然有，規矩家風識者稀。

圓社規場

四海齊雲社，當場蹴氣毬，作家偏愛惜，圓社最風流。況有青春年少，同輩明儔，向柳巷花街翫賞，在紅塵紫陌追遊。脱了搨來，憑眼活認真惟有準；頭兒挾住，惟口鳴識踢九無憂。左踏右花踢似烏龍擺尾，左側右虚捻似丹鳳摇頭。

下住處全在低美，打着人惟仗誰收。使力藏力，以柔取柔；集閑中名為一絶，决勝負分作三籌。俺也，絲鞋羅襪，短襖輕裘，襟沾香汗濕，襪污軟塵浮。背劍仙人時側目，攧梭玉女細凝眸。粉鉗兒前後仰身，身移不動；金剪刀往來移步，步又過頭低。況乎奢華治世，豪富皇州，春風喧鼓吹，化日沸歌謳；歡笑對吳姬越女，繁華勝楚館秦楼，湖山風物，花月春秋。四勝觀柳邊行樂，三天竺松下優游。樂事賞心，誰并四美；勝友良朋，無非五侯。心向閑中着，人於悼裏求，踢員者必不是方頭。

滿庭芳

若論風流，無過圓社，拐膁蹬躡搭齊全；門庭富貴，曾到御簾前。灌口二郎為首，趙皇脚下流傳。人都道：齊雲一社，三錦獨争先。

花前并月下，全身錦綉，偷側雙肩，更高而不遠。一搭打鞦韆，毬落處、員光膁拐，双佩側躡相連，高人處、翻身結伴、天下總呼□。

滿庭芳

十二香皮，裁成圓錦，莫非少年堪收。綠楊深處，恣意樂追遊。低拂花梢幔下，侵雲漢，月滿當秋。堪觀偷頭十字、拐舞袖、拂銀鈎。肩尖并拐搭，五陵公子，恣意忘憂。幾回沉醉，低築傍而楼。雖不遇文章高貴、分左右曾對王侯。君知否？閑中第一，占断風流。

初夆蹴踘法

夫蹴踘者，拐搭賺辭，踢毬之祖，其餘踢搭皆外而生也。拐搭賺辭既真，何患外踢而不生也？須要腰不曲，身背，脚不拗，不穿塲，不失位，要格樣而美老期好矣。此法全在專心，急中用意，眼親步活，方知得也。又須量健色大小輕重，如勢開窄；鞋襪須整齊，衣冠齊楚，性格柔耐，容仪温雅，遜讓為先。不失規矩，方為圓社。

詩曰：
圓社江湖雅氣多，風流富貴是如何。
王孫公子來相踢，少年勤學莫蹉跎。

齊雲社規

以鼻為界分左右，是在左使左，在右使右；側近衣拐，在肩，在膝使膝，是搭使搭，當膁即膁；並要步活眼親，兩手如提重物。

初學決法

踢不如撇，撇不如說，說不如看，看不如決，身要筆直，手如提石，心要旋安，脚要活立。

蹴踘決法

蹴踘不易，全在用計，左顧右盼，前進後退，身要直不要軟，手要垂不要飛，

脚要低不要起，踢要臁不要膝，撇不動不要頻，身直立左右分。

十踢名

肩，背，拽，捺，控，膝，拐，搭，臁，尖。

十踢决法

肩如手中持重物，用背慢下急回眸。
拐要合膝折腰取，搭用伸腰不起頭。
控時必使双睛顧，捺用肩尖微指高。
胷拍使之低頭覷，臁辟遠近着人僥。

初開臁立身之法（以鼻取中）

左臁右臁，右帶左尖，左右兩膝，兩拐全然。

詩曰：

風流蹴踘場，富貴齊雲會。

王孫曾作伴，公子咲追倍。

不打梁總法

來時毬打脚，去時脚打毬。搜尋兩個字，機關在裏頭。

肩尖對脚尖，輕擡便是㾊。但踢三兩脚，王侯亦並肩。

踢法總決（七首）

打拐膝相連，側身步向前，摇頭丟後手，進退兩般邊。

膝去亦如㾊，莫教手向前，側身須進退，分解兩邊懸。

脚頭名號尖，挺身脚頭灣，左右實脚定，三點最不難。

兩踏不是鈎，腰挺慢凝眸，脚頭朝外立，左右任遅啾。

毬泛肩側落，安排丁字脚，閃腰把眼覷，拾拐九個着。

下搭莫眼高，休使脚頭尖，起膝要用直，拾踢九脚牢。
膁鈎下露膝，尖帶脚頭低，莫打垂頭拐，當場手莫飛。

十要緊法

要明師，要口決，要打點，要開發，要朋友，要論滚，要精神，要穿着，要講明，要信實。

十不踢法

筵席前，飲酒後，有風雨，泥水處，燈燭下，穿三青，無子弟，毬表破，心不暇，制服新。

十不可

不可輕師，不可欠禮，不可失信，不可是非，不可熬慢，不可逞鬪，不可賭博，不可盗學，不可談朋，不可戲色。

官場十不許

不許入步拐，不許入步膝，不許退步拐，不許退步肩，不許臁下辭，不許直臁出，不許下搭拐，不許占身，不許轉身，不許拗背。

小踢十禁

冷打左掩拐，頭拐更毒，右肩順下，右尖順下，右膝順下，兩踢泛上，右臁泛上，右拐左撇，順風拐，右披肩。

詩曰：

蹴踘盤中無盡言，消食健色得安然。
但逢道演神仙法，此妙千金不易傳。

齊雲入門之格

稍拐，左搭，背後，立身，面前以鼻為中，稍拐，右搭。

毬門制度

左軍一行人並着緋，右軍一行人並着緑。

各人立場方位

一人場名井輪，自打渾身鮮數。

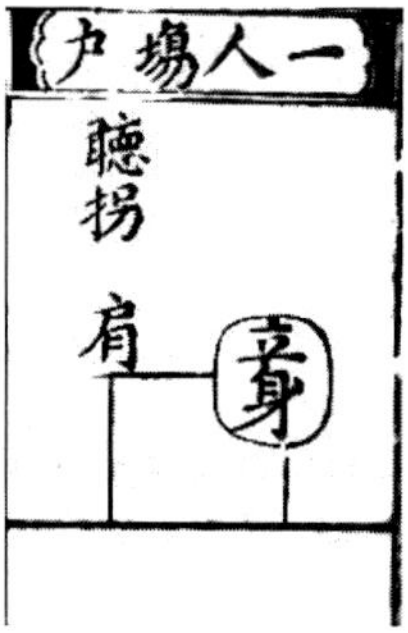

蹬拐捻抄，卧魚，稍拐，畫眉，鎖腰，證拐，彈搭，雙捻，板楼。

稍拐，畫眉，鎖腰，搭拐，弹搭，不秋，肩，走馬膝，拐捻抄，卧魚。

二人塲名打二。兩人對立，各用左右膁一来一往三五百遭，不許褋踢；亦不許兩多勘膁；又一人来往，皆要兩踢，許褋踢，不可用善止毒踢者輸，名打二。

詩曰：

打二要毒親，来往一般勻。
若要不踢脱，眼活脚頭頻。

三人塲名轉花枝。各依相立順行，子弟茶頭過泛週而復始，只許一踢到泛，無妨兩踢，不許泛上。

四人塲名流星趕月，用大小健色二隻，不拘立作，以官場論，一來一往，週而復始，各依次序而轉。

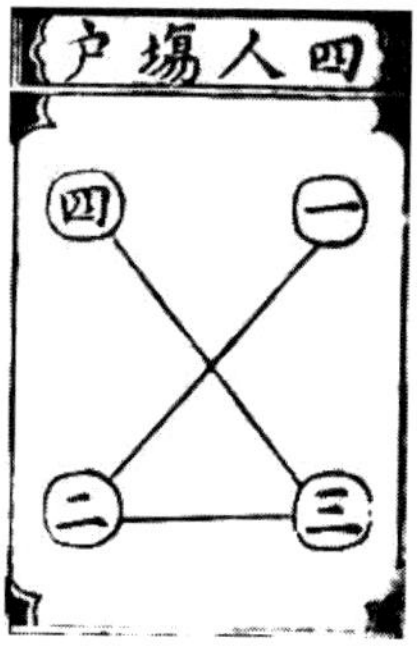

五人塲名皮破，此塲自古有之，用把持子弟，或當場或小踢；又兩踢不泛上，亦忌禁踢。

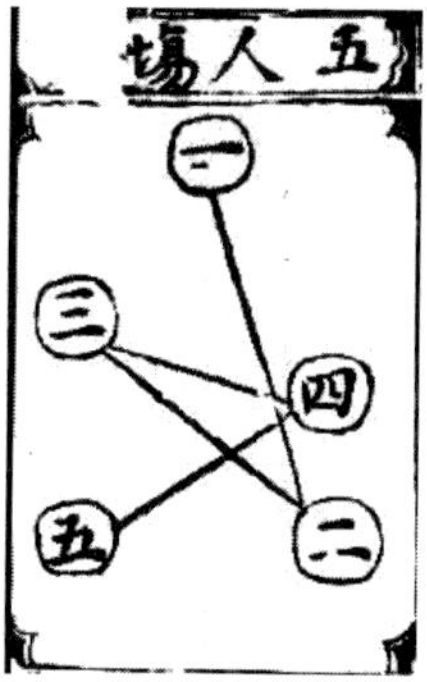

六人塲名大出尖。四人近立約至三間長，不可轉動，皆立使大論，如相似可帶解數。

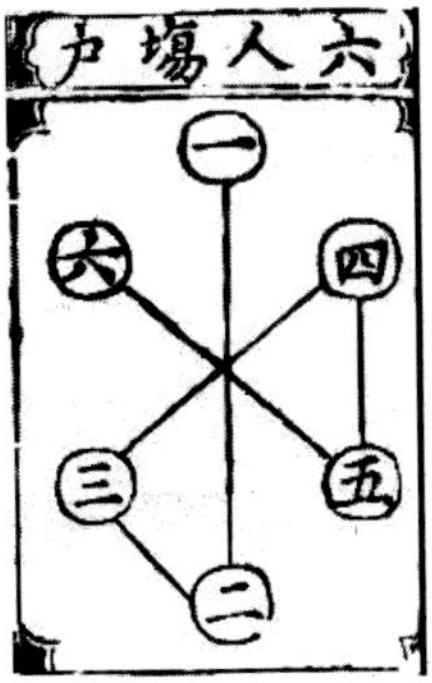

七人塲名落花流水，第一人打論於衆人頭上過，於第二人依資次順下，皆是官塲一樣，只要二人能者受論。

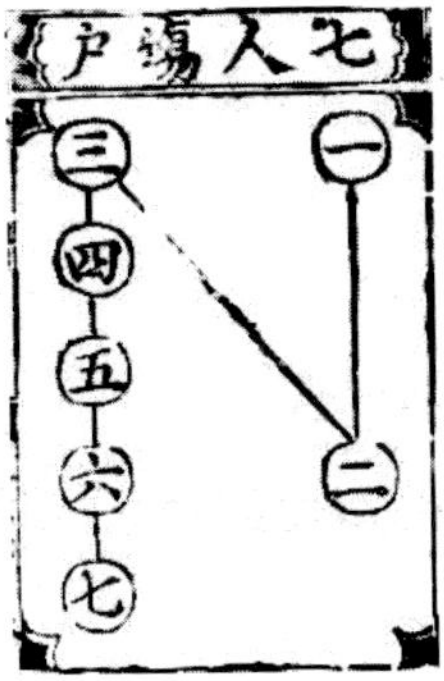

八人塲名八仙過海，來往隔二位於皮破同，或小塲，或官塲，依資次序順行，不可亂褋。

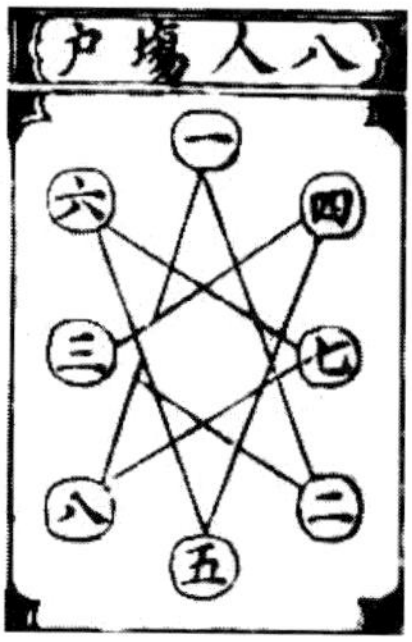

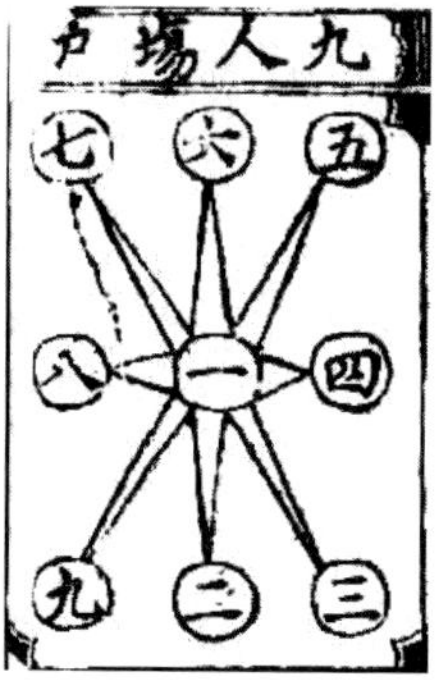

九人塲名踢花心，一人居中為心，八人皆在邊廂為花，依資次順轉，四邊皆跟花心。

十人場名全論。眡瓜此係全場論，不在十二踢之中。

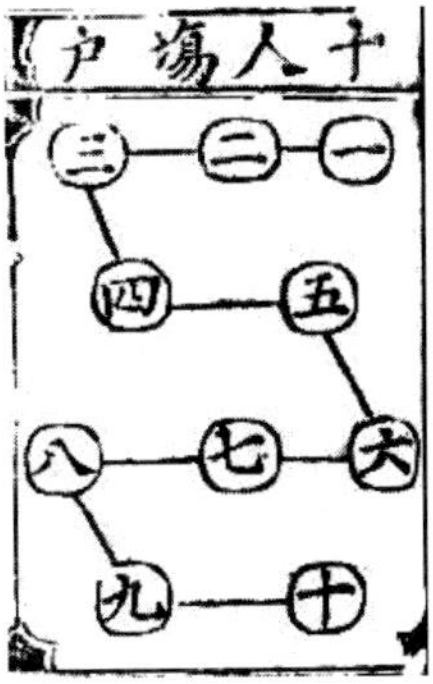

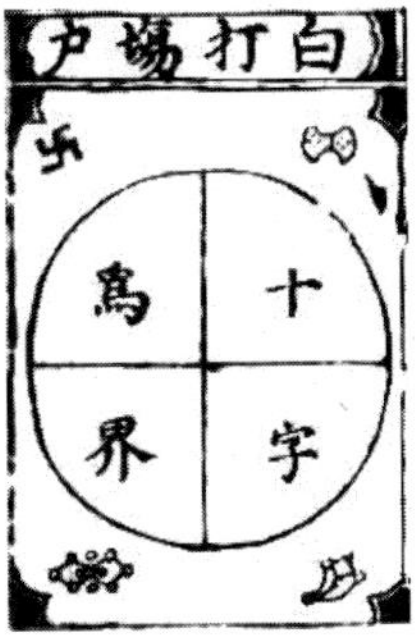

如打三間膁，絲圍子各濶三尺；四間，濶四尺；以上至入謝濶八尺。如九間至十三間，止得闊八尺，不許加增。每間闊四小步。兩班並要合干人親看下，頭踢喝籌；左班踢出班圍外，左班出圍便踢下柱，贏右班一籌。踢脱兩無輸贏。左右班不許使雜，踢住亦輸。不許入步踢，不許退步拐。

鷓鴣天

巧過縫圓異樣花，輕身健體實堪誇，能令公子精神爽，引動王孫禮義家。矜富貴，逞奢華，一團和氣遍天涯，漢王宋帝皆從習，占断風流第一家。

附録五　戲毬塲科範

據明王氏三槐堂刻《新刻艾先生天禄閣彙編采精便覽萬寶全書》整理

詩曰：

齊雲家数少人知，奥妙中間实是奇。塲中公子須然有，規矩家風識者稀。

初夅蹴踘法

夫蹴踘者，拐搭膁辞，踢毬之祖，其餘踢搭皆外而生也。拐搭膁辞既真，何患外踢而不生也？須要腰不曲，身背，脚不拘；不穿塲，不失位，要格樣而美老

期好矣。此法全在專心，急中用意，眼親步活，方知得也。又須量健色大小輕重，如勢開窄；鞋襪須整齊，衣冠齊楚，性格柔耐，容儀温雅，遜讓為先。不失規矩，方為圓社。

詩曰：

圓社江湖雅氣多，風流富貴是如何。
王孫公子來相踢，少年勤孶莫蹉跎。

初孶訣法

踢不如撇，撇不如説，説不如看，看不如決，身要筆直，手如提石，心要旋安，脚要活立。

蹴踘決法

蹴踘不易，全在用計，左顧右盼，前進後退，身要直不要軟，手要垂不要飛，脚要低不要起，踢要㬶不要膝，撇不動不要頻，身直立左右分。

古十踢决法

肩如手中持重物，用背慢下急回眸。
拐要合膝折腰取，搭用伸腰不起頭。
控時必使双睛顧，捺用肩尖微指高。
拽時且用身先倒，左膝低右畧微高。
出拍使之低頭覷，膁辟遠近着人僥。

初開膁立身之法（以鼻取中）

左膁右膁，右帶左尖，左右兩膝，兩拐全然。

詩曰：

風流蹴踘塲，富貴齊雲會。
王孫曾作伴，公子咲追賠。

踢法捴訣

打拐膝相連，側身步向前，摇頭丢后手，進退兩般邊。
膝去亦如臁，莫教手向前，側身須進退，分觧兩邊懸。
脚頭名號尖，挺身脚頭灣，左右实脚定，三点最不難。
兩踏不是鈎，腰挺慢凝眸，脚頭朝外立，左右任遲湫。
毬從肩側落，安排丁字脚，閃腰把眼观，拾拐九個着。
下搭莫眼高，休使脚頭尖，起膝要用直，拾踢九脚牢。
臁鈎下露膝，尖帶脚頭低，莫行垂頭拐，當場手莫飛。

十要緊

要明師，要口决，要打点，要開發，要朋友，要論滚，要精明，要穿着，要講明，要信实。

十不蹋

筵席前，飲食後，有風雨，泥水處，燈燭下，穿三青，无子弟，毬表破，心不暇，制服新。

小蹋十禁

冷打左掩拐，頭拐更毒，右肩順下，右尖順下，右膝順下，兩蹋泛上，右膁泛上，右拐左撇，順風拐，右披肩。

詩曰：

蹴踘盤中無尽言，消食健色得安然。

但逢道演神仙法，此法千金不易傳。

毬門制度

左軍一行人並着緋，右軍一行人並着緑。

齊雲入門

稍拐，左搭，背後，立身，面前以鼻為中，稍拐，右搭。

各人立場方位

一人場名井輪，自打渾身解数。

蹬拐捻抄，卧魚，稍拐，畫眉，鎖腰，證拐，弹搭，雙捻，板楼。

二人塲名打二。兩人對立，各用左右膁一來一往三五百遭，不許褋踢；亦不許兩多勘膁；又一人來往，皆要兩踢，許褋踢，不可用善止毒踢者輸，名打二。

詩曰：

打二要毒親，來往一般匀。

若要不踢脱，眼活脚頭頻。

三人塲名轉花枝。各依相立順行，子弟茶頭過泛週而復始，只許一踢到泛，無妨兩踢，不許從上。

四人塲名流星趕月。用大小健色一隻，不拘立作，以官塲論，一來一往，週而復始，各依次序而轉。

五人塲名皮破。此塲自古有之，用把持子弟或作塲或小踢；又兩踢不泛上，亦忌禁踢。

六人塲名大出尖。四人近立約至三間長，不可轉動，皆立使大論，如相似可帶鮮數。

七人場名落花流水。第一人打論於衆人頭上過，於第二人依資次順下，皆是官場一樣，只要二人能老受論。

八人場名八仙過海。來往隔二位於皮破同，或小場，或官場，依資次序順行，不可乱褋。

九人場名踢花心。一人居中為心，八人皆在邊廂為花，依資次順轉，四邊皆跟花心。

十人場名全論。眃瓜此係全場論，不在十二踢之中。

白打場户

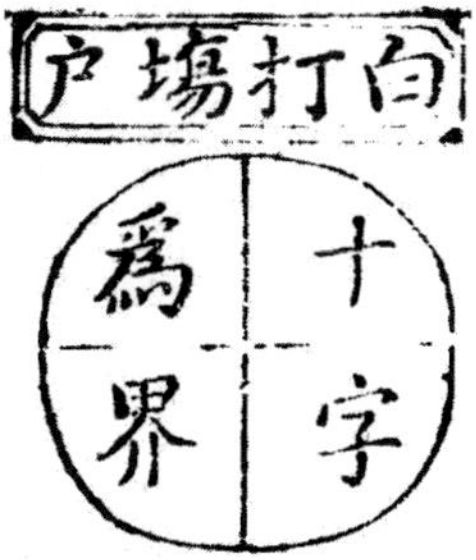

如打三間賺，絲圍子各濶三尺；四間濶四尺；以上至入謝濶八尺。如九間至十三間，止得濶八尺，不許加增。每間濶四小步。兩班並要合千人親看下，頭踢喝籌；左班踢出班圍外，右班出圍便踢下柱，贏右班一籌；踢脱兩無輸赢。左右班不許使雜，踢住亦輸；不許入步踢，不許退步拐。

鷓鴣天

巧過縱圓異樣花，輕身徤體實堪誇，能令公子精神爽，引動王孫礼義家。
富貴逞奢華，一團和氣遍天涯，漢王宋帝皆從習，占断風流第一家。

後記

經過近二十年中國蹴鞠文化的涵泳、研習和實踐，經過近八年的籌備和兩年多的專題研究、探討，《〈蹴鞠譜〉注譯》就要跟各位師長和廣大學者、朋友及足球愛好者見面了，心裏無比忐忑，諸多情愫奔涌心底。

將書稿交付出版社前，我對於開本、横竪排版、繁簡體字使用等曾幾番躊躇，在齊魯書社副總編輯劉玉林先生的建議下，决定采用現在的版式和竪排、繁體，主要考慮其文獻性與對應性。再者，手抄本中很多古字無法找到簡體字的準确對應字，恐傷原書原貌故爲之。

二十年來，若没有前人對齊文化挖掘、開發的基礎，若没有時任中共臨淄區委書記解維俊先生對世界足球起源地論證、確認工作的果斷决策和極力推動，并將此視作黨委、政府工作的重點。没有時任臨淄區政府分管副區長張士友先生的親自帶領與口傳心授，我無緣、也無法走向這一脉燦爛的傳統文化，我也不會與歷史長河中的蹴鞠文化結下終生緣分，更讓人動容的是張士友先生即便離開領

導和工作崗位，却每每囑我在在學術層面不斷探索，進一分則喜，難一分則憂，喜憂之間繫於我的蹴鞠研究與實踐。沒有山東省政協原副主席、博士生導師王志民先生，中國足協原副主席、國際足聯原執委張吉龍先生，國家體育總局文史委原主任、中國體育博物館原館長袁大任先生，淄博市政協、體育局等領導的指導、幫助，我更無法走向足球文化遺産的神聖殿堂。

在成長的歷程中，啓蒙并引領我走向蹴鞠歷史和文化深處的是崔樂泉博士，推動我堅定而堅毅走到蹴鞠文化研究與實踐新天地的還有淄博市和臨淄區的各級領導，時任山東理工大學黨委書記吕傳毅先生，著名體育史專家郝勤教授等。而這其中，事業的緣起於原山東魯能泰山足球俱樂部副總經理、領隊韓公政先生，無論他的職務和工作如何變換，却常常感覺他伴我左右。諸位師長心切切、意拳拳。多年來，對我悉心指導與幫助，呵護有加，我始終工作、生活在他們關切的目光裏，真真沒齒難忘。這也正是我一路走來光明初現的動力源之所在！

還在本課題的動議之初，得到了赴淄調研齊文化的中共山東省委常委、宣傳部長白玉剛先生給予的極大的鼓舞與支持，令我信心倍增。在課題的完成過程中，老同事、老朋友畢義星先生以濃濃的歷史文化情懷和嚴謹的治學態度做了大量細緻入微的統稿、核對工作，傾注了大量的心血。傅東先生提供了大量的資料并提出了很好的建議，劉東祥先生、武振偉先生、王鵬舉先生做了大量的前期工作。老友韓永光先生在我艱難跋涉求索途中相扶相助，如今成果初露，實係大家共同沃灌而成，離不開大家那份濃得化不開的文化情懷。

成書之際之所以忐忑，在於自己和一衆人的努力是否爲先輩交了一份滿意的答卷，能否爲廣大蹴鞠和足球業内人士提供方便和幫助。之所以忐忑，還在於先人遺落後世的一本蹴鞠專著是否在其有序的流轉過程中得到了充分的珍視、傳承和真正解讀。我忐忑於受到這樣的追問：你是誰？你來自哪裏？你是哪一代的中國書生？書中秘藏的遺傳密碼你可曾真正解讀？

這些，需要我，我們用生命來繼續作答！

馬國慶

二〇二三年九月一日於故都八極齋